普通高等教育“十三五”规划教材
全国高等院校经济与管理类专业系列教材

财务管理

第 2 版

张希玲　曾雄旺　主编

中国农业大学出版社
·北京·

内容简介

本书详细、系统地介绍了财务管理的基本理念和基本方法，内容包括企业筹资管理、投资项目管理、流动资金管理及利润分配等方面，涉及财务管理目标和原则；财务管理的价值概念；企业财务报表分析方法及具体应用；财务预测与全面预算的编制；企业筹资的方式及特点、筹资成本及资本结构问题；企业投资项目评价指标体系及固定资产更新决策方法；企业营运资金管理；企业股利分配政策。这些内容的阐述，可以帮助读者理解和掌握企业财务决策的过程及其对股东财富的影响等相关知识。

图书在版编目(CIP)数据

财务管理/张希玲，曾雄旺主编．—2版．—北京：中国农业大学出版社，2020.8

ISBN 978-7-5655-2412-7

Ⅰ.①财…　Ⅱ.①张…　②曾…　Ⅲ.①财务管理　Ⅳ.①F275

中国版本图书馆CIP数据核字(2020)第149681号

书　　名　财务管理　第2版

作　　者　张希玲　曾雄旺　主编

策划编辑　潘晓丽　张秀环　　**责任编辑**　潘晓丽　刘彦龙

封面设计　郑　川

出版发行　中国农业大学出版社

社　　址　北京市海淀区圆明园西路2号　　**邮政编码**　100193

电　　话　发行部 010-62733489，1190　　读者服务部 010-62732336

编辑部 010-62732617，2618　　出　版　部 010-62733440

网　　址　http://www.caupress.cn　　**E-mail** cbsszs @ cau.edu.cn

经　　销　新华书店

印　　刷　涿州市星河印刷有限公司

版　　次　2020年10月第2版　　2020年10月第1次印刷

规　　格　787×1 092　　16开本　　17.25印张　　430千字

定　　价　50.00元

第 2 版编写人员名单

主　编　张希玲　曾雄旺

副主编　高　文　李　茜　席爱华

编　者　（按姓氏拼音排序）

高　文（河南科技大学）
黄　梅（云南农业大学）
李　茜（山西农业大学）
席爱华（中国农业大学）
曾雄旺（湖南农业大学）
张希玲（中国农业大学）

第 1 版编写人员名单

主　编　张希玲　杨亦民

副主编　姜春兰　高　文　李　茜　任晓英

编　者　（按姓氏拼音排序）

高　文（河南科技大学）

姜春兰（山东农业大学）

李　茜（山西农业大学）

屈静晓（湖南农业大学）

任晓英（青海大学）

杨亦民（湖南农业大学）

张姣芳（山西农业大学）

张希玲（中国农业大学）

第2版前言

伴随着我国经济的飞速发展，金融市场的变革和金融工具的创新，我国的股票市场、债券市场发展迅猛，为企业投资、融资活动提供了多种选择途径和便利，企业兼并、收购与重组活动日益活跃，企业财务管理面临新的环境、方式和方法，对高素质财务人员的需求进一步增加。同时，财务管理的理论和实践的快速变化及发展，对财务管理的教学也提出了新的要求。

为了适应企业对财务管理人才的需要，深化教育教学改革，培养具有创新精神和实践能力的人才，本书从学生熟悉的引导案例开始，在理论的深度和广度以及内容的表现形式和论述方法方面，更加符合学生的知识水平和心理特点；在适用性方面，更加符合教学规律，注重财务管理基础知识的同时，贴近我国资本市场的特色和发展趋势，注重相关法律、法规和制度建设的变迁，强调培养学生具有良好的道德修养和社会责任感，遵纪守法，诚实守信，践行社会主义核心价值观，锻炼和提升学生的实践能力以及创新、创业能力。本书对理论的剖析由浅入深、简明易懂，便于学生理解；对教学重点、难点、综合交叉点等的处理科学合理，符合教学规律和教学对象的知识水平和心理特点。

为了便于组织教学，使学生深刻理解教学内容，适应涉农人才培养，本书主要选用农业类企业、农业类上市公司案例，结合企业投资、融资及经营管理的最新实践，提高了例题和习题与教学重点和难点的对应性，并使其更加生动，更具实际意义。课后的习题及案例分析，更加贴近企业财务管理实务，便于学生复习和巩固所学内容，运用所学知识解决实际问题。本书适合作为经济管理类专业“财务管理”课程教材使用。

本书由张希玲、曾雄旺任主编，高文、李茜、席爱华任副主编。全书的编写分工如下：曾雄旺编写第一章、第二章，高文编写第三章、第四章，席爱华编写第五章、第六章，张希玲编写第七章，李茜编写第八章、第九章。黄梅对全书进行了审读和订正，最后由张希玲统稿和定稿。

限于编者水平，书中不足之处，请读者批评指正。

编 者

2020年6月

第1版前言

伴随着我国经济的飞速发展，金融市场的变革和金融工具的创新，我国的股票市场、债券市场发展迅猛，主板、中小企业板、创业板的设立为企业投资、融资活动提供了多种选择的途径和便利，企业兼并收购与重组活动日益活跃，尤其是近两年来，我国企业走出国门，到国外上市、收购活动频繁，企业筹资、投资管理面临新的环境、方式和方法，对高素质财务人员的需求增加。财务管理的理论和实践的快速变化和发展，对财务管理的教学提出了新的要求。

为了适应企业对财务管理人才的需要，深化教育教学改革，全面推进素质教育，培养具有创新精神和实践能力的人才，本书在对财务管理基本理论、基本方法和基本技能进行全面阐释的基础上，注意体现素质教育和创新、实践能力的培养，对理论的剖析由浅入深、简明易懂，便于学生理解。本书内容简练、实用，可读性强，注重广度和深度的结合；紧跟国内外财务管理学科前沿，将现代科学技术的新成果、新知识、新方法按照教学需要充实到教材内容中，具有一定的前瞻性；对教学重点、难点、综合交叉点等处理科学合理，符合教学规律和教学对象的知识水平和心理特点；课后的习题及案例分析，更加贴近企业财务管理实务，便于学生复习巩固所学内容，运用所学知识解决实际问题。本书适合作为经济管理类专业“财务管理”课程教材之用。

作为财务管理的基础教材，本书系统、详细地介绍了财务管理的基本理念和基本方法，内容包括企业投资、融资管理及利润分配3个方面，涉及财务管理的目标、原则；财务管理的价值观念；企业财务分析方法及具体应用；财务预测与全面预算的编制；企业融资的方式及特点、融资成本及资本结构问题；企业项目投资评价指标体系及固定资产更新决策方法；企业证券投资方式及决策原理；企业营运资金管理；企业股利分配政策。这些内容的阐述，可以帮助读者理解和掌握企业财务决策的过程及其对股东财富的影响等相关知识。

本书由张希玲、杨亦民任主编，姜春兰、高文、李茜、任晓英任副主编。全书的分工如下：杨亦民编写第1章，屈静晓编写第2章，高文编写第3章、第4章，姜春兰编写第5章，任晓英编写第6章和第8章，张希玲编写第7章，李茜编写第9章，张姣芳编写第10章。最后由张希玲统稿、定稿。

限于编者水平，书中不足之处，请读者批评指正。

编 者

2011年9月

目　　录

第一章 总 论

【学习目的与要求】

通过本章学习，要求熟悉并理解财务管理的内容和目标，了解财务管理环境对财务管理决策的影响，了解企业的组织形式及其特点。

【引导案例】

目前，华为技术有限公司（以下简称华为）是中国最大的电信设备和智能手机制造商。华为为什么能够成功？除了我们耳熟能详的奋斗者精神、股权激励以及重视研发等原因之外，严格的财务管理也功不可没。2017年，陈春华女士采访任正非先生时问道："华为成功的真正核心点是什么？"任总回答："财务体系和人力资源体系"。华为作为中国最优秀的企业之一，其独到、深刻、细致的财务管理，是其核心竞争力之一。华为实行财务集中管理，打破了法人实体概念，重新建构了公司的运行逻辑，这是华为财务管理最大的特色。华为财务可分为四大职能：会计核算、资金管理、财经管理、审计监控。全球统一的会计核算与审计监控如同长江的堤坝，保证了财经管理的有效开展，使得华为在全球经济萎靡的当下，仍能逆势上扬，获得骄人的业绩。另外，华为追求合理的利润，为了可持续发展不单纯追求利润最大化，保证业务要做三年规划、一年预算、每月预测及执行调整，讲究财务与业务的辩证统一，要求财务必须融入业务；坚持会计核算是预算管理，是业务管理的基础，数据是财务管理与业务管理的核心。这些都是华为财务管理思想的精华。

财务管理已经融入公司所有业务活动之中。从合同概算到项目回款，从产品规划到市场分析，从出差申请到费用报销，从现金管理到存货管理，从销售融资谈判到融资规划落地，从税务筹划到定价设计……伴随公司的成长，财经管理从"非常落后"走到了"比较落后"，又从"比较落后"走到了"有点先进"。

……

第一节 财务管理内容

一、财务管理的概念

财务管理是基于企业再生产过程中客观存在的财务活动和财务关系而产生的，它是利用价值形式对企业再生产过程进行的管理，是组织财务活动、处理财务关系的一项综合性管理工作。随着市场经济特别是资本市场的不断发展，财务管理在企业管理中的中心地位日益凸显。

二、财务管理的内容

在现代企业中，存在两种商品运动，即实物商品运动和金融商品运动。一方面，企业从事采购、生产和销售活动，实物商品不断运动，实物商品的价值形态也不断地发生变化，顺次地经过货币资本、生产资本和商品资本三种资本形态，资本在不断的运动中使自己保值和增值；另一方面，企业购买金融商品，如股票、债券和基金等，金融商品不断运动，金融商品的价值形态也在不断地发生变化，由货币资本转化为金融商品资本，而通过出售金融商品，金融商品资本又转化为货币资本。在这两种商品运动中，一方面表现为实物商品和金融商品的实物运动，另一方面又表现为实物商品和金融商品的价值运动或资本运动。资本运动就是财务管理的对象，而资本运动又是通过一系列财务活动实现的。熟悉财务管理的内容首先应了解企业财务关系。

(一)企业财务关系

财务关系是指企业组织财务活动过程中与有关各方所发生的经济利益关系。企业在处理各种财务关系时，既要符合国家利益和企业利益，又要保护利害关系人和股东的合法权益，使企业有一个良好的经济环境，以调动各方面的积极性，支持企业的发展。

企业财务关系可分为外部财务关系和内部财务关系两大类。

1.外部财务关系

1)企业与国家之间的财务关系——征税与纳税关系

国家以社会管理者的身份通过收缴各种税款的方式与企业发生经济利益关系。税收是国家财政收入的主要来源。企业必须按照国家颁布的税法和规定及时足额地缴纳各种税款。依法纳税是企业对国家应尽的义务。

2)企业与投资者和受资者之间的财务关系——投资与受资关系

企业作为投资者，将其资本投资于其他企业，有权按照出资比例或合同、章程的规定，参与受资单位的利润分配或经营管理；企业作为受资者，从投资者那里取得资本，进行生产经营活动，应将所实现的利润定期向投资者分配。因此，企业应根据有关法律法规的要求，正确处理好这种财务关系，维护投资者、受资者的合法权益。

3)企业与债权人和债务人之间的财务关系——债权与债务关系

企业债权、债务关系主要包括企业与其他单位之间由于相互购销商品、提供劳务等形成的资金结算关系；企业与银行和非银行金融机构之间的借贷、还款，企业与其他单位和个人之间的借贷、还款，以及企业利用债券筹集资本所形成的资金借贷关系。正确处理资金结算关系的关键是企业要恪守商业信用，遵守结算纪律，及时收付货款，避免相互占用资金；正确处理其他债权与债务关系的关键是债务人要按期还本付息，不得拖欠。

2.内部财务关系

1)企业内部各单位之间的财务关系——内部资金结算关系

企业内部各单位之间的财务关系表现在两方面:一是以财务部门为中心,企业内部各部门、各单位与财务部门之间的收支结算关系,它反映了企业内部资本集中管理的原则;二是企业内部各单位之间因提供产品或劳务而发生的计价结算关系,它反映了企业内部资本分散管理的原则。

2)企业与职工之间的财务关系——劳资分配关系

主要指企业向职工支付劳动报酬过程中所形成的经济利益关系。企业财务部门应与人事部门一起,按照职工提供的劳动数量和劳动质量进行工资分配,正确执行有关工资分配政策,充分调动职工的积极性。

(二)企业财务管理内容

企业筹资引起的财务活动、投资引起的财务活动、资产营运活动以及分配引起的财务活动相互联系、相互依存,共同构成了财务管理的基本内容,具体包括筹资管理、投资管理、营运资金管理以及利润及其分配管理。

1.筹资管理

资金的筹集和运用是企业财务管理的一项重要内容,它关系到企业的日常盈利及发展能力的高低。筹资是企业资本运动的起点,也是投资活动的前提。筹资管理是指企业根据其生产经营、对外投资和调整资本结构的需要,通过资金市场和筹资渠道,经济有效地筹集企业所需资金的财务行为。筹资管理应当坚持以下 4 项基本原则:一是效益性原则。它要求企业在决定筹资方式时必须综合考虑资金成本、筹资风险及投资效益。如果一种筹资方案预计综合资金成本会高于企业投资收益率,那这种筹资方案对企业来说就是没有意义的。二是适度规模原则。由于企业的每一项资金取得都有成本,一次性筹资太多会造成资金的闲置和浪费,筹资太少又不能满足企业生产经营的需要,因此,筹集资金要讲求适度规模。三是最佳时机原则。资金筹集太早会造成闲置,筹集太晚又会影响企业经营的正常进行。四是合法性原则。它要求企业筹集资金必须依法进行,不得进行非法集资从而给企业自身及相关主体造成损失。

企业筹资可采用两种形式:权益融资和负债融资。权益融资包括吸收直接投资、发行股票、利用内部留存收益等;负债融资包括向银行借款、发行债券、利用应付款项等。企业筹资时,应研究筹资环境,讲求筹资的综合效益。筹资管理的主要内容包括以下几方面。

(1)合理确定资本需要量,控制资本的投放时间。资本需要量的确定应本着投资决定筹资的原则,以需定量。筹资不足会影响生产活动和投资活动,筹资过剩又会影响资本的使用效率,甚至会加重企业的财务负担。与此同时,还要注意控制资本的投放时间,应根据企业生产规模和销售趋势,合理安排不同时期的资本投入量和投放时间,减少不必要的资本占用。

(2)正确选择筹资渠道和筹资方式,努力降低资本成本。筹资方式是企业筹资过程中所采用的各种筹资手段和方式。筹资渠道是企业不同的筹资对象和不同的资本来源。对于不同的筹资渠道、不同来源的资本,其所筹资本总量、资本占用时间的长短、资本成本的大小、附加限制条件的宽严等都是不同的。企业应根据其特定的经营目标和管理要求，将不同的筹资方式与不同的筹资渠道进行最有效的组合，确保筹资的最佳效益。

(3)合理安排资本结构，适度运用负债经营。资本结构是企业债务资本和权益资本的比例关系。由于不同的筹资方式会带来不同的资本成本，其对应的财务风险也不相同，因此企业应将不同的筹资方式和筹资渠道进行最有效的组合，在充分考虑企业实际的经营和市场竞争能力的条件下，适度负债经营，寻求最佳的资本结构。负债经营需要符合两个基本条件：一是企业的投资报酬率大于其资本成本；二是负债的数量应与企业的资本结构和偿债能力相适应。只有这样，才会提高企业的资本盈利能力，促进企业价值的增长。否则，过度地增加企业负债比例，只会大大降低企业的偿债能力，扩大企业的财务风险，最终导致企业价值的下降。

2.投资管理

投资是指企业预先投入一定数额的资本，以获得预期经济收益的行为。企业筹集到资本后，必须将资本有目的地进行投资，以谋取最大的盈利。投资是企业资本运动的中心环节。企业投资既是企业发展的需要，也是企业价值创造的主要途径。随着经济的发展和市场机制不断健全，企业投资越来越多元化。企业投资按投资的方向可分为对外投资和对内投资；按投资的性质可分为债权投资和股权投资；按投资对象可分为金融投资与实业投资；按期限长短可分为长期投资与短期投资。面对复杂的投资市场和多元的投资项目，企业要考虑自身的情况和风险承受能力，在不同发展时期对不同的投资项目进行科学决策，有效管理，以实现企业的发展战略目标。企业在进行投资管理时，应研究投资环境，讲求投资的综合效益。投资管理的主要内容包括：预测企业的投资规模，使之符合企业需求和偿债能力；确定合理的投资结构，分散资金投向，提高资产流动性；分析企业的投资环境，正确选择投资机会和投资对象；研究企业的投资风险，将风险控制在一定限度内；采用恰当的方法评价投资方案的可行性，进行不同的投资组合等。

3.营运资金管理

营运资金是指企业在正常的生产经营活动中所占用的流动资产资金，其狭义概念在数量上表现为流动资产减去流动负债后的余额，因此对营运资金的管理既包括流动资产的管理，即现金管理、应收账款管理、存货管理等，也包括流动负债的管理，以及营运资金的筹集策略管理。为了确保营运资金管理效率，需要明确营运资金的性质及其周转速度快、易变现、占用资金波动性高、来源渠道广等特点，确定恰当的营运资本投资策略。就流动资产的筹资政策来说，尽管短期借款、商业信用等流动负债筹资与长期筹资方式相比，成本较低，但不同筹资政策会形成不同的企业财务风险水平，因此企业需要结合自身特点选择不同的营运资本筹资策略。

4.利润及其分配管理

分配分为广义的分配和狭义的分配。广义的分配是指对投资收入，如销售收入和利润进行分割和分派，而狭义的分配仅指对净利润的分配。企业通过生产经营和对外投资等获取的利润，应按照规定的程序进行分配。分配活动既是企业资本运动一次过程的终点，又是下一次资本运动的起点，起着两次资本运动之间的联结作用，是企业资本不断循环周转的重要条件。

分配具有层次性。企业通过投资取得的收入，例如销售收入，首先要用以弥补生产经营耗费，缴纳流转税，其余部分为企业的营业利润；营业利润与投资净收益、营业外收支净额等构成企业的利润总额。利润总额首先要按照国家规定缴纳所得税，税后净利润要提取公积金和公益金，用于扩大积累、弥补亏损和改善职工集体福利设施，其余利润作为投资者的收益分配给投资者，或者暂时留存企业，或者作为投资者的追加投资。

分配决策不仅影响企业的筹资决策和投资决策，而且涉及国家、企业、投资者、职工等多方面的利益关系。因此，企业应根据其具体的经营状况和未来发展的要求，制定合理的分配政策。分配管理的主要内容包括：分析企业盈利情况和资产变现能力，协调好企业近期利益和长远发展的关系；研究市场环境和股东意见，使收益分配兼顾多方面的利益关系；确定股利政策和股利支付方式，使收益分配有利于增强企业的发展能力；筹集股利资金，按期进行收益分配。

上述财务管理的4个方面，并非相互独立、互不相干，而是相互联系、相互依存的。正是上述互相联系又有一定区别的各个方面，构成了完整的企业财务管理基本内容体系。

第二节 财务管理目标与利益相关者要求的协调

一、财务管理目标

财务管理目标又称理财目标，是指企业进行财务活动所要达到的根本目的，它决定着企业财务管理的基本方向。财务管理目标是财务管理活动中的“指南针”，它直接影响着整个财务管理活动的组织与开展，是一切财务活动的出发点和归宿，是评价企业理财活动是否合理的基本标准。财务管理目标也是企业经营目标在财务上的集中和概括，制定财务管理目标是现代企业财务管理成功的前提，只有确定了合理的财务管理目标，财务管理工作才有明确的方向。因此，企业应根据自身的实际情况和市场经济体制对企业财务管理的要求，科学合理地选择、确定财务管理目标。正确理解财务管理目标的优点与缺点，对于促进企业可持续发展有重要意义。关于财务管理目标主要有以下几种观点。

(一)利润最大化

利润最大化目标，是指企业假定在投资预期收益十分确定的前提下，其自身的财务管理活动朝着有利于企业利润最大化的方向发展。企业生产经营的最主要目的就是获取利润。从这个角度来说，企业一切的生产经营活动都应紧紧围绕如何获取更多的利润来开展。

以利润最大化作为财务管理目标的主要原因有以下几个：一是符合人类生产经营活动的目的，即最大限度地创造剩余价值；二是资本的使用权最终属于获利最多的企业；三是企业只有获利，才能使整个社会财富实现最大化；四是容易理解且操作性很强。追求利润最大化，企业就必须注重经济核算，要加强各项企业管理，要注重技术创新改革，要注重培养优秀的人才……只有这样，企业才能有效提高生产效率，进而降低生产经营成本，获取更多的利润。财务管理以利润最大化为目标，刺激了企业各类资源的优化配置，提高了企业的经济效益。从这个角度来讲，利润最大化作为财务管理的目标，是企业发展的“助推器”。

企业以利润最大化作为财务管理的目标主要有以下4个方面的缺陷。

第一,没有考虑资金的时间价值。利润最大化中的“利润”是指企业在一定时期实现的税后净利润。例如,A企业与B企业的利润都是500万元,这时我们无法判断两个企业哪家财务管理目标实现得更好。但是,若A企业的利润是去年获得的,而B企业的利润是今年刚刚获得的,毫无疑问,A企业的利润有更大的时间价值。第二,没有考虑风险因素。利润与风险并存,若企业想获取最大的利润,必然承受最大的风险。财务管理以利润最大化为目标,致使企业财务管理人员可能不顾及风险因素而盲目地追求利润,这会给企业发展带来很大的危害。第三,无法直观反映出企业投入与利润之间的关系。财务管理以利润最大化为目标,只能反映出企业获取利润的多少,却不能反映出企业为获取这些利润投入资金的多少。第四,容易导致企业短期行为。利润最大化往往会使企业财务决策行为具有短期行为的倾向,只顾片面追求利润的增加,而不考虑企业长远的发展。

(二)每股收益最大化

每股收益最大化观点是指企业以每股收益最大化作为财务管理目标。计算每股收益是用归属于普通股股东的净利润除以普通股股数得出的。这种观点将企业利润与投入的资本相联系,可以对不同资本规模的企业或企业的不同期间进行对比分析,揭示其盈利水平的变化,克服了利润最大化目标没有考虑利润与投入资本关系的缺点。但是它仍然存在没有考虑资金的时间价值和风险因素的缺陷。

(三)股东财富最大化

股东财富最大化,是指企业通过规范经营,在综合考虑投入、利润、风险与资金时间价值等情况下,使企业股东(投资者)的财富达到最大。财务管理以股东财富最大化为目标,充分肯定了股东对企业发展的重要作用。就目前来看,股东从企业取得财富的来源有两个:一是股利收入;二是股东转让股份后的资本利得。对于股东而言,持有企业的股票数量以及持有股票的市场价格决定了其财富值的大小。在股票数量一定的前提下,当股票价格达到最高时,股东财富也达到最大,所以股东财富最大化又可以表现为股票价格最大化。以股东财富最大化作为财务管理目标,其优点主要有:第一,科学地考虑了风险与资金的时间价值因素。因为股票价格既受企业未来获取现金流量的能力的影响,也受现金流入的时间及风险的影响。这一目标需要财务管理人员时刻关注股东财富的变动情况,而股东财富与股东持有的股票数量及其市场价格有直接关系,而关注这些信息有利于财务管理人员综合考虑风险及资金的时间价值因素。第二,在一定程度上能够克服企业片面追求利润的短期行为。因为股东持有的股票数量及其市场价格并不是一个短期现象,这就要求财务管理人员以一种长远和发展的眼光关注股东的财富。从这个角度来说,该目标有效避免了企业的短期行为,有利于企业长远发展。第三,股东财富最大化目标对于上市公司来说,比较容易量化,便于考核和奖惩。

同时,股东财富最大化目标也存在一些缺点:第一,适用范围受限制。对于非上市公司而言,可操作性差,应用受限。第二,不符合可控性原则。影响股票价格的因素有很多,如国家政策的调整、国内外经济形势的变化、股民的心理等,其中很多因素是非正常因素,是难以控制的，若财务管理人员单纯地将这些非正常因素也纳入管理范畴，将无法准确反映企业财务管理的真实状况。第三，过分强调股东利益，忽视了其他与企业发展相关者的利益。第四，不符合理财主体假设。理财主体假设认为，企业的财务管理工作应限制在每一个经营上和财务上具有独立性的单位组织内，而股东财富最大化将股东这一理财主体与企业这一理财主体相混同，不符合理财主体假设。

（四）企业价值最大化

企业价值就是企业的市场价值，是企业在市场中所能创造的预计未来现金流量的现值。企业价值最大化是指通过财务上的合理经营，采取最优的财务政策，充分利用资金的时间价值和风险与报酬的关系，保证将企业长期稳定发展摆在首位，强调在企业价值增长中应满足各方利益关系，不断增加企业财富，使企业总价值达到最大化。对于企业而言，企业价值反映了它潜在的或预期的获利能力和成长能力。

企业价值是指企业的全部资产（股票和负债）的市场价值之和，对企业进行评价时重点考虑的不是企业已经实现的利润水平，而是企业潜在的获利能力。企业价值与股东财富相比，增加了债务市场价值部分，不仅考虑了股东的利益，而且考虑了债权人的利益。企业价值是企业未来现金流量按照一定标准贴现的现行价值。企业的价值越大，表明企业的效益越好。企业价值可以通过以下公式来衡量：

企业价值＝债务市场价值＋股票市场价值

以企业价值最大化作为财务管理的目标，其优点主要表现在：第一，该目标关注企业的未来现金流量的现值，而未来现金流量的现值包含资金的时间价值与风险价值。从这个角度来说，该目标考虑了企业取得报酬的时间与风险，并用时间价值与风险价值的原理进行了计量。第二，该目标考虑了资本与报酬之间的关系。第三，该目标将企业可持续稳定发展放在首位，因为预期未来现金流量的多少直接决定企业价值的多少，而不是过去和目前盈利的水平，从而有效避免了企业追求短期利润的行为。第四，有利于社会资源合理配置，进而实现社会效益最大化。

企业价值最大化这一财务管理目标的运用也有其缺陷。第一，对于上市企业，企业价值体现为股票价格及债务工具价格，而这两个价格受多种因素影响。第二，在确定企业价值时，未来收益以及风险都包含着不确定性因素，难以准确地对企业价值进行计量，尤其对于非上市企业，受评估标准与方式的影响，有时无法准确、客观地评估企业价值。因此，以企业价值作为财务管理的目标也有一定的不合理性。

二、财务管理利益相关者要求的协调

企业的财务活动涉及不同的利益主体，在组织实施财务管理中应兼顾和协调好债权人和债务人、所有者和经营者、企业和个人、投资者和受资者的各种利益关系。企业向股东、债权人筹措资金；向供应商支付款项，采购原材料或支付劳务；通过支付职工薪酬，雇佣职工进行生产经营活动；提供商品、劳务给顾客以收取款项；向政府缴纳各项税款等；所有这些构成财务管理的利益相关者。不同的利益相关者有不同的要求，他们与企业之间既有共同利益也有利益冲突。这里我们重点分析股东与经营者、债权人之间的目标协调。

(一)股东与经营者目标的协调

股东委托经营者代其管理企业,以期实现其财富最大化,而经营者则希望尽量增加自身报酬和闲暇时间,避免风险。对所有者来讲,他所放弃的利益也就是经营者所得的利益。这种被放弃的利益叫作所有者支付给经营者的享受成本。由于经营者在企业内部,掌握企业的经营情况的信息,有可能为了自身的目标而背离股东的利益,所以存在"道德风险"与"逆向选择",形成经营者和股东目标的不一致。此时问题的关键不是享受成本的多少,而是在增加享受成本的同时,是否更多地提高企业的价值,即所有者的权益。因而经营者和所有者的主要矛盾就是经营者希望在提高企业价值的同时,能更多地增加报酬,而所有者总希望以较小的成本支出带来更高的企业价值。

为解决这一矛盾,经营者必须按照所有者真正的利益进行经营和管理,同时企业也应建立有效的保证机制,在有效保证经营者真正利益的前提下,要求其对企业进行高效的经营。

为了防止经营者背离股东目标,一般有以下两种方式。

1.绩效激励机制

建立合理的经营绩效激励机制是现行比较常用的控制企业经营活动的方式。诸如采用"绩效股""股票选择权""奖金"等奖励企业中高层管理者和技术人员,将经营者的经营绩效、对股东和公司所做的贡献以及他们在职权范围内所承担的风险与经营者所获得的报酬联系起来,让经营者分享企业增加的财富,鼓励他们采取符合企业最大利益的行动。

2.监督机制

由于信息不对称,经营者了解的信息远远多于股东。通过建立完善的监督机制和信息披露制度,股东获得更多的信息,可以在一定程度上减少两者的信息差,从而对经营者进行监督。在经营者背离股东目标时,减少其各种形式的报酬;若公司管理不善或决策失误导致公司股票大幅度下跌,公司可能会被其他企业或个人收购,公司的高层管理者可能会被股东解雇,即使不会被股东解雇,原经营者的地位也会明显下降,其在人才市场上的价值也会降低,经营者所追求的个人价值最大化目标也就难以实现。

(二)股东与债权人目标的协调

企业的债权人主要有本企业债券的持有人、贷款机构、商业信用提供者等。当企业向债权人借款时,两者之间形成一种委托代理关系。但两者的目标并不一致,前者是为了发挥财务杠杆作用,获取还本付息后的剩余利益,从而增加股东财富,而后者意在到期收回本金,并获得约定的利息收入。当债权人与股东一旦达成协议,签订借款合同之后,债权人虽然已将有坏账风险的应得报酬计入了利息率,但同时也失去了对资金的控制权,形成股东与债权人之间利益上的冲突。

企业要按照约定的期限、利率向债权人支付利息;债务到期时,要合理调度资金,及时归还债权人本金。债权人保护自己利益最直接的办法就是在签订借款合同的同时,订立专门的限制性条款,例如:限制公司的投资政策、限制股利政策、限制额外的财务杠杆。一些债券协议要求公司在发行新的担保债券之前必须取得当前债权人的同意,以保护当前债权人的利益。

第三节 财务管理环境

企业财务管理环境又称理财环境，是指企业理财过程中所涉及的影响企业财务活动的各种条件。从系统论的观点来看，所谓环境就是存在于研究系统之外的，对研究系统有影响作用的相关因素的总和。如果把财务管理作为一个系统，那么，财务管理以外的对财务管理系统有影响作用的相关因素的总和，便构成了财务管理环境。

一般来说，财务管理环境包括经济环境、法律环境、金融环境、社会文化环境等。企业财务活动的全过程均与这些环境因素有关。例如，政府财税政策的变化，会引起企业利润分配的变化；货币政策直接影响企业的筹资决策等。如果财务管理人员善于研究理财环境，能够科学预测理财环境的变化，采取有效措施，从而可以提升企业价值。

财务管理环境对于每个企业来说都是一样的，在相同的理财环境下，每个企业的财务活动运行和效果却是不同的。财务管理环境作为企业财务管理的外部条件，是财务管理中应予充分考虑的变量。但就理财环境本身来说，有的因素是相对不变的，有的因素则处于变动之中。只有注意分析理财环境的可变因素，把握和预测其规律性，才能使财务管理工作更具科学性。因此，如何在客观理财环境下有效地组织企业财务管理活动，实现财务管理目标，是财务管理理论和实际工作者所要研究的重要课题。

一、经济环境

财务管理作为一种微观经济管理活动，与其所处的宏观经济环境密切相关。这些宏观经济环境主要包括经济周期、经济发展水平及经济政策等因素。

（一）经济周期

市场经济条件下，经济发展与运行具有一定的波动性。这种波动大体上包括复苏、繁荣、衰退和萧条几个阶段的循环，这种循环叫作经济周期。

我国的经济发展与运行也呈现其特有的周期特征，带有一定的经济波动。我国过去曾经历过若干次投资膨胀、生产高涨到控制投资、紧缩银根的过程，从而促进了经济的持续发展。企业的筹资、投资和资产运营等理财活动都要受这种经济波动的影响。比如在经济紧缩时期，社会资金十分短缺，利率上涨，会使企业的筹资非常困难，甚至影响到企业的正常生产经营活动，企业的投资方向也可能因为市场利率的上涨而转向本币存款或贷款。此外，由于国际经济交流与合作的发展，世界经济的周期性波动也会不同程度地影响我国。因此，我们必须认识到经济周期的影响，提高在经济发展波动中理财的本领。

（二）经济发展水平

改革开放以来，我国的经济飞速发展，给企业扩大规模、调整经营方向、打开市场、拓宽财务活动的领域带来了机遇。同时，也需要意识到，在经济高速发展中，资金紧张将是长期存在的矛盾，这又给企业理财带来了严峻的挑战。企业理财应当以宏观经济发展目标为导向，从业务工作角度保证企业经营目标和经营战略的实现。

(三)经济政策

我国经济体制改革的目标是建立社会主义市场经济体制,以进一步解放和发展生产力。在这个总目标的指导下,我国已经并正在进行财税体制、金融体制、外汇体制、外贸体制、计划体制、价格体制、投资体制、社会保障制度等改革。所有这些改革措施,深刻地影响着我国的经济生活,也深刻地影响着我国企业的发展和财务活动的运行。经济政策包括政府财政政策、货币政策、经济发展与产业政策等,是财务管理环境的重要组成部分。如金融政策中货币的发行量、信贷规模都能影响企业投资的资金来源和投资的预期收益;财税政策会影响企业的资金结构和投资项目的选择;价格政策能影响资金的投向和投资的回收期及预期收益等。可见,经济政策对企业财务活动的影响是非常大的。这就要求财务管理人员必须把握经济政策,更好地为企业的经营理财活动服务。

二、法律环境

影响财务管理的主要法律环境因素有企业组织形式的法律规定和税收法律规定等法律制度,包括《中华人民共和国个人独资企业法》《中华人民共和国合伙企业法》《中华人民共和国公司法》《中华人民共和国外商投资法》《中华人民共和国合同法》《中华人民共和国证券法》《中华人民共和国企业破产法》《中华人民共和国票据法》等。企业需要依法设立,合法运营。

(一)企业组织形式

1.独资企业

独资企业是指由一个自然人拥有全部资产,并以其个人财产对债务承担无限责任的企业。它是一种历史悠久、最简单和最普通的企业组织形式。

独资企业有3个方面的优点:①开办手续简便,费用低;②受法律限制少;③所得收益不用缴纳企业所得税,只缴纳个人所得税。

独资企业也有3个主要的缺点:①企业的出资者对全部债务负无限责任,也就是说,出资者以自己的全部资产(包括私人资产)对其债务负责;②企业信用不足,筹资困难,个人财力又有限,因此,独资企业的规模可能受到限制;③独资企业的生产经营活动乃至生存期限受到出资者个人情况的制约,一般企业难以长期生存。

2.合伙企业

合伙企业是指两个或两个以上的合伙人自愿依法设立,共同出资,合伙经营,共担风险,共享收益,对企业债务承担无限连带责任的企业。合伙企业的主要优点是成立简便和开办费用低,且不缴纳企业所得税。其缺点与独资企业基本相同。在合伙企业中,所有合伙人按合伙协议的规定承担一定比例的出资和管理工作,共同分享企业的利润或亏损,对企业全部债务承担无限连带责任。当其中某一合伙人撤资时,该合伙企业将通过法律程序解散,如果业务还要继续,就必须组建新的合伙企业。合伙企业以口头或书面形式订立“合伙契约”,其主要条款通常有合伙人薪金、企业管理方案、收益分配办法及退出合伙办法等。

3.公司制企业

公司是指按照公司法的要求登记设立,以其全部法人财产,依法自主经营,自负盈亏的法人企业。

公司制企业具有以下 4 个主要优点。

(1)生存期限长久。企业不会因股东死亡或退出而影响企业的存在。

(2)股份转让容易。企业股东权益具有比独资和合伙企业更高的流动性。

(3)投资者负有限责任。债权人对企业的求偿权仅限于股东的投资额,所以投资者所承担的风险仅以出资额为限。

(4)易于筹资。特别是股份有限责任公司因其永续存在,举债和增股空间大,与独资及合伙企业相比较,更容易在资本市场上筹集到更多的资金,因此,公司制企业的规模一般要比独资和合伙企业大得多。

公司制企业也有两个缺点。

(1)双重纳税。企业取得的利润按企业所得税法依法纳税,然后再向出资者分配利润,出资者在取得分配利润以后还需要缴纳个人所得税。

(2)公司制企业的设立受法律限制多,要求高,手续繁复,设立周期长。

(二)税法

与企业经济活动相联系的税收种类主要有:①所得税类。包括企业所得税、个人所得税等。②流转税类。包括增值税、消费税、城市维护建设税等。③资源税类。包括资源税、土地使用税、土地增值税等。④财产税类。包括房产税等。⑤行为税类。包括印花税、车船税等。企业需要熟悉相关的税法,及时足额履行依法纳税的义务,同时在税法允许的范围内,充分享受各种税收优惠政策,降低企业税费负担。

三、金融环境

金融环境是企业最为重要的外部环境,对企业的财务活动影响最大。金融环境是指一个国家在一定的金融体制和制度下,影响经济主体活动的各种要素的集合。金融环境包括金融市场、金融机构以及利息率等。金融环境也可以表述为金融市场环境,金融市场是指资金融通的场所。金融市场有狭义和广义之分,狭义的金融市场一般指有价证券市场,广义的金融市场是指一切资本流动的场所,包括实物资本和货币资本的流动。我们所讲的金融市场指的是广义的金融市场。

(一)金融市场与企业的关系

金融市场的形成,是由于发达的商品经济和信用形式的多样化,它们一旦形成,又会促进企业生产的进一步发展和信用形式的进一步完善。金融市场是企业投资、融资的场所,金融市场资金供求水平、利率变动状况等信息为企业投、融资决策提供重要信息。财务人员需要熟悉各类金融市场及其管理规则,有效地利用金融市场来组织资金供应,寻找投资机会,同时还要遵守国家金融主管机关对于金融市场的宏观调控和指导。

(二)金融市场的类型

金融市场的种类很多,可以按照不同的标准进行分类。

1.按融通资金时间期限划分

按融通资金时间期限划分,可分为短期资金市场和长期资金市场。短期资金市场是指期限在一年期以下的短期资金交易的市场,又称为货币市场。参与短期资金市场的目的在于保持流动性,以便随时转换为现实的货币。长期资金市场是指期限在一年期以上的长期资金交易的市场,又称为资本市场。在这个市场上,企业可以用发行债券或股票的方法筹集资金,或者直接从金融机构获得长期贷款。

2.按市场的交易对象划分

按市场的交易对象划分,可分为以下几种类型的市场:股票市场、企业债券市场、金融债券市场、政府债券市场、商业票据贴现市场、短期债券市场等。

3.按市场的交易过程划分

按市场的交易过程划分,可分为一级市场和二级市场。一级市场是股票、债券等有价证券的发行市场,又称初级市场。在一级市场上企业通过发行股票、债券等信用工具,向资金供应者取得资金。企业可以自己发行股票和债券,但通常是委托银行和信托机构作为证券经纪人代理发行。二级市场是各种有价证券的流通市场,也称次级市场。二级市场是证券买卖转让的地方,是证券所有权转移的场所。一级市场和二级市场有着互相促进、相辅相成的关系。没有一级市场的发行认购,就不会有二级市场的买卖转手;没有二级买卖市场,一级发行市场的活动就要受到限制,金融市场就难以发展。

4.按市场融通资金范围划分

按市场融通资金范围划分,可分为区域性资金市场和国际性资金市场。区域性资金市场是指资金融通仅限于国内各经济组织、经济实体的本国货币和有价证券。国际性资金市场是指进行国际范围内的不同货币的资金融通活动,如吸引外资、外汇调剂等都属于国际性资金市场的范围。

(三)金融市场主体

金融市场主体即金融市场的交易者,他们既可以是自然人,也可以是法人,一般包括企业、政府、金融机构、机构投资者和居民5种类型。在开放的金融市场上还应包括国外投资者。

1.企业

在生产经营过程中,不同企业,由于产供销渠道与环节的差异,以及周期性和季节性的影响,一些企业会出现暂时性的资金盈余,而另外一些企业则出现暂时性的资金短缺。这两类企业除通过银行等金融中介机构进行资金余缺的融通外,资金短缺的企业还可以在金融市场上发行相应的金融工具而得到所需的资金,资金盈余的企业也可以通过在金融市场上购得金融工具,将其盈余的资金投资于生息资产。另外,企业在创建新业务或扩大生产经营规模时,也可以发行股票、债券等筹措所需的资金。在金融市场运行中,企业无论是作为资金的需求者还是资金的供给者,均居于非常突出的地位。

2.政府

在金融市场运行中,政府充当双重角色。其一是作为筹款者,其二是作为调节者和监管者。作为筹款者,政府为了弥补财政赤字,或为了举办公共工程等,在金融市场上通过发行国债筹措所需资金;作为调节者,政府发行的公债,特别是国库券,是中央银行公开市场操作的主要对象。中央银行通过在公开金融市场上买卖国库券和调节金融市场上的货币供应量而达到调控经济的目的。此外,政府还是金融市场的监管者。

3.金融机构

一般来说,凡专门从事各种金融活动的组织,均称为金融机构。在这里,金融机构主要指中央银行和商业银行等金融企业。中央银行通过买卖金融市场工具,投放或回笼货币,从而控制和调整货币供应量。金融企业作为中介机构,一方面代理筹资者和投资者进行融资与投资活动,另一方面本身也可以发行证券筹集资金,如发行大额可转让存单,进行票据贴现、再贴现业务,向同业拆出或拆入资金,购买有价证券从事投资等。总之,金融机构既是金融市场的参与者,又是金融市场的创造者,在金融市场中起着关键作用。

4.机构投资者

机构投资者是指在金融市场从事交易的机构,如保险公司、信托投资公司以及投资基金公司。保险公司无论是人寿保险还是财产与灾害保险公司,其业务都是出售承保各种险别的证券——保险单,购入不同类型的有价证券进行投资,追求收入最大化以备偿付赔款。信托投资是指信托公司以受托人身份,接受委托人委托,按委托人的意愿,以自己的名义,为受益人的利益或者特定目的,对信托财务进行管理或者处分的行为。信托关系涉及委托人、受托人和受益人三者之间的关系。投资基金是基金公司公开发售基金份额募集资本,投资于证券。它的特点在于把零散的资金集中起来,形成一定的规模,有助于构建投资组合,降低交易成本,提高投资收益。

5.居民

居民,包括个人和家庭。当货币收入扣除消费支出出现剩余时,居民通常将这部分剩余存入银行或购买股票、债券等,从而成为金融市场上的重要资金供给者和金融工具购买者。居民有时也会因为消费贷款而成为资金需求方。

(四)金融市场工具

金融市场工具,简称金融工具。它是资金短缺部门、单位,或借入资金的部门、单位,或筹资者,向资金盈余部门、单位,或借出资金的部门、单位,或投资者、债权人所出具的契约或凭证。从表面上看,金融工具是金融市场交易的对象,实则金融市场交易的是资金本身。

金融市场上的金融工具种类繁多,主要有票据、债券、股票、外汇等。此外,金融市场上还存在着直接的融资关系,但并不一定要具有一定形式的工具,如同业拆借资金就是直接的融资。

1.票据

票据是出票人自己承诺或委托付款人,在指定时期或见票时无条件支付一定金额并可流通转让的有价证券。按照不同的分类标准,票据可以分为不同种类。例如,按照信用关系的不同，可以分为汇票、本票和支票；按照到期时间的不同，可分为即期票据和远期票据。

2. 债券

债券是债务人在筹集资金时，依照法律手续发行，向债权人承诺按特定利率和日期支付利息，并在特定日期偿还本金，从而明确债权债务关系的有价证券。债券的形式各异，往往有多种分类方法。例如，债券按发行主体的不同，分为政府债券、公司债券和金融债券；按利息支付方式的不同，分为附息债券、一次还本付息债券和贴现债券；按有无担保，可分为信用债券和担保债券；按本金偿还方式，可分为偿债基金债券、分期偿还债券、通知偿还债券、延期偿还债券、永续债券和可转换债券；按投资人的收益，可分为固定利率债券、分红公司债券、参与公司债券、免税债券、收益债券和附新股认购权债券等。

3. 股票

股票是股份公司发给股东的投资入股和分红的凭证。股票有多种类型，一般分为普通股和优先股、记名股票和无记名股票、有面额股票和无面额股票等。

4. 外汇

外汇是指外国货币及用外币表示的用于国际间结算的支付手段。它包括外国货币（如美元、日元等）、外国有价证券、外币支付凭证和其他外汇资金。

5. 同业拆借资金

同业拆借资金既指在同业拆借市场上交易的资金，也指同业拆借市场的交易工具。有人称同业拆借市场的金融工具就是“头寸”，即款项或资金额度；也有人认为同业拆借市场是金融机构间借贷资金的市场。进入资金市场的人必须符合要求的条件，并按事先定好的协议直接借贷，因此，同业拆借市场的金融工具就是同业拆借资金本身，这与外汇市场金融工具就是外汇一样。实际上交易“头寸”或“同业拆借资金”在本质上并无多大差别，不论怎样认识同业拆借市场的金融工具，实际上同业拆借市场直接借贷的就是货币资金本身。

四、社会文化环境

社会文化环境是指人们在特定的社会环境中形成的习俗观念、价值观念、行为准则和教育程度以及人们对经济、财务的传统看法等。

社会文化环境包括教育、科学、文学、艺术、新闻出版、广播电视、卫生体育、世界观、理想、信念、道德、习俗，以及同社会制度相适应的权利义务观念、道德观念、组织纪律观念、价值观念、劳动态度等。企业的财务活动不可避免地受到社会文化的影响。但是，社会文化的各方面对财务管理的影响程度不尽相同，有的具有直接影响，有的只有间接影响；有的影响比较明显，有的影响微乎其微。

例如，随着财务管理工作的内容越来越丰富，社会整体的教育水平将越来越重要。事实表明，在教育落后的情况下，为提高财务管理水平所做的努力往往收效甚微。又如，科学的发展对财务管理理论的完善也起着至关重要的作用。经济学、统计学、计算机科学等诸多学科的发展，都在一定程度上促进了财务管理理论的发展。另外，诸如社会的资信程度等因素，也在一定程度上影响着财务管理活动。当社会资信程度较高时，企业间的信用往来会加强，会促进彼此之间的合作，并减少企业的坏账损失。

同时，在不同的文化环境中经营的公司，需要对现有员工进行文化差异方面的培训，并且在可能的情况下聘请文化方面的专家进行培训。忽视社会文化对公司财务活动的影响，往往会给公司的财务管理带来意想不到的问题。

本章小结

本章主要介绍了财务管理的基本理论。首先阐述了财务管理的内容，其次讨论了财务管理的目标，以明确企业进行理财活动所要达到的目的。财务管理目标主要包括利润最大化、股东财富最大化、每股收益最大化、企业价值最大化4种观点，其中企业价值最大化观点最能揭示市场经济条件下财务管理的特性，体现财务活动的规律，因此这一目标被理论界认为是较为合理的财务管理目标。最后介绍了财务管理的环境，以明确企业财务决策和控制的外部约束因素。

练习题

一、复习思考题

1. 什么是财务管理？具体包括哪些内容？
2. 企业的财务关系有哪些？
3. 简述财务管理与会计的联系和区别。
4. 现阶段财务管理目标的主要观点有哪些？各有什么优点和缺点？
5. 企业经营者与股东利益是否存在矛盾？你认为应该如何解决？

二、单项选择题

1. 企业的财务活动是指企业的(　　)。
   A. 货币资金收支活动　　B. 分配活动
   C. 资金运动　　D. 资本金投入和收益活动
2. 考虑了时间价值和风险价值因素的财务管理目标是(　　)。
   A. 利润最大化　　B. 资本利润率最大化
   C. 股东财富最大化　　D. 每股利润最大化
3. 企业同被投资单位之间的财务关系反映的是(　　)。
   A. 经营权与所有权关系　　B. 债权债务关系
   C. 投资与受资关系　　D. 债务债权关系
4. 股东通常用来协调与经营者之间利益的方法主要是(　　)。
   A. 监督与激励　　B. 解聘和激励
   C. 激励和接收　　D. 解聘和接收

5. 企业同债权人之间的财务关系是(　　)。

A. 经营权与所有权关系　　B. 债权债务关系

C. 投资与受资关系　　D. 债务债权关系

三、多项选择题

1. 金融市场包括(　　)。

A. 外汇市场　　B. 资本市场

C. 货币市场　　D. 黄金市场

2. 企业的所有者主要有(　　)。

A. 国家　　B. 法人单位

C. 个人和外商　　D. 贷款机构

3. 下列经济业务属于需要财务部门直接参与的有(　　)。

A. 向银行借款　　B. 与股东沟通企业经营状况

C. 销售产品　　D. 招聘企业中层经理

4. 下列关于利润最大化目标和股东财富最大化目标的说法不正确的有(　　)。

A. 均未考虑风险因素　　B. 均受股价变动的影响

C. 均不能避免企业的短期行为　　D. 通常只适用于上市公司

5. 企业促进当期利润最大化目标的实现的手段有(　　)。

A. 增加收入　　B. 降低成本

C. 减少研发支出　　D. 延长折旧年限

6. 筹资需要考虑的问题包括(　　)。

A. 筹资金额　　B. 筹资风险

C. 筹资成本　　D. 筹资对象

7. 在下列各项中,属于财务管理经济环境构成要素的有(　　)。

A. 经济周期　　B. 通货膨胀水平

C. 宏观经济政策　　D. 公司治理结构

四、判断题

1. 股东财富由股东所拥有的股票数量和股票市场价格两方面来决定。当股票价格达到最高时,股东财富也达到最大。(　　)

2. 在委托—代理关系中,负责使用以及控制经济资源的经理人员是委托人。(　　)

3. 对上市公司而言,股东财富可以表现为股票价值,股票价值一方面取决于企业未来获取现金流量的能力,另一方面也取决于现金流入的时间。(　　)

4. 企业与政府之间的财务关系体现为投资与受资的关系。(　　)

5. 以每股利润最大化作为财务管理的目标,考虑了资金的时间价值但没有考虑投资的风险价值。(　　)

6. 企业在进行筹资活动、投资活动、经营活动、利润及其分配活动时,需要与各利益相关主

体形成广泛的联系。(　　)

7.经济危机时期，由于企业经营环境恶化，销售下降，企业应当逐步降低债务水平，以减少破产风险。(　　)

8.财务管理是对财务活动和财务关系的管理。(　　)

9.企业的资金运动仅仅表现为钱和物的增减变动，不能揭示人与人之间的经济利益关系。(　　)

10.企业与受资者的关系体现为债权性质的关系。(　　)

第二章　财务管理的价值概念

【学习目的与要求】

理解货币时间价值的含义，风险和风险报酬的概念；熟悉报价利率和有效年利率的换算；掌握贴现率的计算；熟悉投资组合的风险和报酬的衡量；掌握货币时间价值的计算，单项资产的风险和报酬的衡量；掌握资本资产定价模型的运用；灵活运用货币时间价值、复利等概念处理财务管理相关问题。

【引导案例】

随着我国经济建设的不断发展，城镇化脚步不断加快，城市人口不断扩增，住房需求也不断增加。房地产成为当今的热门行业，越来越多的人加入购房的阵营，就连刚刚毕业初入社会的大学生们也甘愿承受房贷压力进行购房规划。目前，住房公积金贷款和商业贷款成为大多数人购房选择的方式。住房公积金贷款是指住房公积金管理中心利用企业给员工定期缴纳和员工自己缴纳的住房公积金和银行达成协议，让银行对员工购买房子、装修、建造房屋等花费进行贷款。商业性住房贷款是自营性个人住房贷款，即银行对想要购买房子的人所发放的自营性贷款。不管采用哪种贷款方式，对于刚毕业走入职场的大学毕业生们来说，由于他们收入比较低，如果选择的个人房贷还款方式对家庭收入影响较大，就会造成生活压力大，甚至出现断供现象，在个人信用档案上留下不良信用记录，从而对其以后的个人职业选择、个人职业发展产生诸多不良影响。因此，合理选择购房还款方式，不仅可以保障个人还款能力，降低还款风险，而且还可以减轻个人还款压力。

目前，按揭贷款中商业银行普遍采用的还款方式有等额本息还款法和等额本金还款法。等额本息还款法是指在整个还款期内，每个月支付相等的还款额，还款额包括本金和利息，但是每个月支付的本金和利息并不相等。等额本金还款法是指每个月偿还相同金额的本金和剩余贷款在本月产生的利息。由于剩余贷款随着还款时间的增加会减少，因此等额本金还款法每个月还的本金不变，利息递减，前期每个月还款金额多，后期少。在贷款本金相等、利率相同、还款期限相同的前提下，应当选择哪种还贷方式更有利呢？通过本章的学习，你将了解有关货币时间价值的概念和计算，从而做出恰当的选择。

第一节　货币的时间价值

时间价值是客观存在的经济范畴，任何企业的财务活动，都是在特定的时空中进行的。货币作为衡量物品价值的尺度,存在时间价值。货币时间价值在财会学习中是一个非常重要的经济概念,无论是对于企业投融资决策,还是对于个人投融资决策,都会产生重要的影响。离开了时间价值因素,就无法正确计算不同时期的财务收支。时间价值原理,正确地揭示了不同时间点上的资金之间的换算关系,是财务决策的基本依据。

一、货币时间价值的含义

(一)货币时间价值的概念

对于货币时间价值的概念,不同的学者有不同的认识。但货币时间价值的含义一般是指:在不考虑风险和通货膨胀因素的条件下,资金在其被使用过程中随着时间的推移而发生的增值。

(二)货币时间价值的产生

在商品经济中,有这样一种现象:即现在的1元钱和1年后的1元钱其经济价值不相等,或者说其经济效用不同。现在的1元钱,比1年后的1元钱经济价值要大一些,即使不存在通货膨胀也是如此。为什么会这样呢?例如:将现在的1元钱存入银行,1年后可得到1.10元(假设存款利率为10%)。这1元钱经过1年时间的投资增加了0.10元,这就是货币的时间价值。

那么,为什么货币会产生时间价值呢?按照马克思劳动价值理论,资金时间价值产生的根源并不在于拥有资金时间的变化,而是由于劳动者在资金的周转使用过程中为社会所创造的剩余价值的存在。企业资金循环和周转的起点是投入货币资金,货币投入生产经营过程后,企业用它来购买所需的资源,然后劳动者生产出新的产品,创造了新价值,实现价值的增值,产品出售时得到的货币量大于最初投入的货币量。资金的循环和周转以及因此实现的货币增值,需要一定的时间,每完成一次循环,货币就增加一定数额,周转的次数越多,增值额也越大。因此,随着时间的延续,货币总量在循环和周转中按几何级数增长,使得货币具有时间价值。

二、货币时间价值的表现形式

货币时间价值有绝对数和相对数两种表现形式。

一是绝对数。绝对数又被称为货币的时间价值额,即利息额,是时间价值率与货币金额的乘积;二是相对数。相对数是指企业在生产经营中的平均收益率,即利息率,具体是指扣除风险和通货膨胀后的平均资金利润率或平均报酬率。

相对数较绝对数在使用的可比性和方便性方面略胜一筹,因此,货币时间价值通常以相对数表示。

三、货币时间价值计算的基本概念

(一)单利计算和复利计算

货币时间价值的计算方法根据本期利息是否作为下一期本金计算利息分为单利和复利两种计算方法。

单利是指本期利息不作为下一期本金计算利息。在单利计息方式下,只有本金计算利息,经过一定时间产生的利息不计算利息。如某人在银行存入 3 年期的定期存款 1 000 元,利率为 10%,则他每年得到的利息都是 1 000×10%=100 元,加上本金,到期可以提取的本利和为 1 000+100+100+100=1 300 元。

复利是指在一定时间内按一定利率将本金所生利息计入本金再计算利息,也就是通常所说的"利滚利"。在复利计息方式下,不仅本金要计算利息,而且利息也要计入本金再产生收益,每期的计息基础都是变化的。复利是货币时间价值计算中最常用的形式。例如,在银行存入 3 年期的定期存款 1 000 元,利率为 10%,则 3 年的利息分别为:第一年 1 000×10%=100 元;第二年(1 000+100)×10%=110 元和第三年(1 000+100+110)×10%=121 元。加上本金到期可以提取 1 000+100+110+121=1 331 元。

不同的计息方式,计算货币时间价值的方法和结果也不同。为了更加方便地理解两者的区别,现举一例,假设某人年初将 10 000 元存入银行,期限为 3 年,年利率为 10%,上述两种不同的计息方式下,计算过程和结果如表 2-1 所示:

表 2-1　两种计息法利息计算　元

年份	单利计息法计算的利息	复利计息法计算的利息
第 1 年	10 000×10%=1 000	10 000×10%=1 000
第 2 年	10 000×10%=1 000	(10 000+1 000)×10%=1 100
第 3 年	10 000×10%=1 000	(10 000+1 000+1 100)×10%=1 210
合计	3 000	3 310

从表 2-1 中可以看出,3 年后单利计息法下的利息总额(货币时间价值)为 3 000 元,每期计息基础不变。而复利计息法下的利息总额为 3 310 元,要将初始本金和上期所生利息作为当期计息基础,计算过程更为复杂,每期计息基础都在变化,既要计算初始本金的时间价值,还要计算由初始本金产生的利息的时间价值,这样能更准确地诠释货币时间价值,因此,一般都按复利计算货币时间价值。

(二)终值和现值

终值(future value,FV),也称将来值、未来值或本利和,是指现在一定量的资金在未来某一时点上的价值,一般用 F 表示。

例如,2019 年 1 月 1 日将 10 000 元(现值)存入银行,银行承诺年利率为 2.10%,在第一年的年末投资者就可以从银行取到 10 210 元，这个 10 210 元就是现在 10 000 元在一年以后的终值。

现值（present value，PV），又名本金，是指未来某一时点上的一定量资金折合到现在的价值。现值一般用 P 表示，与终值是一组相对的概念。

上例中 2019 年 1 月 1 日的 10 000 元是 2019 年 12 月 31 日的 10 210 元的现值。

在企业财务管理活动中，企业经常需要计算资金的终值和现值，以便对不同时间上的资金进行比较分析。

（三）年金

年金是一种特殊的复利形式。它是指在一定期间内间隔相等的时间，连续、等额收到或支付的款项。常见的年金按收付的次数和支付的时间不同分为后付年金（或普通年金）、先付年金（或即付年金）、延期年金和永续年金。

（四）利率

利率，用 i 表示。一般地，年利率用百分数表示，月利率用千分数表示。约定俗成，如果没有说明年利率或月利率，给定 10%，认为是年利率 10%；给定 12‰，认为是月利率 12‰。

（五）计息期数

计息期数，用 n 表示。这里的 n 不一定是指年，也可能指月或半年等。但是如无特殊说明，计息期为年。

（六）现金流量时间轴

在货币的时间价值分析中最重要的工具之一就是现金流量时间轴，它有利于考虑特定状况下的现金流量。构筑一条现金流量轴可以明晰很多与资金的时间价值相关的问题，用图解的方法表示特定状况更容易理解。为了说明时间轴的概念，请看图 2-1：

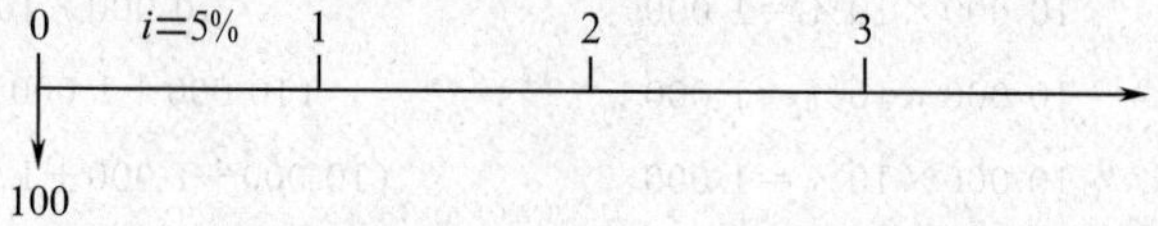

图 2-1 现金流量时间轴示意图

时刻 0 为今天；时刻 1 为今天之后的第一期，或称时期 1 的期末；时刻 2 为今天之后的第二期，或称时期 2 的期末；以此类推。通常的时期可以是年，但是有时候间隔也可以是半年期、季、月或天。若时间轴上的一期代表一年，记号 0 和 1 之间的间隔代表第 1 年，记号 1 和 2 之间的间隔代表第 2 年，等等。注意，记号既代表一个时期的期末，又代表下一期的期初。换句话说，时刻 1 的记号代表了第 1 年年末，同时也表示第 2 年年初。

现金流量直接标注在记号上方或下方，一般现金流出量标注在下方，现金流入量标注在上方。利率标识在时间轴上方。在分析中，用问号表示未知的现金流量。

图 2-1 中，3 个时期的利率均为 5%，时刻 0 发生了一笔 100 元的现金流出，问时刻 3 时现金流入多少。

四、货币时间价值的计算

(一)复利终值和现值的计算

1.复利终值

复利终值是指本金在约定的期限内按一定的利率计算出每期的利息,将其加入本金再计算利息,逐期滚算到约定期末的本金和利息总值。

【例 2-1】某人将 10 000 元存入银行,年利率为 10%,则一年后的终值为:

$$
\begin{aligned}
F &= P + P \cdot i \\
&= P \cdot (1+i) \\
&= 10\,000 \times (1+10\%) \\
&= 11\,000(\text{元})
\end{aligned}
$$

若不将利息提走,将 11 000 元继续存入银行,则第二年年末终值为:

$$
\begin{aligned}
F &= P \cdot (1+i)(1+i) \\
&= P \cdot (1+i)^2 \\
&= 10\,000 \times (1+10\%)^2 \\
&= 12\,100(\text{元})
\end{aligned}
$$

以此类推,第 n 年的复利终值金额为:

$$F = P \cdot (1+i)^n \tag{2-1}$$

其中:F 为复利终值(即本金和利息之和);P 为复利现值(即本金);i 为利率;n 为计息期数。

式 2-1 中的$(1+i)^n$ 被称为复利终值系数,用符号$(F/P,i,n)$表示。例如,$(F/P,10\%,5)$表示利率为 10%的 5 期复利终值的系数。可据此编制“复利终值系数表”,以供查询。

2.复利现值

复利现值是复利终值的相对概念,指未来一定时间的特定资金按复利计算的现在价值,或者说是为了未来取得一定的本利和现在需要支付的本金。

通过

$$F = P \cdot (1+i)^n$$

可得:

$$P = \frac{F}{(1+i)^n} = F \cdot (1+i)^{-n} \tag{2-2}$$

式 2-2 中的$(1+i)^{-n}$ 称为复利现值系数,用符号$(P/F,i,n)$表示。可据此编制“复利现值系数表”,以供查询。

【例 2-2】某人想在 3 年后收到 1 000 元,若其以 10%的回报率进行投资,那么他现在应该投入多少钱?

通过查“复利现值系数表”，对应系数为 0.751，则

1 000×0.751=751(元)

可知现在应投入 751 元。

(二)年金终值和现值的计算

年金是指等金额、等间隔的系列收付款项。折旧、利息、租金、保险费等大多表现为年金的形式。年金按付款方式，可分为普通年金、预付年金、递延年金和永续年金。

1.普通年金终值和现值的计算

普通年金也称为后付年金，是指每期期末有等额收付款项的年金。在现实经济生活中这种年金最为常见。如图 2-2 所示。横线代表时间的延续，上边为各期顺序号；竖线表示支付时刻，下端数字表示支付的金额。

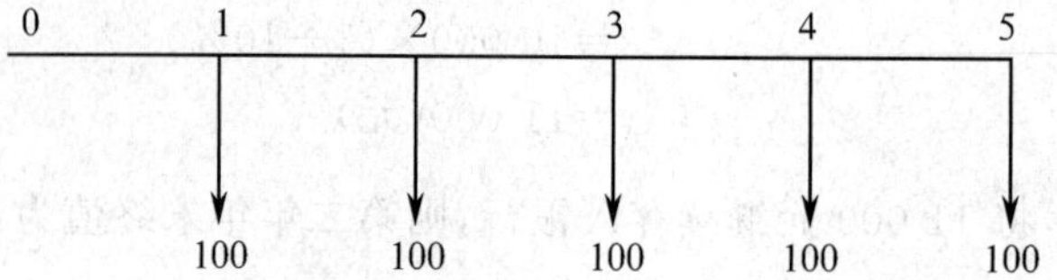

图 2-2 普通年金示意图

1)普通年金终值

普通年金终值是指在一定时期内每期期末等额的系列收付款项的本利和，犹如零存整取的本利和。

设：A 为年金；i 为利率；n 为计息期数；F_A 为年金终值。

【例 2-3】如图 2-2，若 $A=100$，$i=10\%$，$n=5$，可计算第 5 期期末年金终值如下：

$$\begin{aligned}F_A &=100\times(1+10\%)^4+100\times(1+10\%)^3+100\times(1+10\%)^2+100\times(1+10\%)+100\\&=100\times1.464+100\times1.331+100\times1.210+100\times1.100+100\\&=610.5(\text{元})\end{aligned}$$

如果需要计算的期数较多，用上述的方法计算显然十分烦琐。由于每年收付款相等，年利率保持不变，折算终值的系数又有一定的规律，所以，简便方法的具体推断过程如下。

假设年金为 A，利率为 i，期数为 n，并按复利计算，则最终的普通年金终值 F 为：

$$F_A=A+A\cdot(1+i)+A\cdot(1+i)^2+\cdots+A\cdot(1+i)^{n-1} \quad ①$$

等式两边同时乘以$(1+i)$，则

$$(1+i)F_A=A\cdot(1+i)+A\cdot(1+i)^2+\cdots+A\cdot(1+i)^n \quad ②$$

两式相减②－①得

$$(1+i)F_A-F_A=A\cdot(1+i)^n-A$$

最终计算可得：

$$F_A=A\cdot\frac{(1+i)^n-1}{i} \quad (2\text{-}3)$$

式 2-3 中的$\frac{(1+i)^n-1}{i}$称为普通年金终值系数，可以表示为$(F/A,i,n)$。可据此编制"年金终值系数表"，以供查询。

2)偿债基金

偿债基金是指为使年金终值达到既定金额每年应支付的年金数额。

【例 2-4】某人拟在 5 年后还清 610.5 元债务，假设银行存款利率为 10%，从现在起每年年末存入银行一笔等额款项，每年需要存入多少元？

由于存在利息，所以不需要每年存入 122.1 元，只要 5 年后本利和达到 610.5 元即可清偿债务。

根据普通年金计算公式：

$$F_A=A\cdot\frac{(1+i)^n-1}{i}$$

可得：

$$\begin{aligned}A&=F_A\cdot\frac{i}{(1+i)^n-1}\\&=610.5\times\frac{1}{(F/A,10\%,5)}\\&=610.5\times\frac{1}{6.105}\\&=100(\text{元})\end{aligned}$$

所以，要想在 5 年后还清 610.5 元，现在每年需存入 100 元。

上式中的$\frac{i}{(1+i)^n-1}$是普通年金终值系数的倒数，称为偿债基金系数，可表示为$(A/F,i,n)$。偿债基金系数可根据普通年金终值系数求倒数确定。

3)普通年金现值

普通年金现值是一定时期内每期期末等额的系列收付款项的现值之和。如果是一项投资，普通年金现值也可以这样理解，即为了在今后每年取得相等金额的款项，现在需要投入的金额。设年金现值为P_A。

【例 2-5】某人为了在 3 年内每年取出 100 元，设银行存款利率为 10%，那么，他现在应当存入多少钱？

这个问题可以表述为：请计算 $i=10\%$，$n=3$，$A=100$ 元的普通年金现值是多少？如图 2-3 所示：

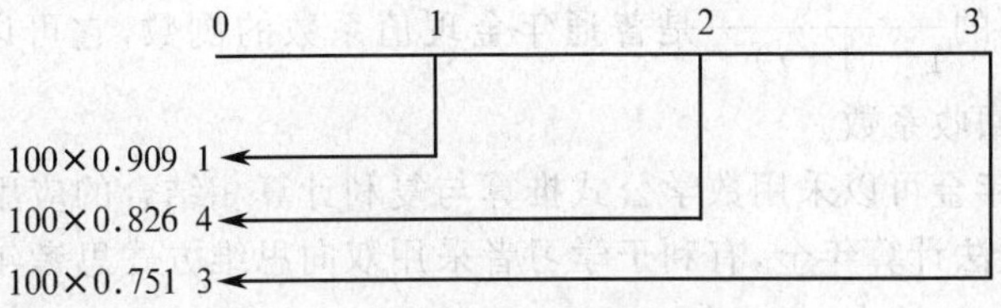

图 2-3　普通年金现值示意图

$$P_A = 100\times0.909\,1+100\times0.826\,4+100\times0.751\,3$$
$$=100\times2.486\,8$$
$$=248.68(元)$$

同样，当年金期数较多时，也可采用简便方法进行核算。设年金为 A，利率为 i，期数为 n，则按复利计算的年金现值 P_A 为：

$$P_A=A\cdot(1+i)^{-1}+A\cdot(1+i)^{-2}+\cdots+A\cdot(1+i)^{-n} \quad ①$$

等式两边同时乘(1+i)，则

$$(1+i)P_A=A+A\cdot(1+i)^{-1}+\cdots+A\cdot(1+i)^{-(n-1)} \quad ②$$

两式相减②－①得

$$(1+i)P_A-P_A=A-A\cdot(1+i)^{-n}$$

最终计算可得：

$$P_A=A\cdot\frac{1-(1+i)^{-n}}{i} \tag{2-4}$$

式 2-4 中的 $\frac{1-(1+i)^{-n}}{i}$ 称为普通年金的现值系数，可以表示为 $(P/A,i,n)$。可据此编制“年金现值系数表”，以供查询。

4)投资回收额

投资回收额是指在给定的年限内等额收回或清偿初始投入的资本或所欠的债务。投资回收额是年金现值的逆运算。

【例 2-6】假设以 10% 的利率借款 20 000 元，投资于某个寿命为 10 年的项目，每年至少要收回多少现金才是有利的？据普通年金现值的计算公式可知：

$$P_A=A\cdot\frac{1-(1+i)^{-n}}{i}$$

则
$$A=P_A\cdot\frac{i}{1-(1+i)^{-n}}$$
$$=20\,000\times\frac{10\%}{1-(1+10\%)^{-10}}$$
$$=20\,000\times0.162\,7$$
$$=3\,254(元)$$

因此，每年至少要收回现金 3 254 元，才能还清贷款本息。

上述计算过程中的 $\frac{i}{1-(1+i)^{-n}}$ 是普通年金现值系数的倒数，它可以把普通年金现值折算为年金，称作投资回收系数。

补充：对于普通年金可以采用数学公式推算与复利计算相结合的应用方法，采用数学公式推算法与查年金系数法计算年金，有利于学习者采用双向思维方式思考年金问题。

2. 根据复利终值的方法推算年金终值的数学公式

$$F_A=A+A\cdot(1+i)+A\cdot(1+i)^2+A\cdot(1+i)^3+\cdots+A\cdot(1+i)^{n-1} \quad ①$$

的值，加 1 后得出 1 元的预付年金现值。即预付年金现值的计算为在后付年金现值基础上乘以 $(1+i)$；或按 $n-1$ 期的后付年金计算现值后，加上第 1 期期初的年金。

【例 2-10】6 年分期付款购物，每年初付 200 元，设银行利率为 10%，该项分期付款相当于一次现金支付的购价是多少？

$$\begin{aligned} P_A &= A \cdot [(P/A, i, n-1)+1] \\ &= 200 \times [(P/A, 10\%, 5)+1] \\ &= 200 \times (3.7908+1) \\ &= 958.16(\text{元}) \end{aligned}$$

补充：预付年金现值与普通年金现值的不同点。

预付年金现值是指将在一定时期内按相同时间间隔在每期期初收付的相等金额折算到第一期期初的现值之和。预付年金发生在期初，折现从第二期计算到最后一期，因为第一期是本金；但是普通年金发生在期末，折现应该从第一期开始计算到最后一期。所以预付年金现值与普通年金现值主要是折现的时间不同，学习者必须认清它们的不同点，用数学公式表达如下：

1)预付年金现值数学表达式

$$P_A = A + A \cdot (1+i)^{-1} + A \cdot (1+i)^{-2} + A \cdot (1+i)^{-3} + \cdots + A \cdot (1+i)^{-(n-1)}$$

2)普通年金现值数学表达式

$$P_A = A \cdot (1+i)^{-1} + A \cdot (1+i)^{-2} + A \cdot (1+i)^{-3} + \cdots + A \cdot (1+i)^{-n}$$

从上述数学表达式中学习者自然明白了预付年金现值的特点。

5.递延年金

递延年金是普通年金的特殊形式，又称延期年金，指第 1 次收付款发生在第 2 期或第 3 期以后的年金。递延年金的支付形式如图 2-5 所示。从图 2-5 中可以看出，前 3 期没有发生支付。一般用 m 表示递延期数，本例的 $m=3$。第一次支付在第四期期末，连续支付 4 次，即 $n=4$。

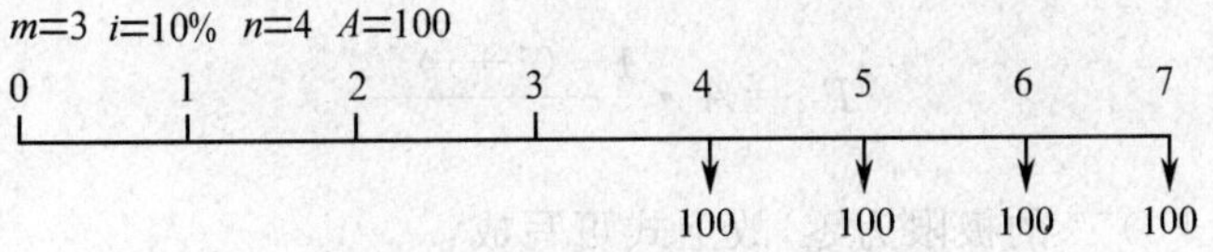

图 2-5 递延年金示意图

递延年金终值的计算方法和普通年金终值类似，以图 2-5 为例：

$$\begin{aligned} F &= A \cdot (F/A, i, n) \\ &= 100 \times (F/A, 10\%, 4) \\ &= 100 \times 4.641 \\ &= 464.1(\text{元}) \end{aligned}$$

递延年金的现值计算方法有 3 种：

第一种方法(砍断式)。

先把递延年金视为 n 期普通年金，求出递延期末的普通年金现值，然后再将此现值调整到第一期期初(即图 2-5 中 0 的位置)。

【例 2-11】某企业向银行借入一笔款项，银行借款的年利率为 10%，每年复利一次。银行规定前 5 年不用还本付息，但从第 6 年至第 10 年每年年末偿还本息 10 000 元。计算这笔款项的现值。

$$P_A = 10\,000 \times (P/A, 10\%, 5) \times (P/F, 10\%, 5)$$
$$= 10\,000 \times 3.790\,8 \times 0.620\,9$$
$$= 23\,537.08(\text{元})$$

第二种方法(增补式)。

先将 $m+n$ 期补充成普通年金计算 $m+n$ 期普通年金现值，再减去 m 期普通年金现值。即可得出最终结果。

如上例：

$$P_A = 10\,000 \times [(P/A, 10\%, 10) - (P/A, 10\%, 5)]$$
$$= 10\,000 \times (6.144\,6 - 3.790\,8)$$
$$= 23\,538(\text{元})$$

第三种方法(终点法)。

先求递延年金终值，再折现为现值。

如上例：

$$P_A = 10\,000 \times (F/A, 10\%, 5) \times (P/F, 10\%, 10)$$
$$= 10\,000 \times 6.105\,1 \times 0.385\,5$$
$$= 23\,535.16(\text{元})$$

6.永续年金

永续年金是指无限期等额支付的年金。现实中的存本取息，可视为永续年金的一个例子。永续年金没有终止时间，也就没有终值。永续年金的现值可通过普通年金的现值计算公式推导如下：

$$P_A = A \cdot \frac{1-(1+i)^{-n}}{i} \tag{2-7}$$

当 $n \to \infty$ 时，$(1+i)^{-n}$ 的极限为零，故上式可写成：

$$P_A = A \cdot \frac{1}{i}$$

【例 2-12】拟建立一项永久性的奖学金，每年计划颁发 10 000 元奖金。若利率为 10%，现在应存入多少钱？

$$P_A = 10\,000 \times \frac{1}{10\%}$$
$$= 100\,000(\text{元})$$

将两边同时乘以$(1+i)$得：

$$F_A(1+i)=A\cdot(1+i)+A\cdot(1+i)^2+A\cdot(1+i)^2+\cdots+A\cdot(1+i)^n \quad ②$$

两式相减②－①得

$$F_A=A\cdot\frac{(1+i)^n-1}{i}$$

【例 2-7】黎明自 2011 年 12 月底开始，每年捐款 1 000 元，每年定期存款利率 2%，则黎明 6 年的捐款在 2017 年年底相当于多少钱？

第一种方法：采用年金终值的数学公式计算年金终值。

$$\begin{aligned}F_A&=1\ 000\times\frac{(1+2\%)^6-1}{2\%}\\&=1\ 000\times6.308\ 1\\&=6\ 308.1(\text{元})\end{aligned}$$

第二种方法：采用查"年金终值系数表"的方法计算年金终值。

$$\begin{aligned}F_A&=1\ 000\times(F/A,2\%,6)\\&=1\ 000\times6.308\ 1\\&=6\ 308.1(\text{元})\end{aligned}$$

3. 根据复利现值的方法推算年金现值的数学公式

$$P_A=A\cdot(1+i)^{-1}+A\cdot(1+i)^{-2}+A\cdot(1+i)^{-3}+\cdots+A\cdot(1+i)^{-n} \quad ③$$

将两边同时乘以$(1+i)$得：

$$P_A(1+i)=A+A\cdot(1+i)^{-1}+A\cdot(1+i)^{-2}+A\cdot(1+i)^{-3}+\cdots+A\cdot(1+i)^{-(n-1)} \quad ④$$

两式相减③－④得：

$$P_A=A\cdot\frac{1-(1+i)^{-n}}{i}$$

【例 2-8】某投资项目于 2013 年初动工并且当年投产，从投产之日起每年年末获得收益 50 000 元。按年利率 6%计算，计算预期 10 年收益的现值。

第一种方法：采用年金现值数学公式方法计算年金现值。

$$\begin{aligned}P_A&=50\ 000\times\frac{1-(1+6\%)^{-10}}{6\%}\\&=50\ 000\times7.360\ 1\\&=368\ 005(\text{元})\end{aligned}$$

第二种方法：采用查年金现值系数表的方法计算年金现值。

$$\begin{aligned}P_A&=A\cdot(P/A,6\%,10)\\&=50\ 000\times7.360\ 1\\&=368\ 005(\text{元})\end{aligned}$$

不管是年金终值还是年金现值的计算均采用数学公式和查年金终值或者现值系数表的方法双向计算年金，可以使学习者真正掌握年金的具体计算原理，从而达到熟能生巧的程度。

4.预付年金终值和现值的计算

预付年金是指在一定时期内，各期期初等额的系列收付款项，也叫先付年金。预付年金的形式如图 2-4 所示。预付年金与普通年金的区别仅在于付款时间的不同。由于普通年金是最常用的，因此，年金终值和现值的系数表是按普通年金编制的，为了便于计算和查表，根据普通年金的计算公式，推导出预付年金的计算公式。

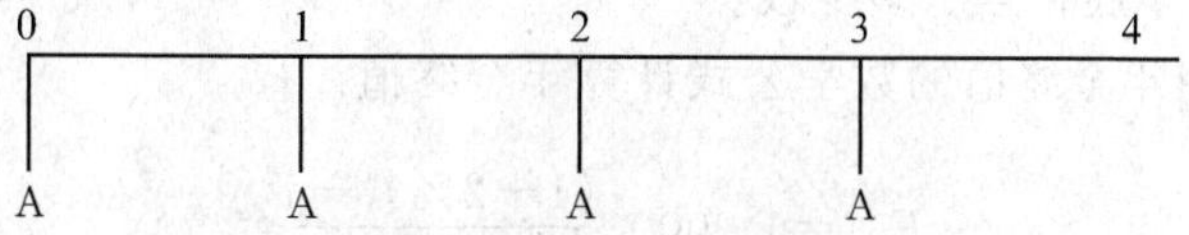

图 2-4 预付年金示意图

1）预付年金终值

$$F_A = A \cdot (1+i) + A \cdot (1+i)^2 + \cdots + A \cdot (1+i)^n$$

上式是一个首项为 $A(1+i)$，公比为 $(1+i)$ 的等比数列，按照等比数列求和公式计算可得：

$$F_A = A \cdot \left[\frac{(1+i)^{n+1}-1}{i} - 1\right] \tag{2-5}$$

式 2-5 中的 $\left[\frac{(1+i)^{n+1}-1}{i} - 1\right]$ 是预付年金终值系数。它和普通年金终值系数 $\frac{(1+i)^n-1}{i}$ 相比，期数加 1，而系数减 1，可记做 $[(F/A,i,n+1)-1]$，并可利用“年金终值系数表”查得 $(n+1)$ 期的值，减去 1 后得出 1 元的预付年金终值。即预付年金终值的计算在普通年金终值基础上乘以 $(1+i)$；或按 $n+1$ 期的普通年金计算终值后，减去终值点的年金。

【例 2-9】某人连续 6 年于每年年初存入 200 元，年利率为 8%，第 6 年年末的终值是多少？

$$\begin{aligned} F_A &= A \cdot [(F/A,i,n+1)-1] \\ &= 200 \times [(F/A,8\%,6+1)-1] \end{aligned}$$

查“年金终值系数表”：$(F/A,8\%,7)=8.922\ 8$

$$F_A = 200 \times (8.922\ 8-1) = 1\ 584.56(\text{元})$$

2）预付年金现值

$$P_A = A + A \cdot (1+i)^{-1} + A \cdot (1+i)^{-2} + \cdots + A \cdot (1+i)^{-(n-1)}$$

观察可知，上式是一个首项为 A，公比为 $(1+i)^{-1}$ 的等比数列，按照等比数列求和公式计算可得：

$$P_A = A \cdot \left[\frac{1-(1+i)^{-(n-1)}}{i} + 1\right] \tag{2-6}$$

式 2-6 中的 $\left[\frac{1-(1+i)^{-(n-1)}}{i} + 1\right]$ 是预付年金现值系数。它和普通年金现值系数 $\frac{1-(1+i)^{-n}}{i}$ 相比，期数减 1，而系数加 1，可记做 $[(P/A,i,n-1)+1]$，并可利用“年金现值系数表”查得 $(n-1)$ 期

的值，加 1 后得出 1 元的预付年金现值。即预付年金现值的计算为在后付年金现值基础上乘以 $(1+i)$；或按 $n-1$ 期的后付年金计算现值后，加上第 1 期期初的年金。

【例 2-10】6 年分期付款购物，每年初付 200 元，设银行利率为 10%，该项分期付款相当于一次现金支付的购价是多少？

$$
\begin{aligned}
P_A &= A\cdot[(P/A,i,n-1)+1] \\
&= 200\times[(P/A,10\%,5)+1] \\
&= 200\times(3.790\,8+1) \\
&= 958.16(\text{元})
\end{aligned}
$$

补充：预付年金现值与普通年金现值的不同点。

预付年金现值是指将在一定时期内按相同时间间隔在每期期初收付的相等金额折算到第一期期初的现值之和。预付年金发生在期初，折现从第二期计算到最后一期，因为第一期是本金；但是普通年金发生在期末，折现应该从第一期开始计算到最后一期。所以预付年金现值与普通年金现值主要是折现的时间不同，学习者必须认清它们的不同点，用数学公式表达如下：

1）预付年金现值数学表达式

$$P_A=A+A\cdot(1+i)^{-1}+A\cdot(1+i)^{-2}+A\cdot(1+i)^{-3}+\cdots+A\cdot(1+i)^{-(n-1)}$$

2）普通年金现值数学表达式

$$P_A=A\cdot(1+i)^{-1}+A\cdot(1+i)^{-2}+A\cdot(1+i)^{-3}+\cdots+A\cdot(1+i)^{-n}$$

从上述数学表达式中学习者自然明白了预付年金现值的特点。

5. 递延年金

递延年金是普通年金的特殊形式，又称延期年金，指第 1 次收付款发生在第 2 期或第 3 期以后的年金。递延年金的支付形式如图 2-5 所示。从图 2-5 中可以看出，前 3 期没有发生支付。一般用 m 表示递延期数，本例的 $m=3$。第一次支付在第四期期末，连续支付 4 次，即 $n=4$。

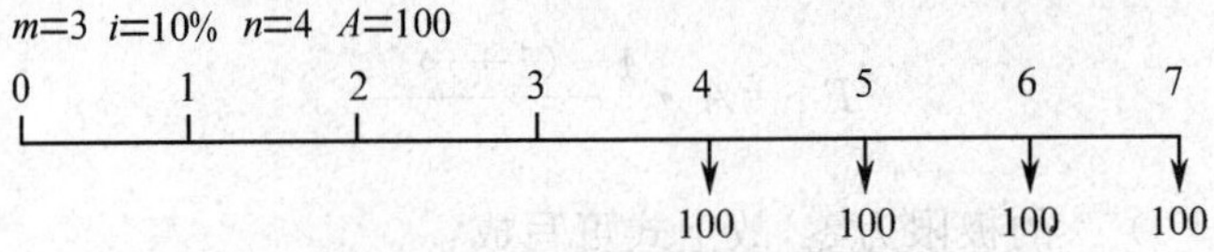

图 2-5　递延年金示意图

递延年金终值的计算方法和普通年金终值类似，以图 2-5 为例：

$$
\begin{aligned}
F &= A\cdot(F/A,i,n) \\
&= 100\times(F/A,10\%,4) \\
&= 100\times4.641 \\
&= 464.1(\text{元})
\end{aligned}
$$

递延年金的现值计算方法有 3 种：

第一种方法（砍断式）。

先把递延年金视为 n 期普通年金，求出递延期末的普通年金现值，然后再将此现值调整到第一期期初（即图 2-5 中 0 的位置）。

【例 2-11】某企业向银行借入一笔款项，银行借款的年利率为 10%，每年复利一次。银行规定前 5 年不用还本付息，但从第 6 年至第 10 年每年年末偿还本息 10 000 元。计算这笔款项的现值。

$$\begin{aligned} P_A &= 10\ 000 \times (P/A, 10\%, 5) \times (P/F, 10\%, 5) \\ &= 10\ 000 \times 3.790\ 8 \times 0.620\ 9 \\ &= 23\ 537.08(\text{元}) \end{aligned}$$

第二种方法（增补式）。

先将 $m+n$ 期补充成普通年金计算 $m+n$ 期普通年金现值，再减去 m 期普通年金现值。即可得出最终结果。

如上例：

$$\begin{aligned} P_A &= 10\ 000 \times [(P/A, 10\%, 10) - (P/A, 10\%, 5)] \\ &= 10\ 000 \times (6.144\ 6 - 3.790\ 8) \\ &= 23\ 538(\text{元}) \end{aligned}$$

第三种方法（终点法）。

先求递延年金终值，再折现为现值。

如上例：

$$\begin{aligned} P_A &= 10\ 000 \times (F/A, 10\%, 5) \times (P/F, 10\%, 10) \\ &= 10\ 000 \times 6.105\ 1 \times 0.385\ 5 \\ &= 23\ 535.16(\text{元}) \end{aligned}$$

6. 永续年金

永续年金是指无限期等额支付的年金。现实中的存本取息，可视为永续年金的一个例子。永续年金没有终止时间，也就没有终值。永续年金的现值可通过普通年金的现值计算公式推导如下：

$$P_A = A \cdot \frac{1-(1+i)^{-n}}{i} \tag{2-7}$$

当 $n \to \infty$ 时，$(1+i)^{-n}$ 的极限为零，故上式可写成：

$$P_A = A \cdot \frac{1}{i}$$

【例 2-12】拟建立一项永久性的奖学金，每年计划颁发 10 000 元奖金。若利率为 10%，现在应存入多少钱？

$$\begin{aligned} P_A &= 10\ 000 \times \frac{1}{10\%} \\ &= 100\ 000(\text{元}) \end{aligned}$$

五、货币时间价值计算方法的选择

(一)根据已知条件中现金流量的特点,判断是复利计算还是年金计算

若是一次性收付款项终值与现值的计算属于复利计算;若是一定时期内一系列相等金额的收付款项的计算,则是年金计算,如发放养老金、租金计算、分期支付工程款等。

(二)若是年金计算,进一步判断是后付年金计算还是先付年金计算

如果等额的系列收付款项发生在每期期末,则为后付年金计算;如果等额的系列收付款项发生在每期期初,则为先付年金计算。

(三)结合已知条件判断是终值计算还是现值计算

如果是针对"现在的问题"计算就是现值计算,如果是针对"将来的问题"的计算则是终值计算。

为更好地掌握货币时间价值计算方法的选择,现举例如下。

【例 2-13】某公司职员小刘现在存入银行 2 000 元,银行年利率为 7%(银行为复利计息)。问小刘 5 年后能从银行取出多少钱?

结合已知条件,小刘存款至银行是一次性支付款项行为,因此属于复利计算;题中问到小刘在 5 年后能从银行取出多少钱,针对的是"将来的问题"的计算,因此该题属于复利终值计算。

【例 2-14】小王出国 3 年,请小李代付房租,每年年末支付租金 10 000 元,设银行存款利率为 10%,小王应当现在给小李的银行账户存入多少钱?

根据已知条件,运用以上方法,小王所付房租属于 3 年内每年需支付的等额系列支付款项,因此该题属于年金计算;租金的支付发生在每年期末,则属于后付年金计算;题中"小王应当现在给小李的银行账户存入多少钱"是针对"现在的问题"的计算,因此该题是典型的后付年金现值计算。

【例 2-15】张先生每年年初存入银行 2 000 元,年利率为 7%,则 5 年后的本利和为多少?

根据已知条件,张先生 5 年内每年存入银行款项属于等额系列支付款项,因此该题属于年金计算;年金发生在每年年初,意味着该题属于先付年金;题目中所求"5 年后本利和"是针对"将来的问题",因此该题属于先付年金终值计算。

从以上的案例分析过程可以看出,不同类型货币时间价值的计算有着很强的规律性,运用以上方法快速确定资金类型,再合理运用计算公式、借助货币时间价值系数表便能很快得出结果。

六、货币时间价值计算中的几个特殊问题

(一)报价利率和有效年利率

上面讨论的有关计算均假定利率为年利率,每年复利一次。但实际上,复利的计息期间不一

定是一年,有可能是季度、月份或日。在复利计算中,如按年复利计息,一年就是一个计息期;如按季复利计息,一季就是一个计息期,一年就有 4 个计息期。计息期越短,一年中按复利计息的次数就越多,利息额就会越大。这就需要明确 3 个概念:报价利率、计息期利率和有效年利率。

1.报价利率

报价利率是指银行等金融机构提供的利率,也被称为名义利率。在提供报价利率时,还必须同时提供每年的复利次数(或计息期的天数),否则概念陈述是不完整的。

2.计息期利率

计息期利率是指借款人每期支付的利息率,可以是年利率,也可以是半年利率、季度利率、每月或每日利率等。当计息期间为一年时,计息期利率=报价利率=实际利率。当一年内复利次数多于一次时,计息期利率等于报价利率除以一年内复利的次数,用符号表示 r/m(r 为报价利率,m 为一年中的复利次数)。

$$计息期利率=报价利率/每年复利次数$$

【例 2-16】本金 1 000 元,投资 5 年,年利率 8%,每季复利一次,则:

$$每季度利率=8\%\div4=2\%$$
$$复利次数=5\times4=20$$
$$\begin{aligned}F&=1\,000\times(1+2\%)^{20}\\&=1\,000\times1.485\,9\\&=1\,485.9(元)\end{aligned}$$
$$\begin{aligned}I&=1\,485.9-1\,000\\&=485.9(元)\end{aligned}$$

当 1 年内复利几次时,实际得到的利息要比按报价利率计算的利息高。

3.有效年利率

有效年利率,是指按给定的期间利率每年复利 m 次时,能够产生相同结果的年利率,也称等价年利率或实际利率。

$$有效年利率=\left(1+\frac{报价利率}{m}\right)^m-1$$

【例 2-17】承例 2-16,其有效年利率高于 8%,可用下述方法计算:

$$F=P\times(1+i)^n$$
$$1\,485.9=1\,000\times(1+i)^5$$
$$(1+i)^5=1.485\,9$$
$$(F/P,i,5)=1.485\,9$$

查表得:

$$(F/P,8\%,5)=1.469\,3$$
$$(F/P,9\%,5)=1.538\,6$$

用插值法求得有效年利率

$$\frac{1.5386-1.4693}{9\%-8\%}=\frac{1.4859-1.4693}{i-8\%}$$

$$i=8.24\%$$

也可以用换算公式直接将报价利率换算为有效年利率。将例 2-16 数据代入：

$$i=\left(1+\frac{8\%}{4}\right)^4-1=1.0824-1=8.24\%$$

$$F=1000\times(1+8.24\%)^5=1000\times1.486=1486(\text{元})$$

(二)贴现率的计算

贴现率 (discount rate)是将一期后的收益或成本换算为当前价值的折扣率，或者说是将若干期后的收益或成本换算为当前价值的每期折扣率。在不特别说明的情况下，这里“期”的时间长度都是一年。在前面计算现值和终值时，都是假定利率是给定的，但在财务管理中，经常会遇到已知计息期数、终值和现值，求贴现率的问题。一般来说，求贴现率可以分为两步：第一步求出换算系数；第二步根据换算系数和有关系数表求贴现率。根据前述有关公式，复利终值、复利现值、年金终值和年金现值的换算系数分别用下列公式计算：

$$(F/P,i,n)=F/P$$
$$(P/F,i,n)=P/F$$
$$(F/A,i,n)=F_A/A$$
$$(P/A,i,n)=P_A/A$$

【例 2-18】100 元存入银行，10 年后可获本利和 259.4 元，问银行存款的利率为多少？

$$(F/P,i,10)=259.4\div100=2.594$$

查复利终值系数表，与 10 年相对应的贴现率中，10%的系数为 2.594，因此，利率应为 10%。

【例 2-19】现在向银行存入 5 000 元，在利率为多少时，才能保证在今后 10 年中每年得到 750 元。

$$(P/A,i,10)=5000/750=6.667$$

查年金现值系数表，当利率为 8%时，系数为 6.710；当利率为 9%时，系数为 6.418，所以利率应在 8%～9%之间。则可用插值法计算 i 的值如下：

利率	年金现值系数
8%	6.710
i	6.667
9%	6.418

$$\frac{i-8\%}{9\%-8\%}=\frac{6.667-6.710}{6.418-6.710}$$

计算得：　$i=8.15\%$。

第二节 风险和报酬率

货币时间价值的衡量标准是在不考虑风险和通货膨胀情况下的社会平均资金报酬率。但是,在企业经营和财务活动中,风险时刻存在,它对企业经营成果和财务状况有着深远的影响。货币时间价值也有一定风险,包括套期保值的不确定性风险、利率变动、汇率变动、自然因素、战争因素等。因此,在进行投资时,企业需要考虑货币时间价值的风险因素,才能进行比较全面的风险预测和管理,确保资金实现收益最大化。所以,树立风险报酬观念,也是财务管理一项重要的价值观念。本节主要讨论风险和报酬的关系,目的是解决估价时如何确定折现率的问题。不同风险的投资,需要使用不同的折现率。那么,投资的风险如何计量?特定的风险需要多少报酬来补偿?这些就成为选择折现率的关键问题。

一、风险与风险报酬的概念

风险概念的出现已有几百年的历史,但对风险进行系统和科学研究则是近几十年的事情。尽管已经对风险及其规律进行了大量的研究,但目前尚没有给出一个统一的定义。在相关的学科中,对于风险主要有如下几种说法。

第一,风险是一种损失机会或损失的可能性。这意味着有损失机会存在就有风险存在,它表明风险是一种面临损失的可能性状况,是在这个状况下损失发生的概率。

第二,风险是一种损失的不确定性。这种不确定性又可分为客观的不确定性和主观的不确定性。客观的不确定性是实际结果与预期结果的相对差异,它可以用统计学中的方差或标准差来衡量。主观的不确定性是人为地对客观风险的评估,它同个人的知识、经验、精神和心理状态有关,不同的人面临相同的客观风险时,可能会有不同的主观的不确定性。

第三,风险是一种可能发生的损害。这种损害的幅度与发生损害的可能性的大小共同衡量了风险的大小。

第四,风险是一种不能预期的结果。这种未知结果可能是有利的好结果,也可能是不利的坏结果。

面对风险的多元化特点,风险是指预期结果的不确定性。风险不仅包括负面效应的不确定性,还包括正面效应的不确定性。这一定义要求区分危险和风险。危险专指负面效应,是损失发生及其程度的不确定性。人们对于危险需要识别、衡量、防范和控制,即对危险进行管理。保险活动就是针对危险的,是对特定危险的后果提供经济保障的一种财务转移机制。风险的概念比危险广泛,包括了危险,但危险只是风险的一部分。风险的另一部分即正面效应,可以称为"机会"。人们对于机会,需要识别、衡量、选择和获取。理财活动不仅要管理危险,还要识别、衡量、选择和获取增加企业价值的机会。

风险是客观存在的,按风险的程度,可以把企业财务决策分为 3 种类型。

第一,确定性决策。决策者对未来的情况是完全确定或已知的决策,称为确定性决策。

第二,风险性决策。决策者对未来的情况不能完全确定,但它们出现的可能性即概率的具体分布是已知的或可以估计的,这种情况的决策称为风险性决策。

第三，不确定性政策。决策者对未来的情况不仅不能完全确定，而且对其可能出现的概率也不清楚，这种情况下的决策为不确定性决策。

风险报酬也称风险价值，是指投资者因冒风险进行投资而获得的超过时间价值的那部分报酬。一般而言，投资者都讨厌风险，并力求回避风险。那么，为什么还有人进行风险性投资呢？这是因为风险投资可得到额外报酬——风险报酬。风险报酬有两种表示方法：风险报酬额和风险报酬率。但在财务管理中，风险报酬通常用风险报酬率这一相对数来加以计量。

二、单项资产风险与报酬的衡量

风险的衡量需要使用概率和统计方法。

(一)概率

在经济活动中，某一事件在相同的条件下可能发生也可能不发生，这类事件称为随机事件。概率就是用来表示随机事件发生可能性大小的数值。通常，把必然发生的事件的概率定为 1，把不可能发生事件的概率定为 0，而一般随机事件的概率是介于 0 与 1 之间。概率越大就表示该事件发生的可能性越大。

【例 2-20】ABC 公司有两个投资机会，A 投资机会是一个高科技项目，该领域竞争很激烈。如果经济发展迅速并且该项目进展顺利，取得较大市场占有率，利润会很大。否则，利润很小甚至亏本。B 项目是一个老产品并且是必需品，销售前景可以准确预测。假设未来的经济情况只有 3 种：繁荣、正常、衰退，有关的概率分布和预期报酬率如表 2-2 所示。

表 2-2 公司未来经济情况表

经济情况	发生概率	A 项目预期报酬率	B 项目预期报酬率
繁荣	0.3	90%	20%
正常	0.4	15%	15%
衰退	0.3	−60%	10%
合计	1.0		

在这里，概率表示每一种经济情况出现的可能性，同时也就是各种不同预期报酬率出现的可能性。例如，未来经济情况出现繁荣的可能性为 0.3，假如这种情况真的出现，A 项目可获得高达 90%的报酬率，也就是说，采纳 A 项目获利 90%的可能性是 0.3。当然，报酬率作为一种随机变量，受多种因素的影响。为了简化，假设其他因素都相同，只有经济情况一个因素影响报酬率。

(二)离散型分布和连续型分布

如果随机变量(如报酬率)只取有限个值，并且对应于这些值有确定的概率，则称随机变量是离散型分布。前面的例 2-20 就属于离散型分布，它有 3 个值，如图 2-6 所示。

实际上，出现的经济情况远不止 3 种，有无数可能的情况会出现。如果对每种情况都赋予一个概率，并分别测定其报酬率，则可用连续型分布描述，如图 2-7 所示。

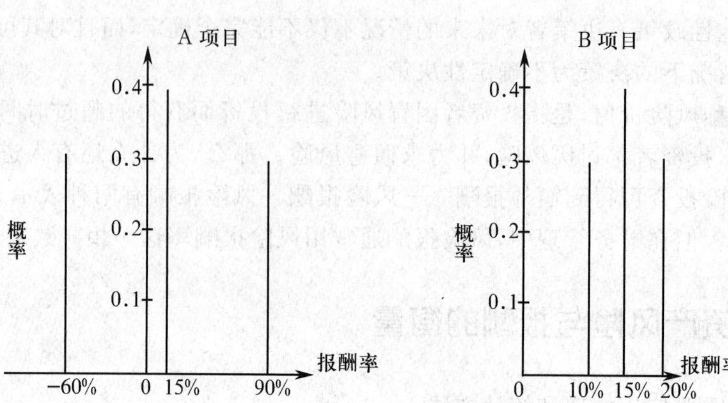

图 2-6 离散型分布

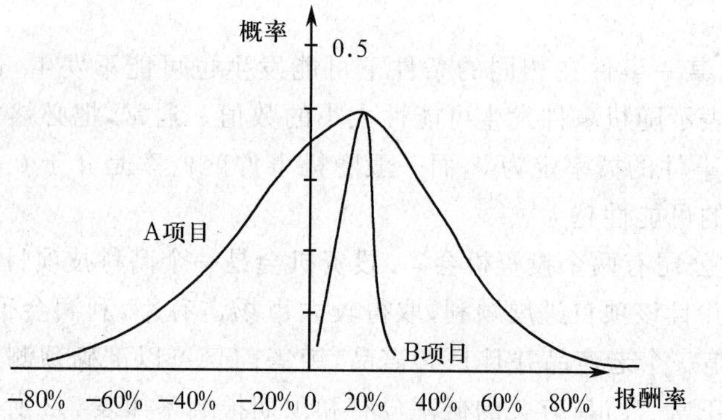

图 2-7 连续性分布

从图 2-7 可以看到，上述例子的报酬率呈正态分布，其主要特征是概率曲线为对称的钟形。实际上并非所有问题都是正态分布。但是，按照统计学的理论，不论总体分布是正态还是非正态，当样本很大时，其样本平均数都呈正态分布。一般说来，如果被研究的量受彼此独立的大量偶然因素的影响，并且每个因素在总的影响中只占很小部分，那么，这个总影响所引起的数量上的变化，就近似服从正态分布。所以，正态分布在统计上被广泛使用。

(三)期望值

期望值是一个概率分布中的所有可能结果，以各自相应的概率为权数计算的加权平均值。通常用符号 E 表示，其计算公式如下：

$$E=\sum_{i=1}^{n}(P_i \cdot K_i) \tag{2-8}$$

式中：P_i 为第 i 种结果出现的概率；K_i 为第 i 种结果出现后的预期值；n 为所有可能结果的数目。

以表 2-2 中有关数据为依据计算 A、B 两个项目预期报酬率的期望值，即期望报酬率为：

期望报酬率$(A)=0.3\times90\%+0.4\times15\%+0.3\times(-60\%)=15\%$

期望报酬率$(B)=0.3\times20\%+0.4\times15\%+0.3\times10\%=15\%$

两者的期望报酬率相同，但其概率分布不同(图 2-7)。A 项目报酬率的分散程度大，变动范围在−60%～90%之间；B 项目报酬率的分散程度小，变动范围在 10%～20%之间。这说明两个项目的报酬率相同，但风险不同。为了定量地衡量风险大小，需要使用统计学中衡量概率分布离散程度的指标。

(四)离散程度

表示随机变量离散程度的量数，最常用的是标准差和标准离差率。

标准差是反映概率分布中各种可能结果对期望的偏离程度，是离散程度的一个数值，通常用符号 σ 表示，其计算公式为：

$$\sigma=\sqrt{\sum_{i=1}^{n}(K_i-E)^2\cdot P_i} \tag{2-9}$$

式中：E 为期望值；P_i 为第 i 种结果出现的概率；K_i 为第 i 种结果出现的预期值；n 为所有可能结果的数目。

标准差以绝对数衡量决策方案的风险，在期望值相同的情况下，标准差越大，风险越大；反之，标准差越小，则风险越小。

上例中 A、B 两个项目各种可能的预期报酬率与期望报酬率的标准差如表 2-3 所示：

表 2-3　项目标准差

A 项目的标准差				
K_i-E	$(K_i-E)^2$	$(K_i-E)^2\cdot P_i$	方差	标准差
90%−15%	0.562 5	0.168 75		
15%−15%	0	0		
−60%−15%	0.562 5	0.168 75	0.337 5	58.09%
B 项目的标准差				
K_i-E	$(K_i-E)^2$	$(K_i-E)^2\cdot P_i$	方差	标准差
20%−15%	0.002 5	0.000 75		
15%−15%	0	0		
10%−15%	0.002 5	0.000 75	0.001 5	3.87%

需要注意的是，由于标准差是衡量风险的绝对数指标，对于期望值不同的决策方案，该指标数没有直接可比性。对此，必须进一步借助标准离差率的计算来说明问题。

标准离差率是标准差同期望值之比，通常用符号 q 表示，其计算公式为：

$$q=\frac{\sigma}{E} \tag{2-10}$$

标准离差率是一个相对指标，它以相对数反映决策方案的风险程度。在期望值不同的情况下，标准离差率越大，风险越大；反之，标准离差率越小，风险越小。

【例 2-21】A 证券的期望报酬率为 10%，标准差是 12%；B 证券的期望报酬率为 18%，标准差是 20%。

A 证券的标准离差率=12%/10%=120%

B 证券的标准离差率=20%/18%=111%

直接从标准差看，B 证券的离散程度较大，能否说 B 证券的风险比 A 证券大呢？不能轻易下这个结论，因为 B 证券的期望报酬率较大。如果以各自的平均报酬率为基础观察，A 证券的标准差是其均值的 1.20 倍，而 B 证券的标准差只是其均值的 1.11 倍，B 证券的相对风险较小。这就是说，A 证券的绝对风险较小，但相对风险较大，B 证券与此正相反。

(五)风险报酬率

风险报酬率是风险报酬系数和标准离差率的乘积。用公式表示如下：

$$R_r = b \times q \qquad (2\text{-}11)$$

式中：R_r 为风险报酬率；b 为风险报酬系数；q 为标准离差率。

那么，投资要求的总报酬率可表示为：

$$K = R_f + R_r = R_f + b \times q \qquad (2\text{-}12)$$

式中：K 为投资的要求报酬率；R_f 为无风险报酬率（通常以国库券收益率作为无风险报酬率）。

假定【例 2-21】中 A 证券的风险报酬系数为 10%，B 证券的风险报酬系数为 12%，则：

风险报酬率(A)=10%×120%=12%

风险报酬率(B)=12%×111%=13.32%

如果无风险报酬率为 10%，则两个证券投资的要求报酬率应分别为：

K(A)=10%+12%=22%

K(B)=10%+13.32%=23.32%

也就是说，A 证券的报酬率达到或超过 22%时，投资者方肯进行投资，如果低于 22%，则放弃投资。

(六)风险投资方案的决策

通过对决策方案的风险和报酬量化，决策者便可做出决策。对于单个方案，决策者可根据其标准离差(率)的大小，并将其同设定的可接受的此项指标最高限值对比，看前者是否低于后者，然后做出取舍。也可根据投资的要求报酬率大小，将其与投资的预测报酬率比较，如果预测的报酬率大于要求的报酬率且大于 0，则方案可行；反之，则不可行。

对于多方案择优，决策者的行动准则是选择低风险高收益的方案，即选择标准离差最低、期望收益最高的方案。然而高收益往往伴随高风险，低收益方案其风险程度往往也较低，究竟选择何种方案，需要权衡期望收益与风险，并且考虑决策者对风险的态度。对风险比较反感的人可能选择期望收益较低同时风险也较低的方案，喜欢冒险的人则可能选择风险虽高但同时收益也高的方案。

三、投资组合的风险和报酬

投资组合理论表明若干种证券组成的投资，其收益是这些证券收益的加权平均数，但其风险不是这些证券风险的加权平均风险，投资组合能降低风险。

(一)证券组合的预期报酬率和标准差

1.预期报酬率

两种或两种以上证券的组合，其预期报酬率可以直接表示为：

$$r_p = \sum_{j=1}^{m} r_j A_j \tag{2-13}$$

式中：r_p 为证券组合预期报酬率；r_j 为第 j 种证券的预期报酬率；A_j 为第 j 种证券在全部投资额中的比重；m 为组合中证券种类总数。

2.标准差与相关性

证券组合的标准差，并不是单个证券标准差的简单加权平均。证券组合的风险不仅取决于组合内各证券的风险，还取决于各个证券之间的关系。如果证券组合中一种证券的收益增加总是与另一种证券的收益增加成比例，称之为正相关；如果证券组合中一种证券的收益增加总是与另一种证券的收益减少成比例，称之为负相关。各个证券之间的关系可以用相关系数表示，当相关系数为+1时，表示完全正相关；当相关系数为-1时，表示完全负相关；大多数证券投资组合的相关系数为小于1的正值。如果投资组合完全负相关，组合的风险被全部抵消；如果证券组合完全正相关，组合的风险不减少也不扩大。实际上，各种证券之间不可能完全正相关，也不可能完全负相关，所以不同证券的投资组合可以降低风险，但又不能完全消除风险。一般而言，证券的种类越多，风险越小。

(二)投资组合的风险计量

投资组合的风险不是各证券标准差的简单加权平均数，那么它如何计量呢？投资组合报酬率概率分布的标准差是：

$$\sigma_p = \sqrt{\sum_{j=1}^{m} \sum_{k=1}^{m} A_j H_k \sigma_{jk}} \tag{2-14}$$

式中：σ_p 为投资组合报酬率概率分布的标准差；m 为投资组合内证券种类总数；A_j 为第 j 种证券在投资总额中的比例；H_k 为第 k 种证券在投资总额中的比例；σ_{jk} 为第 j 种证券与第 k 种证券报酬率的协方差。σ_{jk} 计算公式为：

$$\sigma_{jk} = R_{jk} \sigma_j \sigma_k \tag{2-15}$$

式中：R_{jk} 为 j 证券与 k 证券之间的预期相关系数；σ_j 为 j 证券的标准差；σ_k 为 k 证券的标准差。

【例 2-22】假设 A 证券的预期报酬率为 12%，标准差是 14%。B 证券的预期报酬率为

16%，标准差是18%。假设等比例投资于两种证券。

则该组合的预期报酬率为：

$$r_p = 12\% \times 0.50 + 16\% \times 0.50 = 14\%$$

如果两种证券的相关系数等于1，没有任何抵消作用，在等比例投资的情况下该组合的标准差等于两种证券各自标准差的简单算术平均数，即(14%＋18%)/2＝16%

如果两种证券的预期相关系数是0.2，组合的标准差会小于加权平均的标准差，其标准差是：

$$\begin{aligned}\sigma_p &= (0.5 \times 0.5 \times 0.14^2 + 2 \times 0.5 \times 0.5 \times 0.14 \times 0.18 \times 0.2 + 0.5 \times 0.5 \times 0.18^2)^{\frac{1}{2}} \\ &= (0.004\,9 + 0.002\,52 + 0.008\,1)^{\frac{1}{2}} \\ &= 12.46\%\end{aligned}$$

从这个计算过程可以看出：只要两种证券之间的相关系数小于1，证券组合报酬率的标准差就小于各证券报酬率标准差的加权平均数。如果投资比例变化了，投资组合的预期报酬率和标准差也会发生变化。如果进行两种以上证券的投资组合，原理同样适用。

(三)系统风险和非系统风险

证券投资组合风险可分为非系统风险和系统风险。

1.非系统风险

非系统风险是指发生于个别公司的特有事件引起的风险。例如，一家公司因不能清偿到期债务面临法律诉讼、失去重要的客户等问题。这类事件是非预期的、随机发生的，它只影响一个或少数公司，不会影响整个市场。这种风险可以通过投资组合来分散，即发生于一家公司的不利事件可以被其他公司的有利事件抵消。由于非系统风险是个别公司或个别资产所特有的，因此也称“特殊风险”或“特有风险”。由于非系统风险可以通过投资组合分散掉，因此也称“可分散风险”。

2.系统风险

系统风险是指由于多种因素的影响和变化，导致投资者风险增大，从而给投资者带来损失的可能性。例如，战争、经济衰退、通货膨胀、高利率等意外的、非预期的变化，对许多资产都会有影响。由于系统风险是影响整个资本市场的风险，所以也称“市场风险”，且系统风险没有有效的办法消除，所以也称“不可分散风险”。

系统风险通过β系数来测量，β系数是指某个资产的收益率与市场组合之间的相关性。其计算公式如下：

$$\beta_j = \frac{\mathrm{cov}(k_j, k_M)}{\sigma^2_M} = \frac{\mathrm{r}_{jM}\sigma_i\sigma_m}{\sigma^2_M} = \mathrm{r}_{jM}\left(\frac{\sigma_j}{\sigma_M}\right) \tag{2-16}$$

式中：$\mathrm{cov}(k_j, k_M)$为第j种证券的收益与市场组合收益之间的协方差。

它等于该证券的标准差、市场组合的标准差及两者相关系数的乘积。根据上式可以看出，一种股票的β值的大小取决于以下3个方面：①该股票与整个股票市场的相关性；②该股票自身的标准差；③整个市场的标准差。

β 系数的经济意义在于，它向我们提供了相对于市场组合而言特定资产的系统风险。例如市场组合相对于其本身的 β 系数是 1；如果一项资产的 β 系数为 0.5，表明它的系统风险是市场组合系统风险的一半，其收益率的变动性是一般市场变动性的一半；如果一项资产的 β 系数为 2.0，说明这种资产的变动幅度为一般市场变动的 2 倍。总之，某一股票 β 系数值的大小反映了这种股票收益的变动与整个市场收益变动之间的相关关系，计算 β 值就是确定这种股票与整个股市收益变动的影响的相关性及程度。

投资组合的 β 系数等于组合各证券 β 值的加权平均数，公式如下：

$$\beta_p = \sum_{i=1}^{n} A_i \beta_i \tag{2-17}$$

式中：β_P 为证券投资组合的 β 系数；β_i 为证券投资组合中第 i 种证券的 β 系数；A_i 为第 i 种证券在全部投资额中的比重；n 为证券投资组合中证券种类总数。

如果一个高 β 值股票（$\beta>1$）被加入一个平均风险组合（β_p）中，则组合风险将会提高；反之亦然。所以，一种股票的 β 值可以度量该股票对整个组合风险的贡献，β 值可以作为这一股票风险程度的一个大致度量。

【例 2-23】一个投资者将其拥有的 100 万元现金进行组合投资，共投资 10 种股票且各占 1/10，即 10 万元。如果这 10 种股票的 β 值相同，皆为 1.2，则组合的 β 值为 1.2。该组合的风险比市场风险大，即价格波动的范围较大，收益率的变动也较大。现在假设完全售出其中的一种股票，并购入另一种 β 值为 0.6 的股票。此时，股票组合的 β 值将由 1.2 下降到 1.14。

$$\beta_p = 0.9 \times 1.2 + 0.1 \times 0.6 = 1.14$$

至此，我们可以将证券投资组合风险总结如下：

(1)一个股票的风险由两部分组成，即可分散风险和不可分散风险。可以用图 2-8 加以说明。

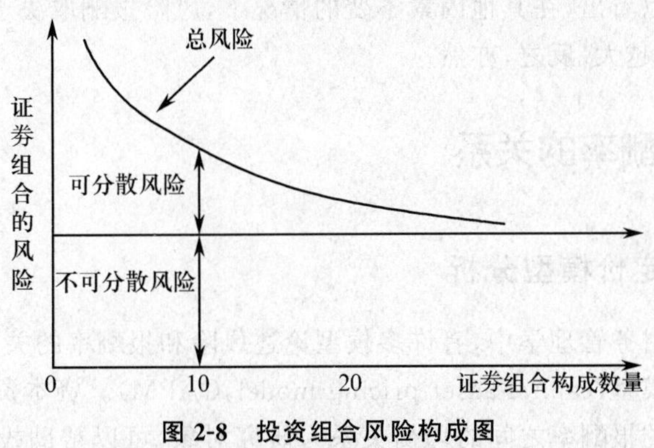

图 2-8　投资组合风险构成图

(2)可分散风险可通过证券组合来消减，且大部分投资者会采用组合方式。从图 2-8 中可以看到，可分散风险随证券组合中股票数量的增加而逐渐减少。根据有关的统计资料，一个包含有 40 种股票而又比较合理的证券组合，能消除大部分可分散风险。

(3)股票的不可分散风险由市场变动所产生,它对所有股票都有影响,不能通过证券组合消除。

(四)投资组合的风险报酬

投资者进行证券组合投资与进行单项投资一样,都要求对承担的风险进行补偿,投资组合的风险越大,要求的报酬就越高。但是,与单项投资不同,证券组合投资要求补偿的风险只是不可分散风险,而不要求对可分散风险进行补偿。如果可分散风险的补偿存在,善于进行投资组合的投资者将购买这部分股票,并抬高其价格,其最后的报酬率只反映不可分散的风险。因此,证券组合的风险报酬是投资者因承担不可分散风险而要求的,超过时间价值部分的额外报酬。证券组合的风险报酬率可用下列公式计算:

$$R_p = \beta_p (K_m - R_f) \tag{2-18}$$

式中:R_P 为证券组合的风险报酬率;β_P 为证券组合的 β 系数;K_m 为所有股票的平均报酬率,又称市场报酬率;R_f 为无风险报酬率,一般用政府公债的利息率来衡量。

【例 2-24】特林公司持有由甲、乙、丙三种股票构成的证券组合,它们的β系数分别是 2.0、1.0 和 0.5,在证券组合中所占的比重分别为 60%、30%和 10%,股票的市场报酬率为 14%,无风险报酬率为 10%,试确定这种证券组合的风险报酬率。

首先,确定证券组合的 β 系数,

$$\begin{aligned}\beta_p &= 60\% \times 2.0 + 30\% \times 1.0 + 10\% \times 0.5 \\ &= 1.55\end{aligned}$$

其次,计算该证券组合的风险报酬率。

$$\begin{aligned}R_p &= \beta_p (K_m - R_f) \\ &= 1.55 \times (14\% - 10\%) \\ &= 6.2\%\end{aligned}$$

从以上计算中可以看出,在其他因素不变的情况下,风险报酬取决于证券组合的 β 系数,β 系数越大,风险收益就越大;反之,亦然。

四、风险和报酬率的关系

(一)资本资产定价模型分析

在西方金融学和财务管理学中,有许多模型论述风险和报酬率的关系,其中一个最重要的模型为资本资产定价模型(capital asset pricing model,CAPM)。资本资产定价模型以充分组合情况下风险与要求的报酬率之间的均衡关系为研究对象,可以帮助投资者确定为了补偿某一特定程度的风险,投资者应该获得多大的报酬率水平。按资本资产定价模型确定的报酬率可以作为财务估价模型的贴现率。

按照这一理论,投资的系统风险可由 β 系数来度量,而且其风险与报酬之间的关系可由证券市场线来描述。

证券市场线：

$$K_i = R_f + \beta(K_m - R_f) \tag{2-19}$$

式中：K_i 为第 i 个股票或第 i 种证券组合的要求报酬率；R_f 为无风险报酬率(通常以国库券收益率作为无风险报酬率)；K_m 为平均股票的要求报酬率(指 $\beta=1$ 的股票要求的报酬率，即市场组合要求的报酬率)。

在均衡状态下，$(K_m - R_f)$是投资者为补偿承担超过无风险报酬的平均风险而要求的额外报酬，即风险价格。

假设无风险报酬率为 8%，平均股票要求的报酬率为 12%，当 β 分别为 0、0.5、1 和 1.5 时的投资者要求的报酬率及证券市场线见图 2-9。

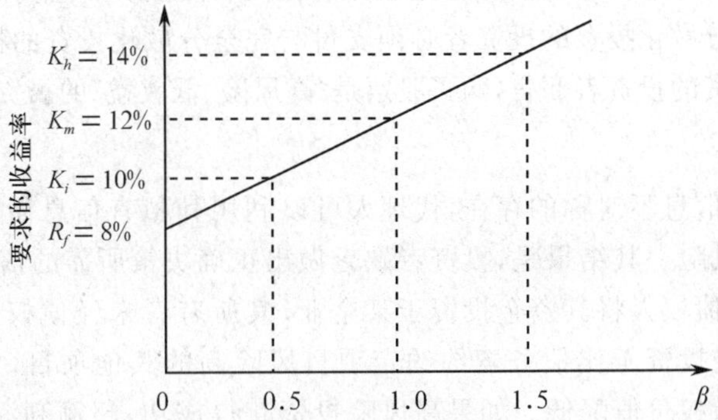

图 2-9 证券市场线

当 $\beta=0$ 时，$K_i=8\%+0\times(12\%-8\%)=8\%$；

当 $\beta=0.5$ 时，$K_i=8\%+0.5\times(12\%-8\%)=10\%$；

当 $\beta=1$ 时，$K_i=8\%+1\times(12\%-8\%)=12\%$；

当 $\beta=1.5$ 时，$K_i=8\%+1.5\times(12\%-8\%)=14\%$。

证券市场线的斜率表示经济系统中对风险厌恶感的程度。一般来说，投资者对风险的厌恶感越强，证券市场线的斜率越大，对风险资产所要求的风险补偿越大，对风险资产的要求报酬率越高。

从证券市场线可以看出，投资者要求的报酬率不仅取决于市场风险，而且还取决于无风险利率(证券市场线的截距)和市场风险补偿程度(证券市场线的斜率)。由于这些影响因素是不断变动的，所以证券市场线也会随之变动。比如预计通货膨胀率上升时，无风险利率会随之提高，这将导致证券市场线向上平移。风险厌恶感的加强，会提高证券市场线的斜率。

(二)风险与报酬的协调均衡分析

一般情况下，风险与报酬相均衡，即风险越大，预期报酬率就越高。投资者投资于任何一项资产都会要求资产的报酬率与其风险相匹配。风险与期望报酬率的均衡关系可表示为：

期望报酬率＝无风险报酬率＋风险报酬率

但由于以下原因，风险与报酬存在不均衡。

1.投资组合未完全分散化

风险与报酬的均衡关系以投资者的投资组合是完全分散为前提条件，在风险完全分散化的条件下，投资组合的期望报酬率仅与不可分散风险相关。如果投资者的投资组合未完全分散化，该投资者就要承担额外风险。一般来说，持有单一证券的投资者比完全分散化投资的投资者承担的风险更多，市场会对投资者承担的不可分散风险给予相应的报酬。但是，市场对投资者承担的可分散风险不给予任何补偿。相对于完全分散化投资的投资者而言，非完全分散化投资的风险较大，投资者获取的风险报酬较低，即风险与报酬不相匹配。如在市场交易中，股票的价格取决于它对完全分散化投资的投资者价值。根据自利行为原则，股票持有人会将股票卖给出价最高者。在完全分散化投资与非完全分散化投资的投资者竞价中，完全分散化投资的投资者出价更高，因此，可观察到的股票价格反映的是完全分散化投资的投资者愿为股票支付的较高价格。拟购买股票的非完全分散化投资的投资者必须支付与完全分散化投资的投资者一样的价格，即对于非完全分散化投资的投资者而言，购买股票是"高风险、低收益"的投资行为。

2.市场失灵

由于市场失灵和信息不对称的存在，代理人可以利用其私有信息做出对委托人不利的决策，委托人面临道德风险。其结果是，投资者缺乏做出正确决策所需的信息，投资收益低，风险与报酬不相匹配。如债权人将其资金投资于某企业，其所有者未经债权人同意就要求经营者改变资金用途，将资金投资于比债务契约约定项目风险高的其他项目，加大了企业的偿债风险，同时也使债权人债权价值降低。如果高风险投资获得成功，超额利润由所有者独享；如果投资失败，债权人将要与所有者共同承担损失。对债权人来说，这项投资的风险与报酬是不对称的，是一项"高风险、低收益"的投资。

3.企业经济系统结构变化

在常规状态下，企业经济系统结构稳定，其未来发展是可以识别和预期的，企业之间以及企业与利益相关者之间表现为无反馈联系的简单线性关系。当企业发展到某一个阶段，由于受系统内力、政策力和随机力等内部和外部因素间非线性的相互作用，企业从稳定的周期性发展状态转向混沌状态。在混沌状态下，企业存在"风险收益悖论"，即风险与报酬不相匹配。

所以，在进行投资时，提高资本的效用价值，坚持风险与报酬均衡原则，确定所承受风险的报酬补偿是至关重要的。根据风险厌恶假设，效用价值在风险与报酬均衡过程中充当匹配标准。风险与报酬间的协调必须始终坚持等值期望效用原则，以利于风险与报酬间形成均衡关系。风险与效用的基本关系主要有以下4种。

(1)两个不同项目期望报酬相等时，风险越大，报酬的效用越低。

(2)当期望报酬相等时，风险厌恶者总是偏好低风险投资项目，因为投资者不愿为不确定的高报酬承担高风险。

(3)报酬本身并不直接包含风险，效用价值是风险与报酬关系平衡的联结点，是风险与报酬均衡的标准。

(4)损失会减少效用，报酬会增加效用，风险使期望效用发生偏离。投资者追求的是效用价值最大化，而不是报酬最大化。根据风险厌恶假设，风险可以被定义为遭受损失的可能性。风险与报酬均衡的关键是将风险程度转化为风险报酬率。根据等值效用原则，风险与报酬均衡的标准是效用等值。

本章小结

本章阐述了货币时间价值和风险价值两大财务管理的基本价值观念。企业的财务活动是在特定的时间条件下进行的，离开了货币时间价值，就无法正确地计量资金的流入和流出数量。货币的时间价值正是研究不同时点上的资金收入与支出的关系。同时，企业的财务活动是在有风险的情况下进行的，投资者由于冒风险进行投资应获得超过货币时间价值的额外收益。企业理财时，必须研究风险、计量风险，并设法控制风险，以求最大限度地增加企业财富。

练习题

一、简答题

1. 什么是货币时间价值？举例说明货币时间价值的运用。

2. 什么是普通年金、预付年金、递延年金和永续年金？如何计算其终值和现值？

3. 什么是风险报酬？投资的风险报酬如何衡量？

4. 什么是资本资产定价模型？

二、计算题

1. 某人在5年后需用现金50 000元，如果每年年末存款一次，在利率为10%的情况下，此人每年年末应存现金多少元？若在每年年初存入的话应存入多少元？

2. 某企业于第6年年初开始每年等额支付一笔设备款项2万元，连续支付5年，在利率为10%的情况下，若现在一次支付应付多少？该设备在第10年年末的总价又为多少？

3. 李华在65岁退休了。他想为自己寻找一份退休后的收入，于是他考虑与人寿保险公司签订养老年金合同。此合同可以保证他在有生之年每年获得相同的养老金。为了得到这样一个现金流量，他在开始时必须交纳一笔相当可观的底金。根据精算表，他的寿命预期还有15年。但这只是此公司计算出的期限，并不是他的实际寿命。

(1)若此公司在计算时将利率定为5%，为了得到每年10 000元的养老金，李华在开始时应支付多少现金？(假设在每年年底支付)

(2)若利率为10%，李华在开始时应支付现金多少？

(3)若李华能支付30 000元的底金，利率为5%，他每年能得到多少养老金？

4. Muffin正在考虑两种不同的储蓄计划。第一个计划是每6个月存入500美元，年利率为7%，半年计息一次。第二个计划是每年存入1 000美元，年利率为7.5%，每年计息一次。第一个计划的第一笔存款在6个月后存入，而第二个计划的第一笔存款在1年后存入。

(1)第一个计划中，第10年年末的存款终值是多少？

(2)第二个计划中,第 10 年年末的存款终值是多少?

(3)如果 Muffin 只考虑第 10 年年末的存款终值,她将选择哪个计划?

(4)如果第二个计划中的年利率变成 7%,上述答案有变化吗?

5. 甲公司拟租赁一台机器设备,期限为 10 年,假设年利率为 10%,出租方提出以下 3 种付款方案:

(1)现在一次性付清全部款项 20 万;

(2)从第 4 年开始,每年年初付款 4 万元,持续到最后一年年初结束;

(3)前 8 年每年年末支付 3 万元,第 9 年年末支付 4 万元,最后一年年末支付 5 万元,你作为甲公司的财务人员,应该如何进行决策呢?

三、案例分析

莱曼租赁有限公司的创始人汉克·福特需要立即筹措一笔资金。他的业务就是购进旧车,再把它们租给在春假里游览南佛罗里达州的大学生们。他的租赁业务必须快速扩张,以阻止其他竞争者的进入。他希望在 1991 年在戴特纳海岸开设两个新的租赁点。为此,莱曼租赁有限公司需要 250 万美元来发展新租赁点及购入一批能使用的汽车。

福特的私人助理 I. 康恩特姆女士建议他向当地的一家贷款中介机构 MFNI 公司筹措公司所需要的资金。她建议公司用 3 年期的年金归还贷款,每年支付 100 万美元。第一次在获得贷款的 1 年后归还,以后在每年的相同日期归还。康恩特姆女士说,如果 MFNI 公司同意 10%的利率,公司将获得总额为 248.69 万美元的贷款。她还解释道,第 1 年贷款的利息费用是 24.869 万美元,支付了首期的 100 万美元后,贷款本金将减少,减少的数额就是 100 万美元和应付利息费用之间的差额。

(1)康恩特姆女士如何知道如果 MFNI 公司同意 10%的利率,公司将获得总额为 248.69 万美元的贷款?

(2)假设康恩特姆女士是对的,且 MFNI 公司同意公司的还款计划,则在获得贷款的当日,公司的欠款额是多少?1 年后未付给 MFNI 公司 100 万美元时,公司的欠款是多少?1 年后付给 MFNI 公司 100 万美元时,公司的负债又是多少?

(3)计算借款第 2 年及第 3 年公司的利息费用,以及第 2 年及第 3 年末支付 100 万美元后公司的债务数额。MFNI 公司要求 10%的利率的确切含义是什么?

(4)康恩特姆女士告诉福特先生,她对 MFNI 公司可接受的利率的估计可能有误。这一利率将在 8%~12%之间变动。在 8%~12%的情况下,如果莱曼租赁公司提供每年 100 万美元的,3 年期的年金,MFNI 公司将给莱曼租赁公司多少贷款?

康恩特姆女士还向福特先生建议了另一备选方案。她说公司可以发行 2 500 份面值为 1 000 美元,利率为 10%,每年付息一次的债券。债券本金 250 万美元则到第 3 年末一次支付。

问:

(5)如果莱曼租赁公司决定按康恩特姆女士的建议发行债券,且投资人确实只要求 10%的投资报酬率,公司通过出售债券可以得到多少钱?在签发债券的当日,是否所有资金都是公司的负债?为什么?

(6)在第1年末支付利息时,公司的负债是多少?支付利息后呢?第2年末及第3年末呢?

(7)当投资人期望的报酬率为8%时,票面利率为10%的债券的溢价是多少?它对每年的利息费用有何影响?如果投资人要求的是12%的利率呢?

选自《会计精要——管理者必读的教程和案例》(美)威廉·J.小布鲁斯著.陆正飞,主译.大连:东北财经大学出版社,1998.

第三章　财务报表分析

【学习目的与要求】

本章主要阐述财务报表分析的基本方法以及在财务报表分析中常用的财务比率，使学生能够掌握财务报表分析的常用方法，理解基本的财务比率，并能利用财务报表提供的财务信息对企业经营业绩进行分析和评价。

【引导案例】①

家电行业毫无疑问是竞争最激烈、发展最充分的行业，轰轰烈烈的价格战、促销战、广告战硝烟弥漫，超级家电连锁迅猛发展促使了厂商矛盾横生。在家电行业"红海"中，很多企业伤痕累累，轰然倒下，产能过剩致使价格战火持续不断，企业利润持续走低，企业竞争力减弱。然而在此背景下，格力电器却获得了前所未有的发展。这家在1991年只有2万台窗式空调产能的小厂，迅速崛起为中国乃至全球最大的集研发、生产、销售、服务于一体的专业化空调企业。

财报是商业的语言，数字背后隐含着十分复杂的世界，通过财务分析可以了解公司的赚赔盈亏、资源配置、资本结构、现金流动等财务信息，透视公司经济活动的内在联系，考核公司经营成果和财务状况。让我们从财务分析的角度梳理格力的财务结构，以期理解"格力优势"的本质。

格力电器2019年三季报显示，前三季度总营收共计1 566.76亿元，同比增长4.42%，第三季度营收583.35亿元，同比提高0.5%，环比提高1.74%。2019年前三季度净利润累计222.18亿元，同比增长4.6%；第三季度净利84.02亿元，同比增长0.55%。对比2018年三季度净利润同比38.58%的增速和总营收一样出现增速趋缓。每年的营收和净利之间大致为正比关系，因此可以判断格力的经营模式为稳定毛利率下的营收驱动。

另外，从总资产角度往往可以评估制造企业的行业地位。格力电器2019年的三季报显示，总资产2 918.36亿元，同比增速为17.9%，这意味着格力在资产规模上首次超越美的成为行业第一。可贵的是，其负债率表面看为64.92%，但代表真实负债的有息负债率仅仅8.14%，有息负债为237.56亿，故而格力的资产不只规模上碾压全行业，而且资产质量成色较高。

对于制造业来说，净资产维度可以看出产业规模以及行业地位。2019年三季报显示，格力电器最新净资产为1 023.68亿元，同比增长16.26%，环比增长8.93%，均居行业第一。这说明大比例的分红，以及大比例投入研发，依然没有影响净资产的积累，足以说明格力电器的

---

① 资料来源：家电行业：格力电器ROE居行业之冠秘诀_行业研究_新浪财经_新浪网 http://finance.sina.com.cn/stock/hyyj/20080111/09504394186.shtml。

格力电器：你的婚礼我关心，你的盖头我掀起，你的估值我阐述 http://baijiahao.baidu.com/s?id=1651174571035934758&wfr=spider&for=pc。

业内实力。如果细致的查看报表，我们还会发现其净资产增速甚至超过净利增速，由此可见"格力式增长"绝非只看速度，格力把控着产业的节奏，其战略目标在于对产业结构的优化。

商业本就复杂，作为投资人需要时刻保持警惕。结合格力公司战略、竞争环境，我们可以进行一定程度的财务预测。通过财务报表和产业结构维度分析可知，格力的模式为"营收驱动的净利增长"，因此，如果市场占有率遇到"天花板"，那么只能依靠空调产业需求量的自然增长，就会陷入"宏观经济"波动的掣肘，尤其是面临经济换档期以及房地产调控期，这种负面影响会更加明显。格力公司在财务预测的基础上，应当将财务信息、预测信息转化为公司的价值信息，为企业经营决策、投资决策、融资决策提供依据。

第一节 概 述

一、什么是财务报表分析

一般认为，财务报表分析产生于19世纪末20世纪初。最早的财务报表分析主要是为银行服务的信用分析。当时，借贷资本在企业资本中的比重不断增加，银行家需要对贷款人进行信用调查和分析，借以判断客户的偿债能力。

资本市场形成以后发展出盈利分析。财务报表分析由主要为贷款银行服务扩展到为投资人服务。随着社会筹资范围扩大，非银行的贷款人和股权投资人增加，公众进入资本市场和债务市场，投资人要求的信息更为广泛。财务报表分析开始涉及企业的盈利能力、筹资结构、利润分配等方面，逐渐发展出比较完善的外部分析体系。

公司组织发展起来以后，管理人员为改善内部管理服务，提高盈利能力和偿债能力，以取得投资人和债权人的支持，开发了内部分析。内部分析，不仅可以使用公开报表的数据，而且可以利用内部的数据（预算、成本数据等）进行分析，找出管理行为和报表数据的关系，通过管理来改善未来的财务状况。

财务报表分析是指以财务报表和其他资料为依据和起点，采用专门方法，系统分析和评价企业的过去和现在的经营成果、财务状况及现金变动情况，目的是了解过去、评价现在、预测未来，帮助利益关系集团改善决策。财务分析的最基本功能，是将大量的报表数据转换成对特定决策有用的信息，减少决策的不确定性。

财务报表分析的起点是财务报表，分析使用的数据大部分来源于公开发布的财务报表。因此，财务分析的前提是正确理解财务报表。

财务报表分析是认识过程，而认识过程是分析和综合的统一。所谓"分析"，是把研究对象（一种现象、概念）分成较简单的组成部分，找出这些部分的本质属性和彼此之间的关系，以达到认识对象本质的目的。财务报表分析是把整个财务报表的数据，分解成不同部分和指标，并找出有关指标的关系，以达到认识企业偿债能力、盈利能力和抵抗风险能力的目的。所谓"综合”，是把分析过的对象的各个部分、各种属性联合成一个统一的整体。财务报表分析在分析的基础上，总体把握企业的经营能力。财务报表分析的结果是对企业的偿债能力、盈利能力和抵抗风险能力做出评价，找出存在的问题。

财务报表分析通常只能发现问题而不能提供解决问题的现成答案，只能做出评价而不能改善企业的状况。例如，某企业资产收益率低，通过分析知道原因是资产周转率低，进一步分析知道资产周转率低的原因是存货过高，再进一步分析知道存货过高主要是产成品积压。如何处理积压产品？财务报表分析不能回答。财务报表分析是检查的手段，如同医疗上的检测设备和程序，能检查一个人的身体状况但不能治病。财务报表分析能检查企业偿债、获利和抵抗风险的能力，对病症分析越深越容易对症下药，但诊断不能代替治疗。财务报表分析不能提供最终的解决问题的办法，但它能指明需要详细调查和研究的方向，这些调查研究会涉及经济、行业、本企业的其他补充信息。

二、财务报表分析的目的

对外发布的财务报表，是根据全体使用人的一般要求设计的，并不适合特定报表使用人的特定要求。报表使用人要从中选择自己需要的信息，重新排列，并研究其相互关系，使之符合特定决策要求。

企业财务报表的主要使用人有下列 7 种，他们的分析需求不完全相同。

(1)投资人。为决定是否投资，分析企业的资产和盈利能力；为决定是否转让股份，分析盈利状况、股价变动和发展前景；为考查经营者业绩，要分析资产盈利水平、破产风险和竞争能力；为决定股利分配政策，要分析筹资状况。

(2)债权人。为决定是否给企业贷款，要分析贷款的报酬和风险；为了解债务人的短期偿债能力，要分析其资产流动状况；为了解债务人的长期偿债能力，要分析其盈利状况；为决定是否出让债权，要估计企业价值。

(3)经理人员。为改变财务决策而进行财务分析，涉及的内容最广泛，几乎包括外部使用人关心的所有问题。

(4)供应商。要通过分析，判断企业是否能长期合作；了解销售信用水平，考虑如何应对企业延长付款期。

(5)政府。要通过财务分析了解企业纳税情况、遵守政府法规和市场秩序的情况、职工收入和就业状况。

(6)雇员和工会。要通过分析，判断企业盈利与雇员收入、保险、福利之间是否相适应。

(7)中介机构(注册会计师、咨询人员等)。注册会计师通过财务报表分析可以确定审计的重点。财务报表分析领域的逐渐扩展与咨询业的发展有关，在一些国家“财务分析师”已成为专门职业，他们为各类报表使用人提供专业咨询。

综上，财务报表分析的一般目的可以概括为：评价过去的经营业绩；衡量现在的财务状况；预测未来的发展趋势。根据分析的具体目的，财务报表分析可以分为：流动性分析；盈利性分析；财务风险分析；专题分析，如破产预测、注册会计师的分析性检查程序等。

三、财务报表分析的一般步骤

财务报表分析的内容非常广泛。不同的人、不同的目的、不同的数据范围,应采用不同的分析方法。财务分析不是一种有固定程序的工作,不存在唯一的通用分析程序,而是一个研究和探索过程。

分析的具体步骤和程序,是根据分析目的、一般分析方法和特定分析对象,由分析人员分别设计的。

财务报表分析的一般步骤如下:

(1)明确分析的目的;

(2)收集有关的信息;

(3)根据分析目的把整体的各个部分分割开来,予以适当安排,使之符合需要;

(4)深入研究各部分的特殊本质;

(5)进一步研究各个部分的联系;

(6)解释结果,提供对决策有帮助的信息。

四、财务报表分析的方法

开展财务报表分析,需要运用一定的方法。财务报表分析的方法主要包括趋势分析法、比率分析法、因素分析法。

(一)趋势分析法

趋势分析法又称水平分析法,是通过对比两期或连续数期财务报告中相同指标,确定其增减变动的方向、数额和幅度,来说明企业财务状况和经营成果的变动趋势的一种方法。采用这种方法,可以分析引起变化的主要原因、变动的性质,并预测企业未来的发展前景。

趋势分析法的具体运用主要有 3 种方式:一是重要财务指标的比较;二是会计报表的比较;三是会计报表项目构成的比较。

1)重要财务指标的比较

重要财务指标的比较是将不同时期财务报告中的相同指标或比率进行比较,直接观察其增减变动情况及变动幅度,考察其发展趋势,预测其发展前景。

对不同时期财务指标的比较,可以有两种方法:

① 定基动态比率。定基动态比率是以某一时期的数值为固定的基期数值而计算出来的动态比率。其计算公式为:

$$定基动态比率=分析期数值\div固定基期数值\times100\%$$

② 环比动态比率。环比动态比率是以每一分析期的前期数值为基期数值而计算出来的动态比率。其计算公式为:

$$环比动态比率=分析期数值\div前期数值\times100\%$$

2)会计报表的比较

会计报表的比较是将连续数期的会计报表的金额并列起来,比较其相同指标的增减变动金额和幅度,据以判断企业财务状况和经营成果发展变化的一种方法。会计报表的比较,具体包括资产负债表比较、利润表比较、现金流量表比较等。比较时,既要计算出表中有关项目增减变动的绝对额,又要计算出其增减变动的百分比。

3)会计报表项目构成的比较

这是在会计报表比较的基础上发展而来的。它是以会计报表中的某个总体指标作为100%,再计算出其各组成项目占该总体指标的百分比,从而来比较各个项目百分比的增减变动,以此来判断有关财务活动的变化趋势。这种方法比前述两种方法更能准确地分析企业财务的发展趋势。它既可用于同一企业不同时期财务状况的纵向比较,又可用于不同企业之间的横向比较。同时,这种方法能消除不同时期(不同企业)之间业务规模差异的影响,有利于分析企业的耗费水平和盈利水平。

在采用趋势分析法时,必须注意以下问题:①用于进行对比的各个时期的指标,在计算口径上必须一致;②剔除偶发性项目的影响,使分析数据能反映实际的经营状况;③应用例外原则,对某项有显著变动的指标作重点分析,研究其产生的原因,以便采取对策,趋利避害。

(二)比率分析法

比率分析法是把某些彼此存在关联的项目加以对比,计算出比率,据以确定经济活动变动程度的分析方法。比率是相对数,采用这种方法,能够把某些条件下的不可比指标变为可以比较的指标,以利于进行分析。

比率指标主要有以下3类。

1)构成比率

构成比率又称结构比率,它是某项财务指标的各个组成部分与总体的比率,反映部分与总体的关系。其计算公式为:

$$构成比率=\frac{某个组成部分数值}{总体数值}\times100\%$$

比如,企业资产中流动资产、固定资产和无形资产占资产总额的百分比(资产构成比率),企业负债中流动负债和长期负债占负债总额的百分比(负债构成比率)等。利用构成比率,可以考察总体中某个部分的形成和安排是否合理,以便协调各项财务活动。

2)效率比率

效率比率是某项经济活动中所费与所得的比率,反映投入与产出的关系。利用效率比率指标,可以进行得失比较,考察经营成果,评价经济效益。比如,将利润项目与销售成本、销售收入、资本等项目加以对比,可计算出成本利润率、销售利润率以及资本利润率等指标,可以从不同角度观察比较企业获利能力的高低及其增减变化情况。

3)相关比率

相关比率是以某个项目和与其有关但又不同的项目加以对比所得的比率,反映有关经济活动的相互关系。利用相关比率指标,可以考察企业有联系的相关业务安排得是否合理,以保障运营活动能够顺畅进行。比如,将流动资产与流动负债加以对比,计算出流动比率,据以判断企业的短期偿债能力。

比率分析法的优点是计算简便,计算结果也比较容易判断,而且可以使某些指标在不同规模的企业之间进行比较,甚至在一定程度上超越行业间的差别进行比较。采用这一方法应该注意以下几点:

① 对比项目的相关性。计算比率的子项和母项必须具有相关性,把不相关的项目进行对比是没有意义的。在构成比率指标中,部分指标必须是总体指标这个大系统中一个小系统;在效率比率指标中,投入与产出必须有因果关系;在相关比率指标中,两个对比指标也要有内在联系,才能评价有关经济活动之间是否协调均衡,安排是否合理。

② 对比口径的一致性。计算比率的子项和母项必须在计算时间、范围等方面保持口径一致。

③ 衡量标准的科学性。运用比率分析,需要选用一定的标准与之对比,以便对企业的财务状况做出评价。通常而言,科学合理的对比标准有:a. 预定目标,如预算指标、设计指标、定额指标、理论指标等;b. 历史标准,如上期实际、上年同期实际、历史先进水平以及有典型意义的时期实际水平等;c. 行业标准,如主管部门或行业协会颁布的技术标准、国内外同类企业的先进水平、国内外同类企业的平均水平等;d. 公认标准。

(三)因素分析法

因素分析法是依据分析指标与其影响因素的关系,量化各因素对分析指标影响方向和影响程度的一种方法。采用这种方法的原因在于,当有若干因素对分析对象发生影响作用时,假定其他各个因素都无变化,顺序确定每一个因素单独变化所产生的影响。

因素分析法具体有两种:一是连环替代法;二是差额分析法。

1)连环替代法

连环替代法是将分析指标分解为各个可以计量的因素,并根据各个因素之间的依存关系,顺次用各因素的比较值(通常即实际值)替代基准值(通常即标准值或计划值),据以测定各因素对分析指标的影响。

【例 3-1】某企业 2018 年 3 月某种原材料费用的实际数是 4 620 元,而其计划数是 4 000 元,实际比计划增加 620 元。由于原材料费用是由产品产量、单位产品材料消耗量和材料单价 3 个因素的乘积构成的,因此,就可以把材料费用这一总指标分解为 3 个因素,然后逐个来分析它们对材料费用总额的影响程度。现假定这 3 个因素的数值如表 3-1 所示。

表 3-1 原材料费用影响因素

项 目	单位	计划数	实际数
产品总量	件	100	110
单位产品材料消耗量	千克	8	7
材料单价	元	5	6
材料费用总额	元	4 000	4 620

根据表中资料,材料费用总额实际数较计划数增加 620 元,这是分析对象。运用连环替代

法，可以计算各因素变动对材料费用总额的影响程度如下：

计划指标：100×8×5＝4 000（元）　①
第一次替代：110×8×5＝4 400（元）　②
第二次替代：110×7×5＝3 850（元）　③
第三次替代：110×7×6＝4 620（元）　④

各要素的影响计算如下：

产量增加的影响：　②－①＝4 400－4 000＝400（元）
材料节约的影响：　③－②＝3 850－4 400＝－550（元）
价格提高的影响：　④－③＝4 620－3 850＝770（元）
全部因素的影响：　400－550＋770＝620（元）

2）*差额分析法*

差额分析法是连环替代法的一种简化形式，它是利用各个因素的比较值与基准值之间的差额，来计算各因素对分析指标的影响。

【例 3-2】仍以表 3-1 所列数据为依据，采用差额分析法确定各因素变动对材料费用的影响。

（1）由于产量增加对材料费用的影响为：

（110－100）×8×5＝400（元）

（2）由于材料消耗节约对材料费用的影响为：

（7－8）×110×5＝－550（元）

（3）由于价格提高对材料费用的影响为：

（6－5）×110×7＝770（元）

因素分析法既可以全面分析各因素对某一经济指标的影响，又可以单独分析某个因素对某一经济指标的影响，在财务分析中应用颇为广泛。但在应用这一方法时必须注意以下几个问题。

（1）因素分解的关联性。即确定构成经济指标的因素，必须是客观上存在因果关系，要能够反映形成该项指标差异的内在构成原因，否则就失去了其存在价值。

（2）因素替代的顺序性。替代因素时，必须按照各因素的依存关系，排列成一定的顺序并依次替代，不可随意加以颠倒，否则就会得出不同的计算结果。一般而言，确定正确排列因素替代程序的原则是，按分析对象的性质，从各因素相互依存关系出发，使分析结果有助于分清责任。

（3）顺序替代的连环性。因素分析法在计算每一个因素变动的影响时，都是在前一次计算的基础上进行，并采用连环比较的方法确定因素变化影响结果。因为只有保持计算程序上的连环性，才能使各个因素影响之和等于分析指标变动的差异，以全面说明分析指标变动的原因。

（4）计算结果的假定性。因素分析法计算的各因素变动的影响数值，会因替代计算顺序的不同而有差别，因而计算结果不免带有假定性，即它不能保证每个因素计算的结果都达到绝对的准确。它只是在某种假定前提下的计算结果，离开了这种假定前提条件，结果也会发生相应改变。为此，财务人员分析时应尽力使这种假定合乎逻辑且具有实际经济意义，才能保证分析的有效性。

第二节　基本的财务比率

财务报表中有大量的数据，可以根据需要计算出很多有意义的比率，这些比率涉及企业经营管理的各个方面。财务比率可以分为以下 4 类：变现能力比率、资产管理比率、负债比率和盈利能力比率。

一、变现能力比率

变现能力是指企业产生现金的能力，它体现企业可以在近期转变为现金的流动资产的多少。反映变现能力的财务比率主要有流动比率和速动比率。

(一)流动比率

1)什么是流动比率

流动比率是流动资产除以流动负债的比值，其计算公式为：

$$流动比率=流动资产\div流动负债$$

【例 3-3】为了便于说明，本节各项财务比率的计算将主要使用 A 公司作为实例，该公司的资产负债表、利润表如表 3-2、表 3-3 所示。

表 3-2　资产负债表

编制单位：A 公司　　2018 年 12 月 31 日　　万元

资　产	年初数	期末数	负债及所有者权益	年初数	期末数
流动资产			流动负债		
货币资金	25	50	短期借款	45	60
短期投资	12	6	应付票据	4	5
应收票据	11	8	应付账款	109	100
应收账款	200	400	预收账款	4	10
减：坏账准备	1	2	其他应付款	12	7
应收账款净额	199	398	应付工资	1	2
预付账款	4	22	应付福利费	16	12
其他应收款	22	12	未交税金	4	5
存货	326	119	未付利润	10	28
待摊费用	7	32	其他未交款	1	7
待处理流动资产损失	4	8	预提费用	5	9
一年内到期的长期债券投资	0	45	待扣税金	4	2
流动资产合计	610	700	一年内到期的长期负债	0	50
长期投资	45	30	其他流动负债	5	3

续表 3-2

资 产	年初数	期末数	负债及所有者权益	年初数	期末数
固定资产			流动负债合计	220	300
固定资产原价	1 617	2 000	长期负债		
减:累计折旧	662	762	长期借款	245	450
固定资产净值	955	1 238	应付债券	260	240
固定资产清理	12	0	长期应付款	60	50
在建工程	25	10	其他长期负债	15	20
待处理固定资产损失	10	8	长期负债合计	580	760
固定资产合计	1 002	1 256	负债总计	800	1 060
无形及递延资产			所有者权益		
无形资产	8	6	实收资本	100	100
递延资产	15	5	资本公积	10	16
其他长期资产	0	3	盈余公积	40	74
非流动资产合计	1 070	1 300	未分配利润	730	750
资产总计	1 680	2 000	所有者权益合计	880	940
			负债及所有者权益总计	1 680	2 000

表 3-3 利润表

编制单位:A 公司　　2018 年度　　万元

项 目	上年实际	本年累计
一、营业收入	2 850	3 000
减:营业成本	2 503	2 644
税金及附加	28	28
营业费用	20	22
管理费用	40	46
财务费用	96	110
二、营业利润	163	150
加:投资收益	60	60
营业外收入	17	10
减:营业外支出	5	20
三、利润总额	235	200
减:所得税	75	64
四、净利润	160	136

该公司 2018 年年末的流动资产是 700 万元,流动负债是 300 万元,依上式计算流动比率为:

$$流动比率=700\div300=2.33$$

流动比率可以反映短期偿债能力。

企业能否偿还短期债务,要看有多少短期债务,以及有多少可变现偿债的流动资产。流动资产越多,短期债务越少,则偿债能力越强。如果用流动资产偿还全部流动负债,剩余的是企业营运资金。(流动资产－流动负债＝营运资金)。营运资金越多,说明不能偿还短期债务的风险越小。因此,营运资金的多少可以反映偿还短期债务的能力。但是,营运资金是流动资产与流动负债之差,是个绝对数,如果企业之间规模相差很大,绝对数相比的意义很有限。而流动比率是流动资产和流动负债的比值,是个相对数,排除了企业规模不同的影响,更适合企业之间以及本企业不同历史时期的比较。

2)流动比率分析

一般认为,生产企业合理的最低流动比率是2。这是因为流动资产中变现能力最差的存货金额约占流动资产总额的一半,剩下的流动性较大的流动资产至少要等于流动负债,企业的短期偿债能力才有保证。但是人们长期以来的这种认识,因其未能从理论上证明,还不能成为一个统一标准。

计算出来的流动比率,只有和同行业平均流动比率、本企业历史的流动比率进行比较,才能有效地反映出企业短期偿债能力水平。这种比较通常并不能说明流动比率或高或低的原因,还必须分析流动资产和流动负债所包括的内容以及经营上的因素。一般情况下,营业周期、流动资产中的应收账款和存货的周转速度是影响流动比率的主要因素。

(二)速动比率

流动比率虽然可以用来评价流动资产总体的变现能力,但人们(特别是短期债权人)还希望进一步了解企业的变现能力,这就提到了速动比率。速动比率也被称为“酸性测试比率”。

1)什么是速动比率

速动比率,是从流动资产中扣除存货部分,再除以流动负债的比值。速动比率的计算公式为:

速动比率＝(流动资产－存货)÷流动负债

例如,A公司2018年年末的存货为119万元,则其速动比率为:

速动比率＝(700－119)÷300＝1.94

为什么在计算速动比率时要把存货从流动资产中剔除呢?主要原因为:①在流动资产中存货的变现速度最慢;②由于某种原因,部分存货可能已损失报废还没做处理;③部分存货可能已抵押给某债权人;④存货估价还存在着成本与合理市价相差悬殊的问题。综合上述原因,在不希望企业用变卖存货的办法还债,以及排除使人产生种种误解因素的情况下,把存货从流动资产总额中减去而计算出的速动比率反映的短期偿债能力更加可信。

2)速动比率分析

通常认为正常的速动比率为1,速动比率低于1,一般则认为企业短期偿债能力偏低。但是因为行业不同,速动比率会有很大差别,没有统一衡量标准。例如,采用大量现金销售的商店,几乎没有应收账款,速动比率大大低于1是很正常的。相反,一些应收账款较多的企业,速动比率可能会大于1。

影响速动比率可信性的重要因素是应收账款的变现能力。账面上的应收账款不一定都能变成现金,实际坏账可能比计提的坏账准备多;季节性的变化,可能使报表的应收账款数额不能反映平均水平。这些情况,外部使用人不易了解,而财务人员却有可能做出与实际情况相符的估计。

由于各行业之间的差别，在计算速动比率时，除扣除存货以外，还可以从流动资产中去掉其他一些可能与当期现金流量无关的项目（如待摊费用等），以更进一步评估变现能力，比如采用保守速动比率（或称超速动比率），其计算公式如下：

$$保守速动比率=\frac{现金+短期证券+应收票据+应收账款净额}{流动负债}$$

将A公司的有关数据代入：

$$保守速动比率=\frac{50+6+8+398}{300}=1.54$$

（三）影响变现能力的其他因素

上述变现能力指标，都是从财务报表资料中取得的。还有一些财务报表资料中没有反映出来的因素，也会影响企业的短期偿债能力，甚至影响较大。综合了解这些因素，有利于财务报表的使用者做出正确的判断。

1）增强变现能力的因素

企业流动资产的实际变现能力，可能比财务报表项目反映的变现能力要好一些，主要有以下几个因素。

（1）可动用的银行贷款指标。银行已同意，企业未办理贷款手续的银行贷款限额，可以随时增加企业的现金，提高支付能力。这一数据不反映在报表中，必要时应在财务状况说明书中予以说明。

（2）准备很快变现的长期资产。由于某种原因，企业可能很快将一些长期资产出售变为现金，增强短期偿债能力。一般情况下，企业出售长期资产都是要经过慎重考虑的，企业应权衡近期利益和长期利益，慎重决定是否出售长期资产。

（3）偿债能力的声誉。如果企业的长期偿债能力一贯很好，有一定的声誉，在短期偿债方面出现困难时，可以很快地通过发行债券和股票等办法解决资金的短缺问题，提高短期偿债能力。这个增强变现能力的因素，取决于企业自身的信用声誉和当时的筹资环境。

2）减弱变现能力的因素

减弱企业流动资产变现能力的因素中未在财务报表中反映的主要是未做记录的或有负债。

或有负债是有可能发生的债务。对这些或有负债，按照我国《企业会计准则》和《企业会计制度》的规定，只有预计很可能发生损失并且金额能够可靠计量，才可在报表中予以反映，否则只需作为报表附注予以披露。这些没有记录的或有负债一旦成为事实上的负债，将会加大企业的偿债负担。

二、资产管理比率

资产管理比率是用来衡量公司资产管理效率的财务比率。资产管理比率包括：营业周期、存货周转率、应收账款周转率、流动资产周转率和总资产周转率。资产管理比率又称运营效率比率。

(一)营业周期

营业周期是指从取得存货开始到销售存货并收回现金为止的这段时间。营业周期的长短取决于存货周转天数和应收账款周转天数。营业周期的计算公式如下：

营业周期＝存货周转天数＋应收账款周转天数

把存货周转天数和应收账款周转天数加在一起计算出来的营业周期,指的是需要多长时间能将期末存货全部变为现金。一般情况下,营业周期短,说明资金周转速度快;营业周期长,说明资金周转速度慢。

(二)存货周转天数

在流动资产中,存货所占的比重较大。存货的流动性,将直接影响企业的流动比率，因此，必须特别重视对存货的分析。存货的流动性，一般用存货的周转速度指标来反映,即存货周转率或存货周转天数。

存货周转率是衡量和评价企业购入存货、投入生产、销售收回等各环节管理状况的综合性指标。它是销售成本除以平均存货而得到的比率,或叫存货的周转次数。用时间表示的存货周转率就是存货周转天数。计算公式为：

存货周转率＝ 销售成本÷平均存货

存货周转天数＝ 360÷存货周转率
＝ 360÷(销售成本÷平均存货)
＝(平均存货 ×360)÷销售成本

公式中的销售成本数据来自利润表,平均存货来自资产负债表中的“期初存货”与“期末存货”的平均数。

例如,A 公司 2018 年度产品销售成本为 2 644 万元,期初存货为 326 万元,期末存货为 119 万元,则该公司存货周转率为：

存货周转率＝ 2 644÷[(326＋119)÷ 2]＝11.88(次)
存货周转天数＝360÷11.88≈30(天)

一般来讲,存货周转速度越快,存货的占用水平越低,流动性越强,存货转换为现金、应收账款等的速度越快。提高存货周转率可以提高企业的变现能力,而存货周转速度越慢则企业变现能力越差。

存货周转率(存货周转天数)指标是整个企业管理的重要内容,它不仅反映存货管理水平,还影响企业的短期偿债能力。企业管理者和有条件的外部报表使用者,除了分析批量因素、季节性生产的变化等情况外,还应对存货的结构以及影响存货周转速度的相关因素进行分析,如分别计算原材料周转率、在产品周转率或某种存货的周转率。计算公式如下：

原材料周转率＝耗用原材料成本÷平均原材料存货
在产品周转率＝制造成本÷平均在产品存货

存货周转分析的目的是从不同的角度和环节找出存货管理中的问题,使存货管理在保证生产经营连续性的同时，尽可能少占用经营资金，提高资金的使用效率，增强企业短期偿债能力，促进企业管理水平的提高。

(三)应收账款周转天数

应收账款和存货一样，在流动资产中有着举足轻重的地位。及时收回应收账款，不仅可以增强企业的短期偿债能力，也反映出企业管理应收账款的效率。

反映应收账款周转速度的指标是应收账款周转率，也就是年度内应收账款转为现金的平均次数，它说明应收账款流动的速度。用时间长短表示的应收账款周转速度是应收账款周转天数，也叫平均应收账款回收期或平均收现期，它表示企业从取得应收账款的权利到收回款项、转换为现金所需要的时间。其计算公式为：

应收账款周转率＝销售收入÷平均应收账款

应收账款周转天数＝360÷应收账款周转率

＝(平均应收账款×360)÷销售收入

公式中的"销售收入"数据来自利润表，是指扣除折扣和折让后的销售净额。以后的计算中，除非特别指明，"销售收入"均指销售净额。"平均应收账款"是指未扣除坏账准备的应收账款金额，它是资产负债表中"期初应收账款余额"与"期末应收账款余额"的平均数。有人认为，"销售净额"应扣除"现金销售"部分，即使用"赊销净额"来计算。从道理上看，这样可以保持分母和分子口径的一致性，但是，不仅财务报表的外部使用人无法取得这项数据，而且财务报表的内部使用人也难以取得该数据，因此，把"现金销售"视为收账时间为零的赊销，也是可以的。只要保持历史的一贯性，使用销售净额来计算该指标一般不影响其分析和利用价值。因此，在实务上多采用"销售净额"来计算应收账款周转率。

例如，A公司2018年度销售收入为3 000万元，年初应收账款余额为200万元；年末应收账款余额为400万元。依上式计算应收账款周转率为：

应收账款周转率＝3 000÷[(200＋400)÷2]＝10(次)

应收账款周转天数＝ 360÷10 ＝36(天)

一般来说，应收账款周转率越高，平均收现期越短，说明应收账款的收回越快。应收账款周转率高有利于企业持续经营，否则，企业的营运资金会过多地呆滞在应收账款上，影响资金的正常周转。该指标不能反映资金实际周转的情况有：第一，企业季节性经营；第二，企业大量使用分期收款结算方式；第三，企业大量地使用现金结算的销售；第四，企业年末销售大量增加或大幅度下降。财务报表的外部使用人可以将计算出的指标与该企业前期指标、与行业平均水平或其他类似企业的指标相比较，判断该指标的高低，但分析不出资金周转状况背后的具体原因。

上述指标是反映企业运用资产效果的最主要指标。此外，还有以下两个常见的资产管理比率，即流动资产周转率、总资产周转率。

(四)流动资产周转率

流动资产周转率是销售收入与全部流动资产的平均余额的比值。其计算公式为：

流动资产周转率＝销售收入÷平均流动资产

其中：

平均流动资产＝(年初流动资产＋年末流动资产)÷2

例如,A公司年初流动资产为610万元,年末流动资产为700万元。依上式计算流动资产周转率为：

流动资产周转率＝3 000÷[(610＋700)÷2]＝4.58(次)

流动资产周转率反映流动资产的周转速度。周转速度快,流动资产相对节约,等于扩大资产投入,增强了企业的盈利能力;而周转速度缓慢,需要补充流动资产参加周转,会形成资金浪费,也降低了企业的盈利能力。

(五)总资产周转率

总资产周转率是销售收入与平均资产总额的比值。其计算公式为：

总资产周转率＝销售收入÷平均资产总额

其中:平均资产总额＝(年初资产总额＋年末资产总额)÷2

续前例,A公司总资产周转率为：

总资产周转率＝3 000÷[(1 680＋2 000)÷2]＝1.63(次)

该项指标反映资产总额的周转速度。周转速度越快,说明企业销售能力越强。企业可以通过薄利多销的办法,加速资产的周转,带来利润绝对额的增加。

综上,各项资产的周转指标用于衡量企业运用资产赚取收入的能力,经常和反映盈利能力的指标结合在一起使用,可全面评价企业的盈利能力。

三、负债比率

负债比率反映债务和资产、净资产的关系,在一定程度上体现了企业偿付长期债务的能力。

企业对债务负两种责任:一是偿还债务本金的责任;二是支付债务利息的责任。分析一个企业的长期偿债能力,主要是为了确定该企业偿还债务本金与支付债务利息的能力。

具体的分析方法是:通过财务报表中的有关数据来分析权益与资产之间的关系、不同权益之间的内在关系、权益与收益之间的关系,并计算出一系列的比率,用以评价企业的长期偿债能力,进而分析企业的资本结构是否健全、合理。

(一)资产负债率

1)什么是资产负债率

资产负债率是负债总额除以资产总额的百分比,也就是负债总额与资产总额的比例关系。资产负债率反映的是在总资产中通过借债筹资的比例,也可以用以衡量企业在清算时对债权人利益的保障。计算公式如下：

资产负债率＝(负债总额÷资产总额)×100％

公式中的负债总额不仅包括长期负债，还包括短期负债。这是因为，短期负债作为一个整体被企业长期占用，成为企业长期性资本来源的一部分。例如，一个应付账款明细科目可能是暂时性的，但企业通常长期保持一个相对稳定的应付账款总额。因此遵循稳健原则，将短期债务包括在用于计算资产负债率的负债总额中较为合适。

公式中的资产总额是扣除累计折旧后的净额。

例如，A 公司 2018 年度负债总额为 1 060 万元，资产总额为 2 000 万元。

依上式计算资产负债率为：

$$资产负债率=(1\ 060\div 2\ 000)\times 100\%=53\%$$

2)资产负债率分析

这个指标反映债权人所提供的资本占全部资本的比例，也被称为举债经营比率。它有以下几个方面的含义。

(1)从债权人的立场看，他们最关心的是贷给企业的款项的安全程度，也就是能否按期收回本金和利息。如果股东提供的资本与企业资本总额相比，只占较小的比例，则企业的风险将主要由债权人负担，这对债权人来讲是不利的。因此，债权人希望债务比例越低越好，企业偿债有保证，贷款不会承担太大的风险。

(2)从股东的角度看，由于企业通过举债筹措的资金与股东提供的资金在经营中发挥同样的作用，所以，股东所关心的是全部资本利润率是否超过借入款项的利率，即借入资本的代价。在企业所得的全部资本利润率超过因借款而支付的利息率时，股东所得到的利润就会加大。相反，如果运用全部资本所得的利润率低于借款利息率，则对股东不利，因为借入资本的多余的利息要用股东所得的利润份额来弥补。因此，从股东的立场看，在全部资本利润率高于借款利息率时，负债比例越大越好，否则反之。

(3)从经营者的立场看，如果举债数额很大，超出债权人心理承受程度，企业就借不到钱。如果企业不举债，或负债比例很小，说明企业畏缩不前，对前途信心不足，周转资本进行经营活动的能力较差。从财务管理的角度来看，企业应当审时度势，全面考虑，在利用资产负债率制定借入资本决策时，必须充分估计预期利润和风险，在二者之间权衡利害得失，做出正确决策。后续有专章讨论筹资决策中的资本结构问题。

(二)产权比率

1)什么是产权比率

产权比率也是衡量长期偿债能力的指标之一。这个指标是负债总额与股东权益总额之比率，也叫作债务股权比率。其计算公式如下：

$$产权比率=(负债总额\div 股东权益)\times 100\%$$

该公式中的“股东权益”，也就是所有者权益。

例如，A 公司 2018 年度期末所有者权益合计为 940 万元，依上式计算产权比率为：

$$产权比率=(1\ 060\div 940)\times 100\%=113\%$$

2)产权比率分析

(1)该项指标反映由债权人提供的资本与股东提供的资本的相对关系，用于判断企业基本财务结构是否稳定。一般来说，股东资本大于借入资本有利于企业发展，但也不能一概而论。从股东角度来看，在通货膨胀加剧时期，企业多借债可以把损失和风险转嫁给债权人；在经济繁荣时期，多借债可以获得额外的利润；在经济萎缩时期，少借债可以减少利息负担和财务风险。产权比率高，财务结构表现为高风险、高报酬；产权比率低，财务结构表现为低风险、低报酬。从上例的计算结果看，该企业债权人提供的资本是股东提供资本的 1.13 倍，如果经营不景气，则表明该企业举债经营的程度偏高，财务结构不稳定。

(2)该指标同时也反映债权人投入的资本受到股东权益保障的程度，或者说是企业清算时债权人利益的受保障程度。国家规定债权人的索偿权在股东前面。从本例的情况看，如果 A 公司进行清算，由于股东提供的资本所占比重较小，债权人的利益缺乏保障。

资产负债率与产权比率具有共同的经济意义，两个指标可以相互补充。因此，对产权比率的具体分析可以参见对资产负债率指标的分析。

(三)有形净值债务率

1)什么是有形净值债务率

有形净值债务率是企业负债总额与有形净值的百分比。有形净值是股东权益减去无形资产净值后的剩余部分，即股东具有所有权的有形资产的净值。其计算公式为：

有形净值债务率=[负债总额÷(股东权益－无形资产净值)]×100%

例如，A 公司 2018 年度期末无形资产净值为 6 万元，依公式计算有形净值债务率为：

有形净值债务率=[1 060÷(940－6)]×100%＝ 113.5%

2)有形净值债务率分析

有形净值债务率指标实质上是产权比率指标的延伸，它更为谨慎、保守地反映了企业清算时，债权人投入的资本受到股东权益保障的程度。从长期偿债能力角度而言，该比率越低越好。

由于无形资产不一定能用来还债，为谨慎起见本指标一律不考虑无形资产(包括商誉、商标、专利权以及非专利技术等)，而将其从分母中扣除。该指标其他方面的分析与产权比率相同。

(四)已获利息倍数

1)什么是已获利息倍数

从债权人的立场出发，他们向企业投资时，除了计算上述资产负债率，审查企业借入资本占全部资本的比例以外，还要计算已获利息倍数。债权人利用这一比率，也可以测试债权人投入资本的风险。

已获利息倍数指标是指企业息税前利润与利息费用的比率，用以衡量企业偿付借款利息的能力，也叫利息保障倍数。其计算公式如下：

已获利息倍数=息税前利润÷利息费用

公式中的“息税前利润”是指损益表中未扣除利息费用和所得税之前的利润。它可以用“利润总额加利息费用”来测算。由于我国现行利润表“利息费用”没有单列，而是包含在“财务费用”之中，外部报表使用人只好用“利润总额加财务费用”来估算。

公式中的分母“利息费用”是指本期发生的全部应付利息，不仅包括财务费用中的利息费用，还包括计入固定资产成本的资本化利息。资本化利息虽然在利润表中未被扣除，但仍然是要偿还的。利息保障倍数的重点是衡量企业支付利息的能力，没有足够多的息税前利润，偿还利息就会比较困难。

例如，A 公司 2018 年度税后净收益为 136 万元，利息费用为 80 万元，所得税为 64 万元。该公司已获利息倍数为：

$$已获利息倍数=(136+80+64)\div 80=3.5$$

2)已获利息倍数分析

(1)已获利息倍数指标反映企业息税前利润为所需支付的债务利息的多少倍。只要已获利息倍数足够大，企业就有充足的能力偿付利息，否则相反。

(2)如何合理评价企业的已获利息倍数？这需要将该企业的这一指标与其他企业，特别是本行业平均水平进行比较，来分析本企业的指标水平。同时，从稳健性的角度出发，最好比较本企业连续几年的该项指标，并选择最低指标年度的数据作为参考依据。这是因为，企业在经营好的年头要偿债，而在经营不好的年头也要偿还几乎同量的债务。某一个年度利润很高，已获利息倍数也会很高，但不能保证年年如此。采用指标最低年度的数据，可保证最低的偿债能力。一般情况下应遵循上述分析操作，但如遇有特殊情况，需结合实际来确定。

(3)结合这一指标，企业可以测算一下长期债务与营运资金的比率，它是用企业的长期负债与营运资金相除计算的。其计算公式如下：

$$长期债务与营运资金比率=长期负债\div(流动资产-流动负债)$$

一般情况下，长期债务不应超过营运资金。长期债务会随时间延续不断转化为流动负债，并需动用流动资产来偿还。保持长期债务不超过营运资金，就不会因这种转化而造成流动资产小于流动负债，从而使长期债权人和短期债权人感到贷款有安全保障。

例如，A 公司 2018 年期末长期债务合计为 760 万元，营运资金为 700－300＝400(万元)，依上式计算长期债务与营运资金比率为：

$$长期债务与营运资金比率=760\div 400=1.9$$

从 A 公司这一指标来看，其长期债务接近营运资金的 2 倍，说明借钱给 A 公司存在较大的风险。

四、盈利能力比率

盈利能力就是企业赚取利润的能力。不论是投资人、债权人还是企业经理人员，都日益重视企业的盈利能力。

一般说来，企业的盈利能力只涉及正常的营业状况。非正常的营业状况，也会给企业带来收益或损失，但只是特殊状况下的个别情况，不能说明企业的能力。因此，在分析企业盈利能力时，应当排除证券买卖等非正常项目、已经或将要停止的营业项目、重大事故或法律更改等特别项目、会计准则和财务制度变更带来的累积影响等因素。

反映企业盈利能力的指标很多，通常使用的主要有销售净利率、销售毛利率、资产净利率、净值报酬率。

(一)销售净利率

1)什么是销售净利率

销售净利率是指净利润与销售收入的百分比,其计算公式为:

$$销售净利率=(净利润÷销售收入)\times 100\%$$

A 公司的净利润是 136 万元,销售收入是 3 000 万元;

$$销售净利率=(136÷3\ 000)\times 100\%=4.53\%$$

"净利润"在我国会计制度中是指税后利润。

2)销售净利率分析

(1)该指标反映每一元销售收入带来多少净利润,表示销售收入的收益水平。净利润额与销售净利率成正比关系,而销售收入额与销售净利率成反比关系。企业在增加销售收入额的同时,必须相应地获得更多的净利润,才能使销售净利率保持不变或有所提高。通过分析销售净利率的升降变动,可以促使企业在扩大销售的同时,注意改进经营管理,提高盈利水平。

(2)销售净利率能够分解成为销售毛利率、销售税金率、销售成本率、销售期间费用率等。

(二)销售毛利率

1)什么是销售毛利率

销售毛利率是毛利占销售收入的百分比,其中毛利是销售收入与销售成本的差额。其计算公式如下。

$$销售毛利率=[(销售收入-销售成本)÷销售收入]\times 100\%$$

2)销售毛利率分析

销售毛利率,表示每一元销售收入扣除销售成本后,有多少钱可以用于弥补各项期间费用和形成盈利。销售毛利率是企业销售净利率的最初基础,毛利率不够大,便不能盈利。

(三)资产净利率

1)什么是资产净利率

资产净利率是企业净利润与平均资产总额的百分比。资产净利率计算公式为:

$$资产净利率=(净利润÷平均资产总额)\times 100\%$$
$$平均资产总额=(期初资产总额+期末资产总额)÷2$$

例如,A 公司 2018 年期初资产为 1 680 万元,期末资产为 2 000 万元,净利润为 136 万元:

$$资产净利率=136÷[(1\ 680+2\ 000)÷2]\times 100\%=7.4\%$$

2)资产净利率分析

(1)把企业一定期间的净利润与企业的资产相比较,可反映企业资产利用的综合效果。资产净利率越高,表明资产的利用效率越高,说明企业在增加收入和节约资金使用等方面取得了良好的效果,否则相反。

(2)资产净利率是一个综合指标。企业的资产是由投资人投入或举债形成的,净利润的多少与企业资产的多少、资产的结构、经营管理水平有着密切的关系。为了正确评价企业经济效益的高低，挖掘提高利润水平的潜力，可以用该项指标与本企业前期、计划水平、本行业平均水平和本行业内先进企业水平进行对比，分析形成差异的原因。影响资产净利率高低的因素主要有：产品的价格、单位成本的高低、产品的产量和销售的数量、资金占用量的大小等。

(3)可以利用资产净利率来分析经营中存在的问题，提高销售利润率，加速资金周转。可参考本章第三节的“杜邦财务分析体系”。

(四)净资产收益率

净资产收益率是净利润与平均净资产的百分比，也叫净值报酬率或权益报酬率。其计算公式为：

净资产收益率＝净利润÷平均净资产×100％
其中：平均净资产＝(年初净资产＋年末净资产)÷2

依前例：

A公司2018年净资产收益率＝136÷[(880＋940)÷2]×100％＝14.95％

该公式的分母是“平均净资产”，也可以使用“年末净资产”替代。中国证监会发布的《公开发行股票公司信息披露的内容与格式标准第二号：年度报告的内容和格式》中规定的公式为：

净资产收益率＝净利润÷年度末股东权益×100％

这种替代是由于股份制企业的特殊性，因为在增加股份时，新股东要超过股票面值缴入资本并获得同股同权的地位，期末的股东对本年利润拥有同等权利。此外，这样计算和每股收益、每股净资产等按“年末股份数”的计算方法保持一致。

第三节 财务报表综合分析

一、杜邦财务分析体系

杜邦财务分析体系是由美国杜邦公司的经理创造的，又称为杜邦系统(the Du Pout system)。我们以A公司为例，借助杜邦系统，说明财务分析的主要内容。

图3-1中的权益乘数，表示企业的负债程度，权益乘数越大，企业负债程度越高。通常财务比率都是除数，除数的倒数是乘数。权益除以资产是资产权益率，权益乘数是其倒数，即资产除以权益，其计算公式为：

权益乘数＝1÷(1－资产负债率)

公式中的资产负债率是指全年平均资产负债率，它是企业全年平均负债总额与全年平均资产总额的百分比。

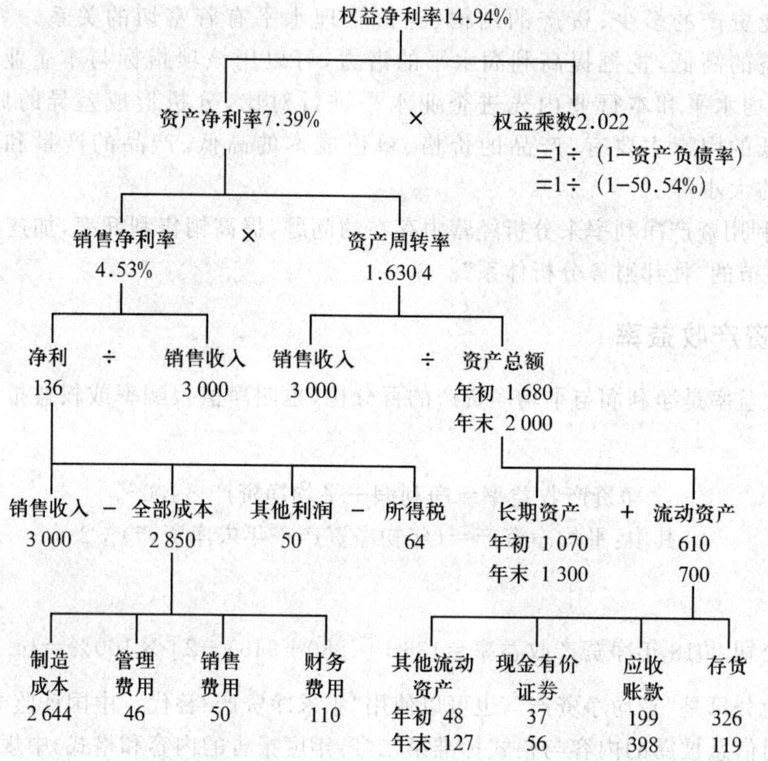

图 3-1　A公司杜邦图

例如，A公司2018年年初负债总额为800万元（流动负债220万元，长期负债580万元），年末负债总额为1 060万元（流动负债300万元，长期负债760万元）。依上式计算权益乘数为：

$$
\begin{aligned}
\text{权益乘数} &= 1\div\left[1-\frac{(800+1\,060)\div 2}{(1\,680+20\,000)\div 2}\times 100\%\right]\\
&= 1\div(1-50.54\%)\\
&= 2.022
\end{aligned}
$$

权益净利率就是第二节讲的净资产收益率，它是所有比率中综合性最强，最具有代表性的一个指标。

因为：

权益净利率＝资产净利率×权益乘数

资产净利率＝销售净利率×资产周转率

所以：

权益净利率＝销售净利率×资产周转率×权益乘数

从公式中看，决定权益净利率高低的因素有3个方面：销售净利率、资产周转率和权益乘数。这样分解之后，可以把权益净利率这样一项综合性指标发生升、降变化的原因具体化，比只用一项综合性指标更能说明问题。

权益乘数主要受资产负债率的影响。负债比例大，权益乘数就高，说明企业负债程度较高，企业的杠杆利益较大，同时企业也承担较大的风险。

销售净利率高低的因素分析，需要从销售额和销售成本两个方面进行。这方面的分析可以参见有关盈利能力指标的分析。当然经理人员还可以根据企业的一系列内部报表和资料进行更详尽的分析，而企业外部财务报表使用人不具备这个条件。

资产周转率是反映运用资产，产生销售收入能力的指标。对资产周转率的分析，需对影响资产周转的各因素进行分析。除了对资产的各构成部分从占用量上分析是否合理以外，还可以通过对流动资产周转率、存货周转率、应收账款周转率等有关各资产组成部分使用效率的分析，判明影响资产周转的主要问题出在哪里。前面各节对上述指标的使用做过介绍，这里不再重复。

杜邦财务分析体系的作用是解释指标变动的原因和变动趋势，为采取措施指明方向。

假设A公司第二年权益净利率下降了，有关数据如下：

权益净利率＝资产净利率×权益乘数

第一年　14.93%＝7.39%×2.02

第二年　12.12%＝6%×2.02

通过分解可以看出，权益净利率的下降不在于资本结构（权益乘数没变），而是资产利用或成本控制发生了问题，造成资产净利率下降。

这种分解可以在任何层次上进行，如可以对资产净利率进一步分解：

资产净利率＝销售净利率×资产周转率

第一年　7.39%＝4.53%×1.630 4

第二年　6%＝3%×2

通过分解可以看出，资产的使用效率提高了，但由此带来的收益不足以抵补销售净利率下降造成的损失。至于销售净利率下降的原因是售价太低、成本太高还是费用过大，则需进一步通过分解指标来揭示。

此外，通过与本行业平均指标或同类企业对比，杜邦财务分析体系有助于解释变动的趋势。

假设D公司是一个同类企业，有关比较数据如下：

资产净利率＝销售净利率×资产周转率

A公司：

第一年　7.39%＝4.53% ×1.630 4

第二年　6% ＝3% ×2

D公司：

第一年　7.39%＝4.53% × 1.630 4

第二年　6% ＝5% ×1.2

两个企业利润水平的变动趋势是一样的，但通过分解可以看出原因各不相同。A公司受成本费用上升或售价下跌的影响，而D公司是由于资产使用效率下降。

应当指出，杜邦财务分析体系是一种分解财务比率的方法，而不是另外建立新的财务指标，它可以用于各种财务比率的分解。上文的举例，是通过资产净利率的分解来说明问题的，我们也可以通过分解利润总额和全部资产的比率来分析问题。

为了反映正常的盈利能力，我们还可以采用非经常项目前的净利润和总资产的比率的分解来说明问题，或者采用营业利润和营业资产的比率的分解来说明问题。总之，杜邦财务分析体系和其他财务分析方法一样，关键不在于指标的计算而在于对指标的理解和运用。

二、沃尔评分法

亚历山大·沃尔在20世纪初出版的《信用晴雨表研究》和《财务报表比率分析》中提出了信用能力指数的概念，主要是指结合若干财务比率的线性关系，评价企业的信用水平。他选择了7种财务比率，分别给定在总评价中所占的比重，使其总和为100分，然后确定标准比率，并与实际比率相比较，评出每项指标的得分，最后求出总评分。我们用沃尔评分法，给M公司的财务状况评分的结果见表3-4。

表3-4 M公司的财务状况评分表

财务比率	比重①	标准比率②	实际比率③	相对比率④=③÷②	评分①×④
流动比率	25	2.00	2.33	1.17	29.25
净资产/负债	25	1.50	0.88	0.59	14.75
资产/固定资产	15	2.50	3.33	1.33	19.95
销售成本/存货	10	8	12	1.50	15.00
销售额/应收账款	10	6	10	1.70	17.00
销售额/固定资产	10	4	2.66	0.67	6.70
销售额/净资产	5	3	1.63	0.54	2.70
合计	100				105.35

沃尔评分法从理论上讲有一个弱点，就是未能证明为什么要选择这7个指标，而不是更多指标或更少些指标，或者选择别的财务比率，以及未能证明每个指标所占比重的合理性。这个问题至今仍然没有得到解决。

尽管沃尔评分法在理论上还有待进一步证明，但它在实践中被广泛应用。耐人寻味的是，很多理论上相当完善的经济计量模型在实践中往往很难应用，而实际使用并行之有效的模型却又在理论上无法证明。这或许是因为人们对经济变量之间数量关系的认识还相当肤浅。

三、综合评价方法

现代社会与沃尔所在的时代相比，已有很大变化。一般认为企业财务评价的内容主要是盈利能力，其次是偿债能力，再次是成长能力，它们之间大致可按5∶3∶2来分配比重。盈利能力的主要指标是资产净利率、销售净利率和净值报酬率。虽然净值报酬率最重要，但前两个指标已经分别使用了净资产和净利润，为减少重复影响，这3个指标可按2∶2∶1安排。偿债能力有4个常用指标，成长能力有3个常用指标(都是本年增量与上年实际的比值)，如果仍以100分为总评分，则评分的标准分配如表3-5所示。

表 3-5　综合评分的标准

指　标	评分值	标准比率/%	行业最高比率/%	最高评分	最低评分	每分比率的差/%
盈利能力						
总资产净利率	20	10	20	30	10	1
销售净利率	20	4	20	30	10	1.6
净值报酬率	10	16	20	15	5	0.8
偿债能力						
自有资本比率	8	40	100	12	4	15
流动比率	8	150	450	12	4	75
应收账款周转率	8	600	1 200	12	4	150
存货周转率	8	800	1 200	12	4	100
成长能力						
销售增长率	6	15	30	9	3	5
净利增长率	6	10	20	9	3	3.3
人均净利增长率	6	10	20	9	3	3.3
合计	100			150	50	

标准比率应以本行业平均数为基础，适当进行理论修正。

在给每个指标评分时，应规定上限和下限，以减少个别指标异常对总分造成不合理的影响。上限可定为正常评分值的1.5倍，下限定为正常评分值的1/2。此外，给分时不采用“乘”的关系，而采用“加”或“减”的关系来处理，以克服沃尔评分法的缺点。例如，总资产净利率的标准值为10%，标准评分为20分；行业最高比率为20%，最高评分为30分，则每分的财务比率差为1%①。总资产净利率每提高1%，多给1分，但该项得分不超过30分。

根据这种方法，对A公司的财务情况进行综合评价，评分为86.66分(表3-6)，A公司是一个中等偏下水平的企业。

综合评价方法的关键技术是“标准评分值”的确定和“标准比率”的建立。只有长期连续实践、不断修正，才能取得较好效果。

表 3-6　A公司财务情况评分

指　标	实际比率%①	标准比率%②	差异③=①-②	每分比率的差④	调整分⑤=③÷④	标准评分值⑥	得分⑦=⑤+⑥
盈利能力							
总资产净利率	7.4	10	-2.6	1	-2.6	20	17.4
销售净利率	4.5	4	0.5	1.6	0.31	20	20.31
净值报酬率	14.9	16	-1.1	0.8	-1.38	10	8.62
偿债能力							
自有资本比率	49	40	9	15	0.60	8	8.60

① (20%-10%)÷(30分-20分)。

续表 3-6

指　标	实际比率%①	标准比率%②	差异③=①-②	每分比率的差④	调整分⑤=③÷④	标准评分值⑥	得分⑦=⑤+⑥
流动比率	233	150	83	75	1.11	8	9.11
应收账款周转率	1 000	600	400	150	2.67	8	10.67
存货周转率	1 200	800	400	100	4.00	8	12.00
成长能力							
销售增长率	5	15	-10	5	-2.00	6	4.00
净利增长率	-15	10	-25	3.3	-7.57	6	-1.57
人均净利增长率	-18	10	-28	3.3	-8.48	6	-2.48
合计						100	86.66

本 章 小 结

财务报表分析是指以财务报表和其他资料为依据和起点，采用专门的方法，系统分析和评价企业的过去和现在的经营成果、财务状况及其变动，目的是了解过去、评价现在、预测未来，帮助利益关系集团改善决策。

财务报表分析的一般目的可以概括为：评价过去的经营业绩；衡量现在的财务状况；预测未来的发展趋势。根据分析的具体目的，财务报表分析可以分为：流动性分析；盈利性分析；财务风险分析；专题分析，如破产预测、注册会计师的分析性检查程序等。

财务分析的方法主要包括趋势分析法、比率分析法、因素分析法。

财务比率可以分为以下4类：变现能力比率、资产管理比率、负债比率和盈利能力比率。

练 习 题

一、复习思考题

1. 简述财务报表分析的概念及其意义。
2. 财务报表分析的方法有哪些？
3. 财务比率可分为哪几类？
4. 影响企业变现能力的因素有哪些？

二、单项选择题

1. 某零售店主要采用现金销售,应收账款较少。该店的速动比率若保持在(　　)的水平上,应当被认为是正常的。

A. 1∶1　　B. 4∶1　　C. 0.4∶1　　D. 2∶1

2. 下列财务比率中,可以反映企业偿债能力的是(　　)。

A. 平均收款期　　B. 销售利润率
C. 市盈率　　D. 已获利息倍数

3. 下列各项中能提高企业已获利息倍数的是(　　)。

A. 用抵押借款购买厂房　　B. 宣布并支付现金股利
C. 所得税率降低　　D. 成本下降增加利润

4. 某公司的部分年末数据为:流动负债 60 万元,速动比率 2.5,流动比率 3.0,销售成本 50 万元,则年末存货周转次数为(　　)。

A. 1.2 次　　B. 2.4 次　　C. 1.67 次　　D. 以上都不对

5. 下列指标中反映企业盈利能力的指标是(　　)。

A. 销售净利率　　B. 已获利息倍数
C. 产权比率　　D. 总资产周转天数

6. A 公司 2018 年销售净收入为 315 000 元,应收账款年末数为 18 000 元,年初数为 16 000 元,其应收账款周转次数为(　　)。

A. 10　　B. 18　　C. 15　　D. 20

三、多项选择题

1. 一般情况下,影响流动比率的主要因素有(　　)。

A. 营业周期　　B. 存货周转速度
C. 应收账款数额　　D. 流动负债数额

2. 为了了解企业财务状况的发展趋势,应当使用(　　)的方法。

A. 多期比较分析　　B. 标准比率分析
C. 结构百分比分析　　D. 定基百分比分析

3. 影响资产周转率变化的因素有(　　)。

A. 权益乘数　　B. 销售收入
C. 存货　　D. 其他业务利润

4. 影响资本保值增值率变动的主要因素有(　　)。

A. 企业的盈亏　　B. 追加资本投入
C. 股利支付率　　D. 社会贡献率

5. 用于分析企业长期偿债能力的指标有(　　)。

A. 已获利息倍数　　B. 有形净值债务率
C. 产权比率　　D. 资产负债率

6. 下列指标中，比率越高说明企业获利能力越强的有（　　）。

A. 资产净利率　　B. 产权比率

C. 负债比率　　D. 销售净利率

7. 在分析企业盈利时，应排除下列因素的影响（　　）。

A. 证券买卖等非正常项目　　B. 已经或将要停止的营业项目

C. 重大事故或法律变更等特别项目　　D. 财务法规变更的累计影响

8. 反映企业保护债权人利益程度的指标有（　　）。

A. 资产负债率　　B. 产权比率

C. 资产净利率　　D. 有形净值债务率

9. 下列比率越高，反映企业偿债能力越强的有（　　）。

A. 速动比率　　B. 流动比率

C. 资产负债率　　D. 利息保障倍数

10. 债券投资者对以下尤为关注的是（　　）。

A. 流动比率　　B. 已获利息倍数

C. 资产负债率　　D. 净值报酬率

四、判断题

1. 现金作为一项流动资产，同样存在估价的问题。（　　）

2. 在对应收账款的变现能力做出估计时，可以运用应收账款周转率，平均收账期等指标作为衡量标准。（　　）

3. 因为营运资本表明企业偿还短期负债的能力，故而对企业来讲营运资本越多越好。（　　）

4. 应收账款周转率指标无助于对企业速动比率的分析。（　　）

5. 在某些情况下，股利支付可以超过100%。（　　）

6. 对于股东来讲，股利支付率总是越高越好。（　　）

7. 权益乘数，表示企业盈利能力，权益乘数越大，企业盈利能力越高。（　　）

8. 在销售利润不变时，提高资产利用率可以提高资产报酬率。（　　）

9. 一般情况下，长期债务与营运资金的比率应小于1，才能使债权人感到贷款有安全保障。（　　）

10. 从长期偿债能力来讲，有形净值债务率不宜过低，否则在企业清算时，债权人投入的资本难以得到保障。（　　）

五、计算题

1. 某企业的全部流动资产为600 000元，流动比率为1.5，该公司刚完成以下两项交易。

(1)购入商品160 000元以备销售，其中的80 000元为赊购；

(2)购置运输车辆一部，价值为50 000元，其中30 000元以银行存款支付，其余开出了3个月期应付票据一张。

要求：计算每笔交易后的流动比率。

2. 甲公司年初存货为 15 000 元，年初应收账款为 12 700 元；年末流动比率为 3.0，速动比率为 1.3，存货周转率为 4 次，流动资产合计为 27 000 元。要求：

(1)计算公司的本年销售成本；

(2)如果本年销售收入为 96 000 元，除应收账款外的速动资产是微不足道的，其应收账款周转天数为多少天？

六、案例分析题

1. 已知大海公司资产负债表的资料如表 3-7 所示。

表 3-7　大海公司资产负债表

2018 年 12 月 31 日　　万元

资产	年初	年末	负债及所有者权益	年初	年末
流动资产			流动负债合计	175	150
货币资金	50	45	长期负债合计	245	200
应收账款净额	60	90	负债合计	420	350
存货	92	144			
待摊费用	23	26	所有者权益合计	280	350
流动资产合计	225	315			
固定资产净值	475	385			
总计	700	700	总计	700	700

同时，该公司 2017 年度销售利润率为 16%，总资产周转率为 0.5，权益乘数为 2.5，自有资金利润率为 20%，2018 年度销售收入为 350 万元，净利润为 63 万元。

要求：根据上述资料

(1)计算 2018 年末的流动比率、速动比率、资产负债率和权益乘数；

(2)计算 2018 年总资产周转率、销售利润率和自有资金利润率；

(3)分析销售利润率、总资产周转率和权益乘数变动对自有资金利润率的影响。

2. 新希望六和财务报表分析①

新希望六和股份有限公司(股票代码 000876)创立于 1998 年并于 1998 年 3 月 11 日在深圳证券交易所上市。公司立足农牧产业，注重稳健发展，业务涉及饲料、养殖、肉制品及金融投资、商贸等，公司业务遍布全国及越南、菲律宾、孟加拉国、印度尼西亚、柬埔寨、斯里兰卡、新加坡、埃及、美国等 20 多个国家。在 2018 年《财富》杂志评选的中国企业 500 强中，该公司位列第 126 位，是全球食品安全倡议(GFSI)董事会董事及 GFSI 中国理事会联席副主席单位。公司获农业产业化国家重点领先企业、全国食品放心企业、中国畜牧饲料行业十大时代企业、全国十大领军饲料企业、主体信用等级 AAA、中国肉类食品安全信用体系建设示范项目企业、2017 福布斯全球 2 000 强等荣誉称号。

① 东方财富网：财经门户，提供专业的财经、股票、行情、证券、基金、理财、银行、保险、信托、期货、黄金、股吧、博客等各类财经资讯及数据 http://www.eastmoney.com/。

材料一：

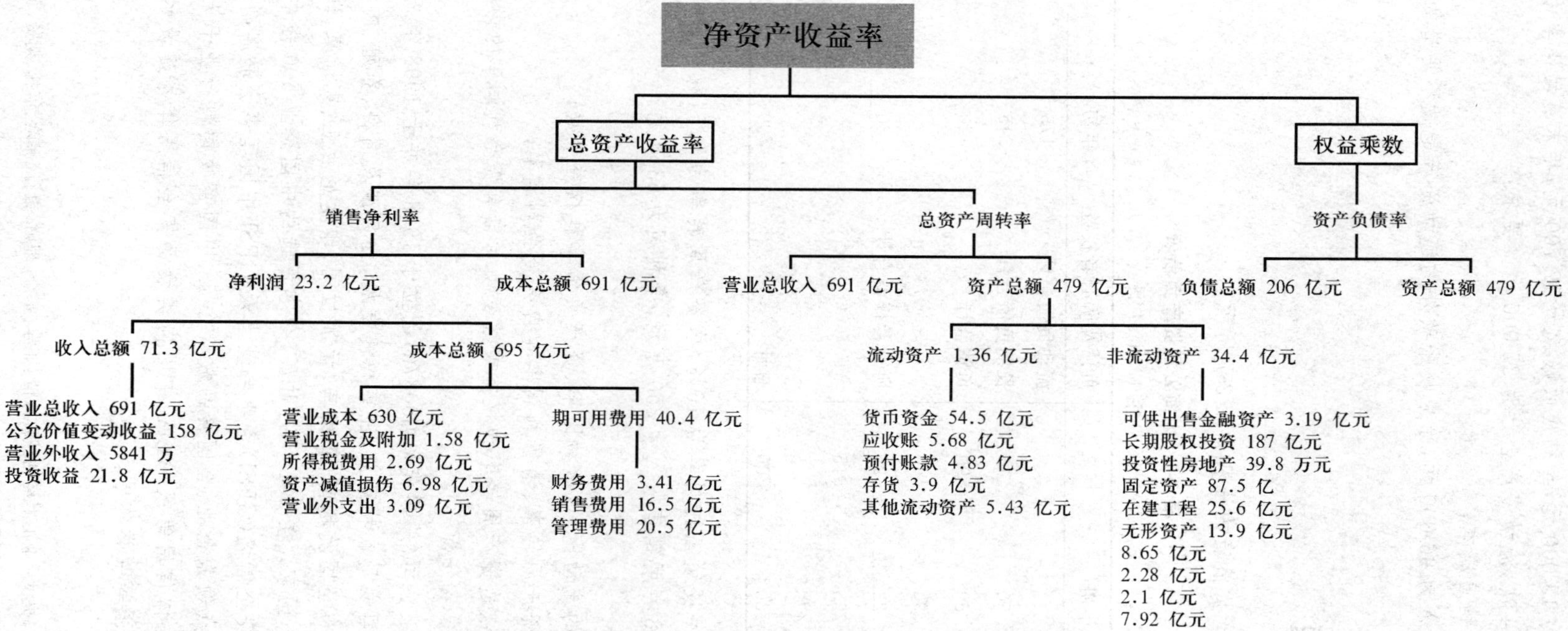

新希望六和股份有限公司杜邦财务指标分析图（2018 年度）

材料二：

(1)根据新希望六和股份有限公司 2018 年财务报表等数据计算 ROE,并根据杜邦财务指标分析图进行指标分析,请将图中空缺指标填补完整。

(2)根据材料一计算结果,完成材料二的表格。在同行业成长性排名比较靠前的 6 家上市公司依据 2018 年年报计算出的主要财务指标如表 3-8 所示。请结合所给数据,从盈利能力、运营能力、财务风险等角度分析各上市公司经营情况,并对公司经营提出合理建议。

表 3-8　农牧饲渔类六家上市公司主要财务指标(2018 年度)

代码	简称	营业总收入/亿元	净资产收益率/%	总资产周转率/次	应收账款周转天数/天	存货周转天数/天	资产负债率/%	流动比率	速动比率
000876	新希望	691			2.85	30		0.74	0.44
002714	牧原股份	134	2.84	0.5	—	149.12	54.07	0.72	0.29
002567	唐人神	154	4	2.45	4.19	28.15	39.48	1.14	0.63
002100	天康生物	52.7	10.16	0.73	14.08	147.12	61.47	1.65	0.95
300498	温氏股份	572	11.89	1.11	1.09	91.6	34.06	1.64	0.67
002385	大北农	193	4.97	1.03	28.36	57.57	40.79	1.08	0.72

第四章 财务预测与全面预算

【学习目的与要求】

本章教学目的与要求：本章介绍了财务预测和全面预算的概念、财务预测的步骤以及全面预算的编制方法，要求学生能够掌握几种主要的预算编制方法。

【引导案例】①

蒙牛集团公司下设常温事业部、低温事业部、冰激凌事业部 3 大运营中心以及战略规划部、财务投资事业部、人力资源部等多个职能部门。随着公司规模的不断扩大，公司财务管理如何适应集团企业的战略要求就显得尤其重要。为此，蒙牛公司对原有分部门和事业部的预算管理制度进行了整合，在全面预算管理中突出了财务预算事前管理的导向作用，实现了事中、事后的预算监督与管理功能，保证了营运管理系统各项财务指标能够符合集团公司发展的战略要求。

为保证集团预算的权威性和有效性，提高全面预算的工作效率和执行效果，蒙牛公司成立了预算委员会。预算委员会成员主要包括营运管理系统副总裁、各中心总经理、总监及其以上级别的人员及相关人员。根据组织机构变化，预算委员会成员实行动态调整，保证预算业务的全覆盖。预算委员会的主要职责，一是设定战略规划、制定年度预算指标；二是负责研究和决定年度预算指标、重大费用追加及年度中间重要变动事项导致的年度预算目标发生重大变化的事项。

蒙牛公司的预算编制分为年度预算编制和月度预算编制。编制年度预算前，财务管理中心会召集预算委员会成员召开预算启动会，根据营运管理系统预算年度经营指标，确定预算年度的预算原则及编制进度安排。预算编制进度安排视集团要求时间和营销系统销售预算时间而定。预算编制小组负责编制年度预算。预算编制小组成员主要由财务管理中心人员和各职能部门人员组成。财务管理中心人员主要包括预算管理主管、预算会计以及根据工作需要指派的人员，各职能部门人员原则上由各部门负责人直接指派人员负责本部门数据的提供及业务预算报表的填制，各职能部门人员必须保证本部门预算数据的及时性及准确性。编制预算过程中，预算编制小组有权要求各职能部门相关人员及时提供预算所需资料。

各运营中心、部门、事业部按月度预算报送时间要求，在月末按时向预算会计报送下月预算，预算会计对营运管理系统从产量、利润等方面与全年预算以及集团公司下达的控制指标对比，事先进行利润及费用控制模拟，对各项指标综合分析平衡后，将月度预算上报财务管理系统。营运管理系统根据实际情况提出为达到预定目标应采取的措施或建议，以保证信息畅通与共享。

---

① 韩存，毛剑芬. 蒙牛公司全面预算管理下的财务控制制度建设[J]. 财务与会计，2014(06)：21-23.

月度预算考核按单项指标浮动率与总额浮动率结合的方式进行，季度、年度累计综合平衡考核则主要考虑全年预算的时间进度控制和上年同期对比两个维度，并给定一个合理的变动区间。由于管理费用和销售费用容易受到复杂性因素的影响，变化幅度较大，因此，将管理费用中的差旅费、租赁费、物耗费、修理费、会务费、低值易耗品摊销以及销售费用中的差旅费、运输装卸费、物耗费、修理费、会务费、低值易耗品摊销单独确定浮动率进行考核。除上述费用外，一律执行事先给定的变动区间。

由此可见，全面预算是企业经营决策的具体化，是对未来的一种综合性管理，它可以调动企业各级部门一起奋斗、相互协调。

第一节 财务预测

一、财务预测的概念

财务预测是指以企业过去一定时期的财务活动资料为依据，结合企业现在经营过程中的各种因素，运用定量和定性方法，对企业财务方面的未来发展趋势及变化进行推断预测。

财务预测主要包括销售收入预测、利润预测和筹资预测等，但这些预测主要是为了预测未来的资金需求量。因此，有人认为财务预测就是估计企业未来的融资需求。

企业要对外提供产品和服务，必须要有一定的资产。销售增加时，要相应增加流动资产，如果销售增加很多，还需要增加固定资产。为取得扩大销售所需要增加的资产，企业要筹资。这些资金，一部分来自内部盈余，另一部分则需要通过外部融资取得。通常销售成长率较高时保留的盈余不能满足资金的需求，即使获利良好的企业也往往需要从外部融资。而对外融资，需要寻找提供资金的人，向他们做出还本付息的承诺或提供盈利前景，并使之相信其投资是安全的并且可以获利，但这个过程往往需要较长时间。财务预测是融资计划的前提，企业预先要根据过去的财务资料和将来趋势，预测资金的财务需求，提前安排融资计划，否则就容易发生现金周转问题。

二、财务预测的步骤

财务预测的基本步骤如下：

(1)销售预测。财务预测的起点是销售预测。一般情况下，财务预测把销售数据视为已知信息，作为财务预测的起点。销售预测对财务预测的质量有重大影响。如果销售的实际状况超出预测很多，企业没有准备足够的资金添置设备或储备存货，则无法满足顾客需要，这不仅会失去盈利机会，并且会丧失原有的市场份额。相反，销售预测过高，筹集大量资金购买设备并储备存货，则会造成设备闲置和存货积压，使资产周转率下降，导致权益收益降低，股价下跌。

(2)估计需要的资产。通常,资产是关于销售量的函数,根据历史数据可以分析出具体函数关系。根据预计销售收入和资产销售函数,可以预测所需资产的总量。这里重点介绍销售百分比法。该方法将反映生产经营规模的销售因素与反映资金占用的资产因素联结起来,根据销售与资产之间的数量比例关系,预计企业的外部筹资需要量。销售百分比法假设某些资产与销售额存在稳定的百分比关系,根据销售与资产的比例关系预计资产额,再根据资产额预计相应的负债和所有者权益,进而确定筹资需要量。

(3)估计收入、费用和保留盈余。假设收入和费用是销售的函数,可以根据销售数据估计收入和费用并确定净收益,通过预计利润表预测企业留存利润的内部筹资增加额,净收益和股利支付率共同决定保留盈余所能提供的资金数额。预计利润表是利用销售百分比法的原理预计利润与留存利润的一种报表,其格式与实际利润表基本相同。运用预计利润表预计留存利润的基本步骤如下。

第一步,取得基年利润表资料,计算利润表各项目与销售额的百分比。其计算公式为:

某项目销售百分比＝项目金额/销售额×100％

第二步,用预测年度的预计销售额乘以第一步计算出的利润表各项目销售百分比,计算预计利润表各项目的预计数。

其计算公式为:

某项目预计数＝预计销售额×某项目销售百分比

第三步,根据预测年度净利润预计数与企业预定的留用比率,计算预计留用利润额。

其计算公式为:

预计留用利润额＝预计净利润×预计净利润留用比例

【例4-1】某企业2019年实际利润表(简化)及有关项目与销售额的百分比如表4-1所示。2020年预计销售额为260万元,则2020年预计利润表如表4-2所示。

表4-1 2019年利润表

项目	金额/万元	占营业收入的百分比/％
营业收入	200	100
减:营业成本	150	75.0
销售费用	10	5.0
管理费用	25	12.5
财务费用	5	2.5
营业利润	10	5.0
加:营业外收入	0.4	—
减:营业外支出	0.8	—
利润总额	9.6	4.8
减:所得税(25％)	2.4	—
税后净利	7.2	—

表 4-2 2020 年利润表

项目	占营业收入的百分比/%	2020 年预计/万元
营业收入	100	260
减:营业成本	75.0	195
销售费用	5.0	13
管理费用	12.5	32.5
财务费用	2.5	6.5
营业利润	5.0	13
加:营业外收入	—	0.3
减:营业外支出	—	0.82
利润总额	4.8	12.48
减:所得税(25%)	—	3.12
税后净利	—	9.36

若该企业税后利润的留用比例为50%,则2020年预计留用利润额为4.68万元(9.36×50%)。

(4)估计融资量。根据预计资产总量,减去已有的资金来源、负债的自发增长和内部提供的资金来源便可得出外部融资的需求。通常借助预计资产负债表预测外部筹资额。预计资产负债表是运用销售百分比法预计外部筹资额的一种报表,其格式与实际资产负债表基本相同。

运用预计资产负债表预测外部筹资额的基本步骤如下。

第一步,将资产负债表各项目按其与销售额的关系划分为敏感项目与非敏感项目。所谓敏感项目是指随销售额的变动而同步变动的项目,具体包括现金、应收账款、存货等敏感资产项目和应付账款、应付费用等敏感负债项目;应收票据、固定资产、长期股权投资、递延所得税资产、短期借款、应付票据、长期负债和实收资本通常不属于在短期内的敏感项目,留用利润也不应列入敏感项目。

第二步,根据基年资产负债表资料计算各敏感项目销售百分比。公式为:

某敏感项目销售百分比=该敏感项目金额/销售额×100%

【例 4-2】续例 4-1,该企业 2019 年实际资产负债表(简化)及其敏感项目与营业收入的百分比如表 4-3 所示。

表 4-3 2019 年实际资产负债表(简化)

项目	金额/万元	占营业收入比例/%
资产		
现金	2.5	1.25
应收账款	25	12.5
存货	40	20
其他流动资产	2	1
固定资产	70	—
资产总计	139.5	34.75

续表 4-3

项目	金额/万元	占营业收入比例/%
负债及所有者权益		
应付票据	10	—
应付账款	22.5	11.25
其他流动负债	3	1.5
长期负债	45	—
负债合计	80.5	12.75
实收资本	55	—
留用利润	4	—
所有者权益合计	59	—
负债及所有者权益总计	139.5	12.75

第三步，计算预测期各项目预计数并填表，计算公式为：

某敏感项目预计数＝预计销售额×该项目销售百分比

根据上列资料，编制该企业 2020 年预计资产负债表(简化)如表 4-4 所示。

表 4-4　2020 年预计资产负债表(简化)

项目	2019 年实际金额/万元	2019 年占营业收入比例/%	2020 年预计金额/万元
资产			
现金	2.5	1.25	3.25
应收账款	25	12.5	32.5
存货	40	20	52
其他流动资产	2	1	2.6
固定资产	70	—	70
资产总计	139.5	34.75	160.35
负债及所有者权益			
应付票据	10	—	10
应付账款	22.5	11.25	29.25
其他流动负债	3	1.5	3.9
长期负债	45	—	45
负债合计	80.5	12.75	88.15
实收资本	55	—	55
留用利润	4	—	8.68
所有者权益合计	59	—	63.68
追加筹资额			8.52
负债及所有者权益总计	139.5	12.75	160.35

第四步，计算预测期追加筹资额，公式为：

预测期追加筹资额＝预计资产总额－预计负债总额－预计所有者权益总额
＝160.35－88.15－63.68＝8.52(万元)。

第五步，计算预测期外部筹资额，公式为：

预测期外部筹资额＝预测期追加筹资额－预测期内部筹资额
＝8.52－4.68＝3.84(万元)。

第二节 全面预算

一、全面预算的概念

(一)预算

预算是将资源分配给特定活动的数字性计划，是一种详细的收支安排，是使企业的资源获得最佳生产率和获利率的一种方法。管理者通常为收入、支出等编制预算，目的是为了更加合理地使用资源，统一协调各种经营活动，以期产生更多的利润。为了对企业进行全面的协调和控制，企业应该编制全面预算。

(二)全面预算

1.全面预算的概念

全面预算是对企业经营思想、经营目标和经营决策的具体化，是对未来的一种综合性管理，它通过规划未来的发展来指导现实的实践，是企业各级各部门奋斗的目标、协调的根据、控制的标准和考核的依据。全面预算由一系列预算构成，整个全面预算是一个数字相互衔接的整体。不同的企业或者同一企业的不同时期会采用不同的全面预算管理模式，但都以公司战略为依据。

2.全面预算的分类

1)全面预算按其涉及的预算期可以分为长期预算和短期预算

长期预算是指预算期超过1年的预算，如企业的长期销售预算、资本支出预算、长期资金筹措预算等。短期预算是指年度、季度或月度预算，如材料预算、现金预算、成本费用预算等。

2)按其涉及的内容分为专门预算和综合预算

专门预算是反映企业某一方面经济活动的预算。综合预算是反映企业经济活动总体情况的预算，包括预计资产负债表、预计利润表和预计现金流量表，是各种专门预算的综合。

3)按其编制方法可以分为固定预算、弹性预算、滚动预算、增量预算和零基预算等

固定预算又称为静态预算，是根据未来固定不变的业务量水平，不考虑预算期内生产经营活动可能发生的变动而编制的一种预算。弹性预算又称为变动预算，是为了更好地控制公司的经济业务和财务活动，根据预计的各种业务量，编制不同业务量水平的预算。滚动预算又称永续预

算，主要特点是预算期是连续不断的，始终保持一定的期限。增量预算是指以基期水平为基础，结合预算期业务量水平及有关技术措施，通过调整原有指标数据而编制的一种预算。零基预算又称零底预算，是指在编制预算时，对于所有的预算支出均以零为基底，不受过去预算情况的约束。

4)按其涉及的业务活动领域可以分为销售预算、生产预算和财务预算等

前两者又称为业务或经营预算，用于计划企业的基本经营活动。财务预算是从资金运转的角度来计划企业未来活动的预算。

全面预算的过程图如图 4-1 所示，全面预算的构成如图 4-2 所示。

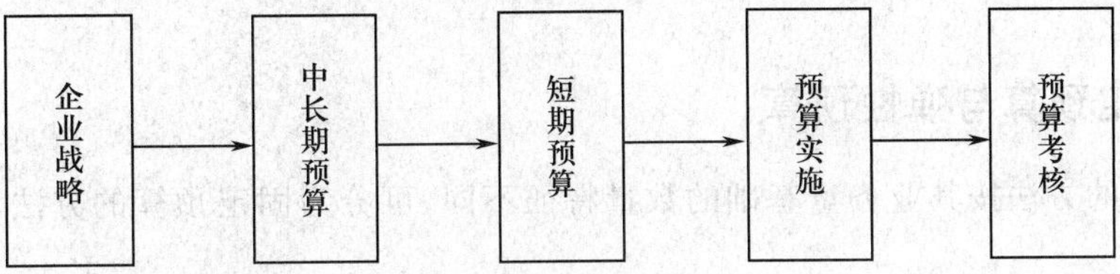

图 4-1　全面预算过程

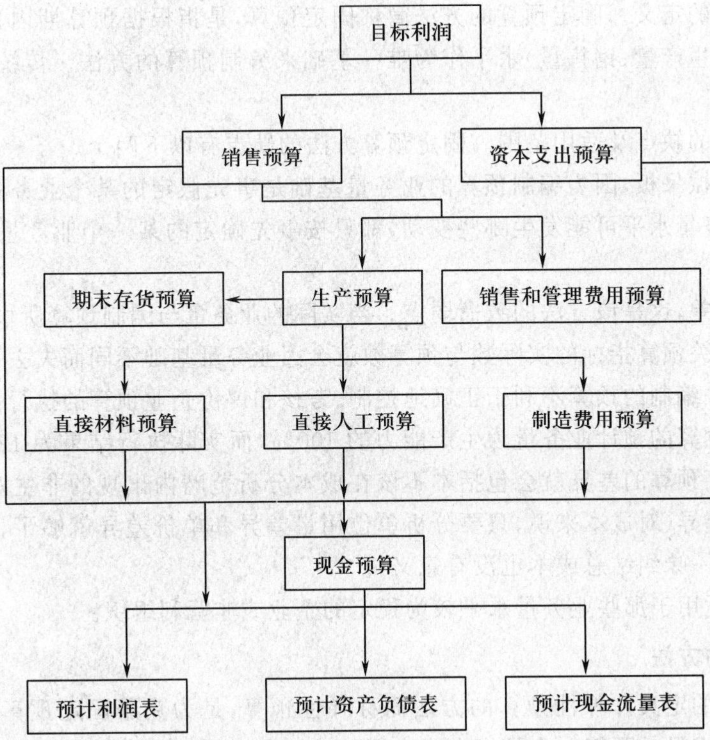

图 4-2　全面预算图

(三)财务预算

财务预算是一系列专门反映企业一定预算期内的财务状况和经营成果，以及现金流量等价值指标的各种预算的总称，其结果是一种综合性预算，是企业全面预算的核心组成部分，也是企业进行财务控制的一个重要环节。从内容上看，财务预算包括现金预算、资本支出预算、预计利润表、预计资产负债表、预计现金流量表等内容。编制财务预算是企业财务管理的一项重要工作。

由于财务预算是对经营目标的有计划的货币性描述，所以其分类方式与全面预算的分类方式类似。

财务预算是建立在其他预算的基础之上的，因此，财务预算的编制需要以财务预测的结果为根据，并受到财务预测质量的制约。财务预算必须服从决策目标的要求，使决策目标具体化、系统化、定量化。

二、全面预算的编制方法

(一)固定预算与弹性预算

编制预算的方法按其业务量基础的数量特征不同，可分为固定预算的方法和弹性预算的方法两大类。

1.固定预算的方法

(1)固定预算的定义。固定预算的方法简称固定预算，是指根据预算期内正常的、可实现的某一业务量(如生产量、销售量)水平作为唯一基础来编制预算的方法。传统预算大多采用固定预算的方法。

(2)固定预算的缺点及适用范围。固定预算方法的缺点有以下两个。

第一，过于机械呆板，因为编制预算的业务量基础是事先假定的某个业务量。在此法下，不论预算期内业务量水平可能发生哪些变动，都只按事先确定的某一个业务量水平作为编制预算的基础。

第二，可比性差，这是该方法的致命弱点。当实际的业务量与编制预算所根据的业务量发生较大差异时，有关预算指标的实际数与预算数就会因业务量基础不同而失去可比性。因此，按照固定预算方法编制的预算不利于正确地控制、考核和评价企业预算的执行情况。

譬如某成本预算的预计业务量为生产能力的100%，而实际执行结果为120%时，那么在成本方面实际脱离预算的差异就会包括本不该在成本分析范畴内出现的非主观因素，比如业务量增长造成的差异(对成本来说，只要分析单位用量差异和单价差异就够了，单纯控制业务量差异很难落实，一味纠结总成本也没有意义)。

固定预算只适用于那些业务量水平较为稳定的企业或非营利组织。

2.弹性预算的方法

(1)弹性预算的定义。弹性预算的方法简称弹性预算，是为克服固定预算的缺点而设计的，又称变动预算或滑动预算。它是指在成本习性分析的基础上，以业务量、成本和利润之间的关系为依据，按照预算期可预见的各种业务量水平，编制能够适应多种情况的预算方法。

编制弹性预算所依据的业务量可以是产量、销售量、直接人工工时、机器工时、材料消耗量和直接人工工资等。

(2)弹性预算的优点。与固定预算相比，弹性预算具有两个显著的优点。

第一，预算范围宽。弹性预算能够反映预算期内与一定相关范围内的可预见的多种业务量水平相对应的不同预算额，从而扩大了预算的适用范围，便于调整预算指标。因为弹性预算不再是只适应一个业务量水平的一个预算，而是能够随业务量水平的变动作机动调整的一组预算。

第二，可比性强。在预算期实际业务量与计划业务量不一致的情况下，可以将实际指标和实际业务量相对应的预算额进行比较，从而能够使预算执行情况的评价与考核遵循客观性和可比性原则，便于更好地发挥预算的控制作用。

(3)弹性预算的适用范围。由于未来业务量的变动会影响到成本费用、利润等各个方面，因此，弹性预算从理论上讲适用于编制全面预算中所有与业务量有关的各种预算，但从实用角度看，主要用于编制弹性成本费用预算和弹性利润预算等。在实务中，由于收入、利润可用概率的方法进行风险分析预算，直接材料、直接人工可按标准成本制度进行标准预算，只有制造费用、摊销及行政管理费等间接费用应用弹性预算频率较高，以至于有人将弹性预算误认为只是编制费用预算的一种方法。

(4)弹性成本预算的编制。编制弹性成本预算需要在事先选择适当的业务量计量单位并确定其有效变动范围的基础上，按该业务量与有关成本费用项目之间的内在关系进行分析来编制。

① 业务量的选择。编制弹性成本预算首先要选择适当的业务量。选择业务量包括选择业务量计量单位和业务量范围两部分内容。业务量计量单位应根据企业的具体情况进行选择。一般来说，生产单一产品的部门，可以选用产品实物量；生产多品种产品的部门，可以选用人工工时、机器工时等；修理部门可以选用修理工时；以手工操作为主的企业应选用人工工时；机械化程度较高的企业选用机器工时更为适宜。

业务量范围是指弹性预算所适用的业务量区间。业务量范围的选择应根据企业的具体情况而定。一般来说，业务量范围可定在正常生产能力的70％～110％之间，或以历史上最高业务量或最低业务量为其上下限。

② 弹性成本预算的编制方法。弹性成本预算的编制通常采用如下几种常见方法。

A. 公式法。是指通过确定 $y_i=a_i+b_ix_i$ 公式中的 a 和 b，来编制弹性成本预算的方法。

在成本习性分析的基础上，可将任何成本近似地表示为 $y_i=a_i+b_ix_i$（x_i 可以为多种业务量指标，如产销量、直接人工工时等；$b_i=0$ 时，y 为固定成本项目；当 $a_i=0$ 时，y_i 为变动成本项目；当 a_i 和 b_i 均不为零时，y_i 表示混合成本）。在公式法下，如果事先确定了有关业务量 x_i 的变动范围，只要根据有关成本项目的 a 和 b 参数，就可以很方便地推算出业务量在允许范围内任何水平上的各项预算成本。

【例 4-3】表 4-5 所列的为 A 公司 2018 年按公式法编制的制造费用弹性预算指标（部分），其中较大的混合成本项目已经被分解。

表 4-5　A 公司 2018 年制造费用弹性预算（公式法）

直接人工工时：22 596～35 508（小时）　　元

项　目	a	b	项　目	a	b
管理人员工资	8 700		辅助材料	1 075.6	0.18
保险费	2 800		燃油		0.05
设备租金	2 680		辅助工工资		0.55
维修费	1 661.2	0.21	检验员工资	300	0.22
水费	500	0.12	⋮	⋮	⋮

公式法的优点是在一定范围内不受业务量波动影响,缺点是逐项甚至按细目分解成本比较麻烦,同时又不能直接查出特定业务量下的总成本预算额,且存在一定误差。

尽管如此,我们还是应当看到:预算本身就是对未来的推算,允许出现误差;另外,在成本水平变动不大的情况下,不必在每个预算期都进行成本分解。

B. 列表法。是指通过列表的方式,在相关范围内,每隔一定业务量间隔计算相关数值预算,来编制弹性成本预算的方法。此方法在一定程度上能克服公式法无法直接查到不同业务量下总成本预算的弱点。

【例 4-4】表 4-6 是按列表法编制的 A 公司 2018 年制造费用弹性预算。

表 4-6　A 公司 2018 年制造费用弹性预算(列表法)

元

直接人工工时/小时	22 596	24 210	25 824	…	32 280	33 894	35 508
生产能力利用(%)	70%	75%	80%	…	100%	105%	110%
1. 变动成本项目	13 629	14 600	15 576	…	19 470	20 444	21 417
燃油	1 129.8	1 210.5	1 291.2	…	1 614	1 694.7	1 775.4
辅助工人工资	12 427.8	13 315.5	14 203.2	…	17 754	18 641	19 529.4
⋮	⋮	⋮	⋮	⋮	⋮	⋮	⋮
2. 混合成本项目	21 512	25 703	27 300	…	30 770	35 500	38 650
辅助材料	5 142.88	5 433.4	5 723.92	…	6 886	7 176.53	7 467.04
维修费	6 406.36	6 745.3	7 084.24	…	8 440	8 778.94	9 117.88
检验员工资	751.92	784.2	816.48	…	945.6	977.88	1 010.16
水费	3 211.52	3 405.2	3 598.88	…	4 373.6	4 567.28	4 760.96
⋮	⋮	⋮	⋮	⋮	⋮	⋮	⋮
3. 固定成本项目	26 180	26 180	26 180	…	26 180	26 180	26 180
管理人员工资	8 700	8 700	8 700	…	8 700	8 700	8 700
保险费	2 800	2 800	2 800	…	2 800	2 800	2 800
设备租金	2 680	2 680	2 680	…	2 680	2 680	2 680
⋮	⋮	⋮	⋮	⋮	⋮	⋮	⋮
制造费用预算额	61 321	66 483	69 056	…	76 420	82 124	86 247

该表按 5%为业务量间距,实际操作中间距可以调整。总的来说,这种方法工作量较大,但结果会比公式法更精确些。

C. 图示法。是指在平面直角坐标系上把各种业务量的预算成本用描绘图像的形式表示出来,以反映弹性预算水平的方法。此法不仅能反映变动成本、固定成本项目,而且能在一定程度上反映混合成本,能够在坐标图上直观地反映不同业务量水平上的预算成本,但精度相对差一些(图像略)。

3. 弹性利润预算的编制

编制弹性利润预算能够反映不同销售业务量下相应的预算利润水平,方法有两个:

(1)因素法。因素法是指根据受业务量变动影响的有关收入、成本等因素与利润的关系,列表反映这些因素分别变动时相应的预算利润水平。

【例 4-5】预计 A 公司 2018 年度 K 产品销售量以 500 件为间隔单位在 1 300～2 800 件之间变动；销售单价为 750 元；单位变动成本是 360 元；固定成本总额是 300 000 元；要求：根据上述资料编制 2018 年度 K 产品的弹性利润预算。

依题意编制的弹性利润预算如表 4-7 所示。

表 4-7　A 公司 2018 年度 K 产品弹性利润预算　元

项目	销售量/件			
	1 300	1 800	2 300	2 800
单价/(元/件)	750	750	750	750
单位变动成本	360	360	360	360
销售收入	975 000	1 350 000	1 725 000	210 000
减：变动成本	468 000	648 000	828 000	1 008 000
边际贡献	507 000	702 000	897 000	1 092 000
减：固定成本	300 000	300 000	300 000	300 000
营业利润	207 000	402 000	597 000	597 000

本方法适用于单一品种经营或采用分算法处理固定成本的多品种经营的企业。

(2)百分比法。百分比法又称销售额百分比法，即按不同销售额的百分比编制弹性预算的方法。

【例 4-6】已知 A 公司 2018 年的销售业务量达到 100%时的销售收入、变动成本分别为 1 080 万元和 786.3 万元，固定成本为 62 万元。要求：按百分比法为 A 公司编制弹性利润预算。

根据题意编制的 A 公司销售利润弹性预算如表 4-8 所示。

表 4-8　A 公司 2018 年度弹性利润预算　万元

项目	销售收入百分比(1)				
	70%	80%	…	100%	110%
销售收入(2)＝1080×(1)	756	864	…	1 080	1 188
变动成本(3)＝783.6×(1)	548.5	626.9	…	783.6	862
边际贡献(4)＝(2)－(3)	207.5	237.1	…	296.4	326
固定成本(5)	62	62	…	62	62
利润总额(6)＝(4)－(5)	145.5	175.1	…	234.4	264

此方法适用于多品种经营的企业，比较简单，但必须假定销售收入百分比的上下均不突破相关范围。在该范围内，固定成本在固定预算内的基础上不变动，变动成本随销售收入变动百分比同比例变动。

(二)增量预算与零基预算

编制成本费用预算的方法按其出发点的特征不同，可分为增量预算的方法和零基预算的方法两大类。

1.增量预算的方法

(1)增量预算的定义。增量预算的方法简称增量预算，是指以基期成本费用水平为基础，结合预算期业务量水平及有关控制成本的措施，通过调整有关原有费用项目而编制预算的方法。

(2)增量预算的基本假定。增量预算的方法源于以下3项假定：

第一，现有的业务活动是企业必需的。只有保留企业现有的每项业务活动，才能使企业的经营过程得到正常发展。

第二，原有的各项开支都是合理的。既然现有的业务活动是必需的，那么原有的各项费用开支都是合理的，必须予以保留。

第三，增加费用预算是值得的。

(3)增量预算的缺点。增量预算以过去的经验为基础，实际上是承认过去所发生的一切都是合理的，主张不需在预算内容上做较大改进，而是因循沿袭以前的预算项目。这种方法可能导致以下不足：

第一，受原有费用项目限制，可能导致保守落后。由于按这种方法编制预算，往往不加分析地保留或接受原有的成本项目，可能使原来不合理的费用开支继续存在下去，形成不必要的开支合理化，造成预算上的浪费。

第二，滋长预算中的"平均主义"和"简单化"。采用此法，容易鼓励预算编制人凭主观臆断按成本项目平均削减预算或只增不减，不利于调动各部门降低费用的积极性。

第三，不利于企业未来的发展。按照这种方法编制的费用预算，对于那些本来实际需要开支的项目可能因没有考虑未来情况的变化而造成预算的不足。

2.零基预算的方法

(1)零基预算的定义。零基预算的方法全称为"以零为基础编制计划和预算的方法"，简称零基预算，是指在编制成本费用预算时，不考虑以往会计期间所发生的费用项目或费用数额，而是以零为所有的预算出发点，一切从实际需要与可能出发，逐项审议预算期内各项费用的内容及开支标准是否合理，在综合平衡的基础上编制费用预算的一种方法。

此方法是为克服增量预算的缺点而设计的，最初是由美国德州仪器公司彼得·派尔在20世纪60年代末提出来的，现已被西方国家广泛采用作为管理间接费用的一种有效方法。

(2)零基预算的程序。零基预算编制的程序如下：

第一，动员与讨论。即动员企业内部所有部门，在充分讨论的基础上提出本部门在预算期内应当发生的费用项目，并确定其预算数额，而不管这些费用项目以往是否发生以及发生额多少。

第二，划分不可避免项目和可避免项目。即将全部费用划分为不可避免项目和可避免项目，前者是指在预算期内必须发生的费用项目，后者是指在预算期内通过采取措施可以不发生的费用项目。在预算编制过程中，对不可避免项目必须保证资金供应；对可避免项目则需要逐项进行成本——效益分析，按照各项目开支必要性，确定各项费用预算的优先顺序。

第三，划分不可延缓项目和可延缓项目。即将纳入预算的各项费用进一步划分为不可延缓项目和可延缓项目，前者是指必须在预算期内足额支付的费用项目，后者是指可以在预算期内部分支付或延缓支付的费用项目。在预算编制过程中，必须根据预算期内可供支配的资金数额在各费用项目之间进行分配。应优先满足不可延缓项目的开支，然后再根据需要，按照项目的轻重缓急确定可延缓项目的开支标准。

(3)零基预算的优缺点和适用范围。零基预算的优点是:

① 不受现有费用项目限制。这种方法可以促使企业合理有效地进行资源分配,将有限的资金用在刀刃上。

② 能够调动各方面降低费用的积极性。这种方法可以充分发挥各级管理人员的积极性、主动性和创造性,促进各预算部门精打细算,量力而行,合理使用资金,提高资金的利用效果。

③ 有助于企业未来发展。由于这种方法以零为出发点,有利于企业面向未来发展考虑预算问题。

零基预算的缺点在于这种方法一切从零出发,在编制费用预算时需要完成大量的基础工作,如历史资料分析、市场状况分析、现有资金使用分析和投入产出分析等,这势必带来浩繁的工作量,搞不好会顾此失彼,难以突出重点,而且也需要比较长的编制时间。

为了克服零基预算的缺点,简化预算编制的工作量,不需要每年都按零基预算的方法编制预算,可以每隔几年才按此方法编制一次预算。

此法特别适用于产出较难辨认的服务性部门编制费用预算。

(三)定期预算与滚动预算

编制预算的方法按其预算期的时间特征不同,可分为定期预算的方法和滚动预算的方法两大类。

1.定期预算的方法

(1)定期预算的定义。定期预算的方法简称定期预算,是指在编制预算时以不变的会计期间(如日历年度)作为预算期的一种编制预算的方法。

(2)定期预算的优缺点。定期预算的唯一优点是能够使预算期间与会计年度相配合,便于考核和评价预算的执行结果。按照定期预算方法编制的预算主要有以下缺点。

第一,盲目性。由于定期预算往往是在年初甚至提前两三个月编制的,对于整个预算年度的生产经营活动很难做出准确的预算,尤其是对预算后期的支出只能进行笼统地估算,数据笼统含糊,缺乏远期指导性,给预算的执行带来很多困难,不利于对生产经营活动的考核与评价。

第二,滞后性。由于定期预算不能随情况的变化及时调整,当预算中所规划的各种经营活动在预算期内发生重大变化时(如预算期临时中途转产),就会造成预算滞后过时,使之成为虚假预算。

第三,间断性。由于受预算期间的限制,致使经营管理者们的决策视野局限于本期规划的经营活动,形成人为的预算间断。例如,一些企业提前完成本期预算后,以为可以松一口气,其他事等来年再说,不再考虑未来的生产经营。因此,按定期预算方法编制的预算不能适应连续不断的经营过程,不利于企业的长远发展。

为了克服定期预算的缺点,在实践中可采用滚动预算的方法。

2.滚动预算的方法

(1)滚动预算的定义。滚动预算的方法简称滚动预算,又称连续预算或永续预算,是指在编制预算时,将预算期与会计年度脱离开,随着预算的执行不断延伸、补充,逐期向后滚动,使预算期永远保持为12个月的一种方法。

其具体做法是:每过一个季度(或月份),立即根据前一个季度(或月份)的预算执行情况,对以后季度(或月份)进行修订,并增加一个季度(或月份)的预算。如此以逐期向后滚动、连续不断地预算形式规划企业未来的经营活动。

(2)滚动预算的优缺点。与传统的定期预算相比,按滚动预算方法编制的预算具有以下优点:

① 透明度高。由于编制预算不再是预算年度开始之前几个月的事情,而是实现了与日常管理的紧密衔接,可以使管理人员始终能够动态地把握住企业近期的规划目标和远期的战略布局,使预算具有较高的透明度。

② 及时性强。由于滚动预算能根据前期预算的执行情况,结合各种因素的变动影响,及时调整和修订近期预算,从而使预算更加切合实际,能够充分发挥预算的指导和控制作用。

③ 连续性、完整性和稳定性突出。由于滚动预算在时间上不再受日历年度的限制,能够连续不断地规划未来的经营活动,不会造成预算的人为间断,同时可以使企业管理人员了解未来 12 个月内企业的总体规划与近期预算目标,能够确保企业管理工作的完整性与稳定性。

采用滚动预算的方法编制预算的缺点是预算工作量较大。

(3)滚动预算的方式及其特征。滚动预算按其预算编制和滚动的时间单位不同可分为逐月滚动、逐季滚动和混合滚动 3 种方式。

① 逐月滚动方式。逐月滚动方式是指在预算编制过程中,以月份为预算的编制和滚动单位,每个月调整一次预算的方法。

如在 2017 年 1 月至 12 月的预算执行过程中,需要在 1 月份末根据当月预算的执行情况,修订 2 月至 12 月的预算,同时补充 2018 年 1 月份的预算;2 月份末根据当月预算的执行情况,修订 3 月至 2018 年 1 月的预算,同时补充 2018 年 2 月份的预算……;以此类推。

逐月滚动编制的预算比较精确,但工作量较大。

逐月滚动预算示意图如图 4-3 所示。

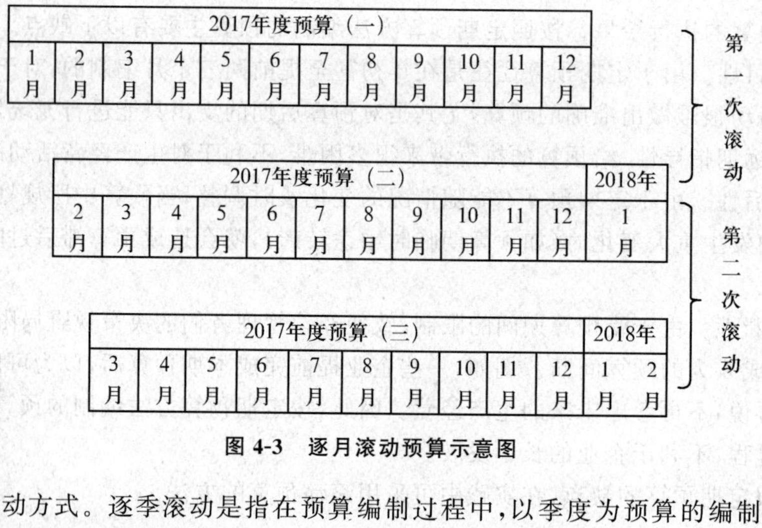

图 4-3　逐月滚动预算示意图

② 逐季滚动方式。逐季滚动是指在预算编制过程中,以季度为预算的编制和滚动单位,每个季度调整一次预算的方法。

如在 2017 年第一季度至第四季度的预算执行过程中,需要在第一季度末根据当季度预算的执行情况,修订第二季度至第四季度的预算,同时补充 2018 年第一季度的预算;第二季度末根据当季度预算的执行情况,修订第三季度至 2018 年第一季度的预算,同时补充 2018 年第二季度的预算……;以此类推。

逐季滚动编制的预算比逐月滚动的工作量小，但预算精度较差。

3.混合滚动方式

混合滚动方式是指在预算编制过程中，同时使用月份和季度作为预算的编制和滚动单位的方法。它是滚动预算的一种变通方式。

这种方式的理论根据是：人们对近期的预计把握较大，对远期的预计把握较小。为了做到长计划短安排、远略近详，在预算编制的过程中，可以对近期预算提出较高的精度要求，使预算的内容相对详细；对远期预算提出较低的精度要求，使预算的内容相对简单。这样可以减少预算工作量。

如对2017年1月份至3月份的头3个月逐月编制详细预算，其余4月份至12月份分别按季度编制粗略预算；3月末根据第一季度预算的执行情况，编制4月份至第6月份的详细预算，并修订第三至第四季度的预算，同时补充2018年第一季度的预算；6月末根据当季预算的执行情况，编制7月份至9月份的详细预算，并修订第四季度至2018年第一季度的预算，同时补充2018年第二季度的预算……；以此类推。混合滚动预算示意图如图4-4所示。

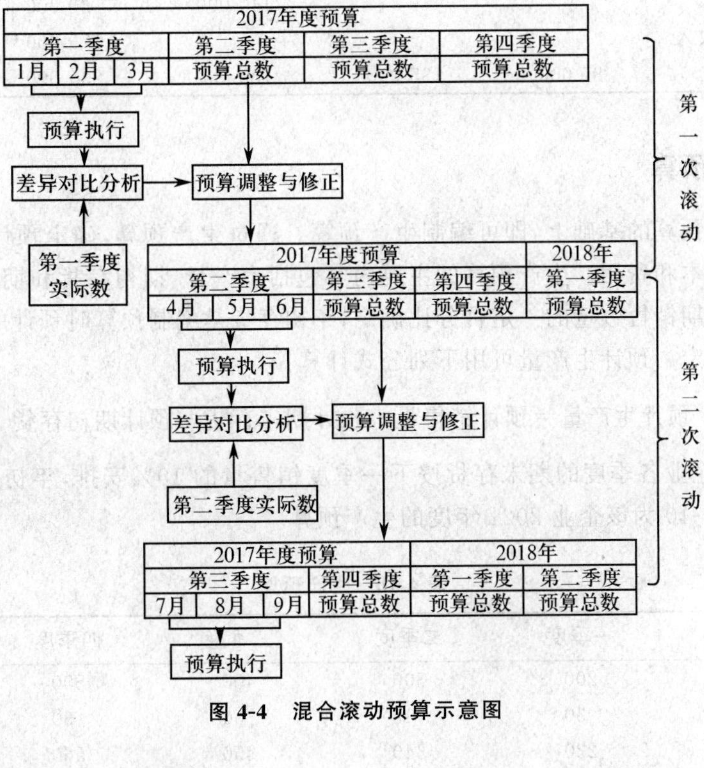

图4-4　混合滚动预算示意图

三、全面预算的编制

这里我们以固定预算为例来分析全面预算的编制流程。

(一)销售预算

在以销定产的经营思想指导下，销售预算成为全面预算的起点，其他预算均以销售预算为基础。而销售预算则是根据年度目标利润所规定的销售量和销售额来编制的。销售预算的主要内容包括销量、单价和销售收入。另外，在销售预算中，还应包括预计现金收入预算，其目的是为了编制现金预算提供必要的资料。现金收入包括前期应收账款的收回和本期销售款的收入。

【例 4-7】表 4-9 为 M 企业 2021 年的销售预算。本例假设该企业每季度销售的商品在当季度收到款项的 70%，另外的 30%的现金要到下季度才能收到。

表 4-9 销售预算

元

项 目	一季度	二季度	三季度	四季度	全年
预计销售量(件)	200	300	400	500	1 400
预计单位售价	500	500	500	500	500
销售收入	100 000	150 000	200 000	250 000	700 000
预计现金收入					
上年应收账款	15 000				15 000
第一季度销售收入	70 000	30 000			100 000
第二季度销售收入		105 000	45 000		150 000
第三度销售收入			140 000	60 000	200 000
第四季度销售收入				175 000	175 000
现金收入合计	85 000	135 000	185 000	235 000	640 000

(二)生产预算

在编制销售预算的基础上，即可编制生产预算。通过生产预算，确定预计的生产量，由此进一步预算其成本和费用。生产预算的主要内容包括生产量、期初存货和期末存货。期末存货水平通常按下期销售数量的一定百分比确定，年初存货是编制预算时预计的，年末存货根据长期销售趋势确定。预计生产量可用下列公式计算：

预计生产量＝预计销售量＋预计期末存货－预计期初存货

承前例，M 企业各季度的期末存货按下一季度销售量的 10%安排，年初存货 30 件，年末留存 60 件。表 4-10 为该企业 2021 年度的生产预算。

表 4-10 生产预算

件

项 目	一季度	二季度	三季度	四季度	全年
预计销量	200	300	400	500	1 400
加：预计期末存货	30	40	50	60	60
合计	230	340	450	560	1 460
减：预计期初存货	30	30	40	50	30
预计生产量	200	310	410	510	1 430

(三)直接材料预算

预计生产量确定后，根据单位材料的耗用量及原材料的期初、期末库存水平，就可以预计采购量的多少及采购金额。直接材料预算的内容包括直接材料的单位产品耗用量、生产需用量、期初和期末存量。另外，为了编制现金预算，在直接材料预算中还应包括预计的现金支出预算。某一期的现金支出包括前期应付账款的支付和本期采购材料支付的现金以及预付款下期材料款所需的现金。预计材料采购量可用下列公式计算：

预计材料采购量＝预计材料耗用量＋预计期末库存材料－预计期初库存材料

其中：预计材料耗用量＝预计生产量×单位产品材料耗用量

设前例中，该企业各季度材料期末库存量按下一季度材料耗用量的20%计算，年初预计库存材料600千克，年末预计库存材料1 100千克。材料采购款60%在本季度付清，另外40%于下季度付清。表4-11为M企业2021年度的直接材料预算。

表4-11 直接材料预算

项 目	一季度	二季度	三季度	四季度	全年
预计生产量/件	200	310	410	510	1 430
单位产品材料用量/(千克/件)	10	10	10	10	10
生产产品材料耗用量/千克	2 000	3 100	4 100	5 100	14 300
加：预计期末存量/千克	620	820	1 020	1 100	1 100
合计/千克	2 620	3 920	5 120	6 200	15 400
减：预计期初存量/千克	600	620	820	1 020	600
预计材料采购量/千克	2 020	3 300	4 300	5 180	14 800
单价/(元/千克)	10	10	10	10	10
预计采购金额/元	20 200	33 000	43 000	51 800	148 000
预计现金支出					
第一季度购料/元	12 120	8 080			20 200
第二季度购料/元		19 800	13 200		33 000
第三季度购料/元			25 800	17 200	43 000
第四季度购料/元				31 080	31 080
合计/元	12 120	27 880	39 000	48 280	127 280

(四)直接人工预算

直接人工预算也是以生产预算为基础编制的。根据生产预算中的生产量和标准单位或定额的直接人工小时，预计直接人工小时，然后再乘上标准或定额的小时工资率，就得到预计的直接人工成本。由于人工工资都需要使用现金支付，所以，不需要另外预计现金支出，可直接参加现金预算的汇总。表4-12为M企业2021年度的直接人工预算。

表4-12 直接人工预算

项 目	一季度	二季度	三季度	四季度	全年
预计产量/件	200	310	410	510	1 430
单位产品工时/工时	20	20	20	20	20
人工总工时/小时	4 000	6 200	8 200	10 200	28 600
每小时人工成本/元	5	5	5	5	5
人工总成本/元	20 000	31 000	41 000	51 000	143 000

(五)制造费用预算

制造费用预算通常分为变动制造费用和固定制造费用两个组成部分。其中变动制造费用预算是以生产预算为根据编制的，用单位产品的标准变动制造费用乘以预计的产量，就可以得到相应的预算金额；固定制造费用与产量无关，一般需要逐项预计。在进行制造费用预算表的同时，还要预计与制造费用相关的现金支出，一般是将预计的制造费用扣除其中非付现部分，即为制造费用的现金支出。表 4-13 为 M 企业的制造费用预算。

表 4-13　制造费用预算

项　目	一季度	二季度	三季度	四季度	全年
变动制造费用					
间接人工/(1 元/件)	200	310	410	510	1 430
间接材料/(1 元/件)	200	310	410	510	1 430
修理费/(2 元/件)	400	620	820	1 020	2 860
水电费/(1 元/件)	200	310	410	510	1 430
小计	1 000	1 550	2 050	2 550	7 150
固定制造费用					
修理费	2 000	2 000	2 000	2 000	8 000
折旧	3 080	3 080	3 080	3 080	12 320
管理人员工资	2 500	2 500	2 500	2 500	10 000
保险费	1 000	1 000	1 000	1 000	4 000
小计	8 580	8 580	8 580	8 580	34 320
合计	9 580	10 130	10 630	11 130	41 470
减：折旧	3 080	3 080	3 080	3 080	12 320
现金支出	6 500	7 050	7 550	8 050	29 150

为了便于编制产品成本预算，需要计算小时费用率。

$$\text{变动制造费用分配率} = 7\ 150 \div 28\ 600 = 0.25(\text{元/小时})$$

$$\text{固定制造费用分配率} = 34\ 320 \div 28\ 600 = 1.2(\text{元/小时})$$

(六)产品成本预算

产品成本预算是反映预算期内各种产品生产成本水平的一种业务预算。它主要是为了编制预计利润表和预计资产负债表提供销售成本和存货信息的。该预算是在生产预算、直接材料预算、直接人工预算和制造费用预算的基础上编制的。表 4-14 为 M 企业 2021 年产品成本预算。

表 4-14 产品成本预算

项 目	单位成本	投入量	成本/元	生产成本 1 430/件	期末存货 60/件	销货成本 1 400/件
直接材料	10 元/千克	10 千克	100	143 000	6 000	140 000
直接人工	5 元/小时	20 小时	100	143 000	6 000	140 000
变动制造费用	0.25 元/小时	20 小时	5	7 150	300	7 000
固定制造费用	1.2 元/小时	20 小时	24	34 320	1 440	33 600
合计			229	327 470	13 740	320 600

(七)销售及管理费用预算

销售及管理费用预算是以价值形式反映预算期内销售产品和维持一般行政管理工作而发生的各项费用的总和。它是以销售预算为基础,通过对销售收入与销售费用、管理费用关系的分析,采用本量利分析的方法,并考虑其过去支出的必要性和效果,合理有效地安排销售及管理费用。表 4-15 为 M 企业 2021 年销售及管理费用预算。

表 4-15 销售及管理费用预算 元

费用明细项目	金额
销售费用	
销售人员工资	5 000
广告宣传费	2 000
包装及运输费	3 000
保管费	2 500
折旧	1 000
小计	13 500
管理费用	
管理人员工资及福利费	20 000
办公费	3 000
保险费	2 000
财产税	500
折旧	1 000
小计	26 500
合计	40 000
每季度现金支出 [(40 000－2 000)÷4＝9 500]	9 500

(八)现金预算

现金预算一般分为现金收入、现金支出、现金余缺以及现金的筹集及运用 4 个部分。其中:现金收入部分包括在编制现金预算时预计的期初现金余额和来自销售预算的预计现金收入;现金支出部分包括来自直接材料预算、直接人工预算、制造费用预算、销售及管理费用预算支付的现金,还包括所得税、支付股利、资本支出预算等现金支出。这些现金支出的项目均应该逐项分析预计发生的数额。现金多余或不足部分是预计现金收入合计减去预计现金支出合计的差额。差额为正数,说明现金多余,企业可考虑用于偿还借款或者进行短期投资;差额为负数,说明现金不足,企业就需要筹集资金。表 4-16 为 M 企业现金预算。

表 4-16 现金预算

元

项 目	资料来源	一季度	二季度	三季度	四季度	全年
期初现金余额		50 000	50 880	50 570	107 060	50 000
加:销售现金收入	表 4-9	85 000	135 000	185 000	235 000	640 000
可供使用的现金		135 000	185 880	235 570	342 060	690 000
减:各项支出						
直接材料	表 4-11	12 120	27 880	39 000	48 280	127 280
直接人工	表 4-12	20 000	31 000	41 000	51 000	143 000
制造费用	表 4-13	6 500	7 050	7 550	8 050	29 150
销售及管理费用	表 4-15	9 500	9 500	9 500	9 500	38 000
所得税		8 000	8 000	8 000	8 000	32 000
购买设备股利		100 000				100 000
现金支出合计		156 120	83 430	105 050	124 830	469 430
现金多余或不足		−21 120	102 450	130 520	217 230	220 570
向银行贷款		72 000				72 000
偿还银行贷款			49 000	23 000		72 000
贷款利息(年利率 8%)			2 880	460		3 340
期末现金余额		50 880	50 570	107 060	217 230	217 230

表 4-12 中假设 M 公司期末的最低现金余额为 50 000 元,现金不足时,需要向银行贷款,贷款额为 1 000 元的倍数,现金多余时偿还贷款及全部利息,还款额假设为 1 000 元的倍数。

第一季度借款额=现金不足+最低现金余额=21 120+50 000≈72 000(元)

现金多余时用于偿还贷款,一般"每期期初借入,每期期末偿还"。

M 企业第二季度现金多余 102 450 元,扣掉最低现金余额后剩余 52 450 元,可以考虑偿还借款。首先需要计算应该偿还的利息部分,能够偿还的借款本金为剩余部分减去利息。

M 企业第二季度应偿还的利息=72 000×8%×6/12=2 880(元)

M 企业第二季度应偿还的本金=52 450−2 880≈49 000(元)

M 企业第三季度应偿还的本金=72 000−49 000=23 000(元)

M 企业第三季度应偿还的利息=23 000×8%×3/12=460(元)

(九)预计利润表

预计利润表是用来综合反映企业在计划期生产经营绩效情况，是企业财务预算中最主要的预算表之一。预计利润表是依据各种业务预算、现金预算编制的。表 4-17 为 M 企业预计利润表。

表 4-17　2021 年 M 企业预计利润表　元

项　目	资料来源	金额
销售收入	表 4-9	700 000
销售成本	表 4-14	320 600
毛利		379 400
销售及管理费用	表 4-15	40 000
利息	表 4-16	3 340
利润		336 060
所得税（估计）	表 4-16	32 000
税后利润		304 060

在编制预计利润表时，其中“所得税”项目是在利润规划时估计的，并已列入现金预算。

(十)预计资产负债表

预计资产负债表是用来反映企业在计划期末预计的财务状况的报表。它的编制需以计划期开始日的资产负债表为基础，然后根据计划期间各项预算的有关资料进行必要的调整。表 4-18 为 M 企业预计资产负债表。

表 4-18　M 企业预计资产负债表　元

资产	年初数	年末数	负债及所有者权益	年初数	年末数
现金	50 000	217 230	短期借款		0
应收账款	15 000	75 000	应付账款		20 720
原材料	6 000	11 000			
产成品	6 870	13 740	流动负债合计		20 720
流动资产合计	77 870	316 970			
固定资产	700 000	800 000	股本	500 000	500 000
减：累计折旧	136 000	150 320	未分配利润	141 870	445 930
长期资产合计	564 000	649 680	股东权益合计	641 870	945 930
资产总计	641 870	966 650	负债及所有者权益	641 870	966 650

本章小结

财务预测是指以企业过去一定时期的财务活动资料为依据,结合企业现在经营过程中的各种因素,运用定量和定性方法,对企业财务方面的未来发展趋势及变化进行推断预测。

财务预测主要包括销售收入预测、利润预测和筹资预测等,但所有这些预测主要是为了预测未来的资金需求量。

全面预算是一系列专门反映企业未来一定预算期内预计财务状况和经营成果,以及现金收支等价值指标的各种预算的总称。

从内容上看,其包括现金预算、资本支出预算、预计利润表、预计资产负债表、预计现金流量表等内容。编制全面预算是企业财务管理的一项重要工作。

编制预算的方法按其业务量基础的数量特征不同,可分为固定预算的方法和弹性预算的方法两大类。

编制成本费用预算的方法按其出发点的特征不同,可分为增量预算的方法和零基预算的方法两大类。

编制预算的方法按其预算期的时间特征不同,可分为定期预算的方法和滚动预算的方法两大类。

练 习 题

一、复习思考题

1. 简述财务预测的含义及其包括的内容。
2. 简述全面预算的含义及其内容。
3. 全面预算的编制方法有哪些?

二、单项选择题

1. 生产预算的主要内容有生产量、期初和期末产品存货及(　　)。
   A. 资金量　　B. 工时量　　C. 购货量　　D. 销售量
2. 直接材料预算是以(　　)为基础编制的。
   A. 销售预算　　B. 现金预算　　C. 生产预算　　D. 产品成本预算
3. 预计人工总成本=(　　)×(单位产品工时×每工时工资率)。
   A. 预计销售量　　B. 预计材料消耗量
   C. 预计生产量　　D. 预计工时量

4. 变动性制造费用预算是以(　　)为基础来编制的。

A. 销售预算　　B. 现金预算

C. 材料预算　　D. 生产预算

5. 区别于传统的增量预算而设计的一种费用预算是(　　)。

A. 定期预算　　B. 弹性预算

C. 固定预算　　D. 零基预算

6. (　　)是为了克服固定预算缺点而设计的,在成本习性分析的基础上分别按一系列可能达到的预计业务量水平编制的预算。

A. 弹性预算　　B. 零基预算

C. 固定预算　　D. 现金预算

7. 下列预算中(　　)是唯一只反映数量不反映金额的预算。

A. 销售预算　　B. 生产预算

C. 现金预算　　D. 制造费用预算

8. 全面预算具体包括特种决策预算、财务预算和(　　)。

A. 报表预算　　B. 固定资产预算

C. 投资预算　　D. 日常业务预算

9. 全面预算体系中的最后环节是(　　)。

A. 固定预算　　B. 报表预算

C. 财务预算　　D. 投资预算

10. 销售预算、生产预算等都属于(　　)。

A. 特种决策预算　　B. 资金支出预算

C. 日常业务预算　　D. 资产预算

三、判断题

1. 销售预算是编制现金预算的起点。(　　)

2. 弹性预算只是一种编制费用预算的方法。(　　)

3. 编制零基预算,应以企业现有的费用水平为基础。(　　)

4. 决策目标必须服从财务预算的要求。(　　)

5. 全面预算就是现金预算。(　　)

6. 弹性预算是静态预算,克服了固定预算的缺点。(　　)

7. 零基预算是在基期成本费用水平的基础上编制的。(　　)

8. 滑动预算是一种连续预算。(　　)

9. 特种决策预算是编制现金预算的唯一基础。(　　)

10. 预计财务报表的编制是以现金预算为基础的。(　　)

四、案例题

甲公司生产并销售 A 产品,2019 年预计价格为 100 元,假定 2018 年 12 月 31 日有关账户余额如下：

甲公司有关账户余额

2018年12月31日　　元

项目	金额	项目	金额
现金	3 000	短期借款	2 000
应收账款	5 000	应付账款	1 000
原材料	4 000	实收资本	34 000
产成品	1 200	留存收益	13 000
固定资产净值	36 800		
合计	50 000	合计	50 000

2019年有关预测资料如下：

(1)A产品预计每季度销售量为200件，现销比例为50%，以现金形式支付的销售环节税金及附加为销售收入的5%。

(2)预计产成品存货量资料如下：2018年末存货量为20件，2019年末存货量为100件。每季末存货量为下季度销货量的10%。各季末的应收账款均在下季度收回。

(3)直接材料和直接人工消耗定额如下：

直接材料	直接人工	
	一车间	二车间
5千克/件	2小时/件	3小时/件
2元/千克	5元/小时	5元/小时

(4)预计材料存量及付款方式如下：

2018年末存货量为150千克，预计2019年材料的季末存货量为下季度生产总耗用量的20%，每季购买只有50%为现购，余款下季内付清。预计2019年末材料存量为350千克。

要求：

①编制2019年度销售预算、生产预算、直接材料及直接人工预算；

②编制销售现金收入预算材料采购的现金支出预算。

第五章　筹资管理

【学习目的与要求】

通过本章学习,理解债务与权益两类筹资方式的目的与要求,重点掌握股票、债券、长期借款等融资的特点;熟练掌握短期筹资的不同方式,熟练掌握长短期筹资组合策略,以帮助企业做出合理的筹资决策。

【引导案例】

瑞幸咖啡(Luckin coffee)是国内新兴咖啡品牌,创立之后飞速发展。它在成立后仅18个月,即赴美上市,创造了一个新的IPO(首次公开募股)速度,引得诸方关注。从成立到上市的融资记录(表5-1)来看,一共经历过4次大规模的正式融资以及若干次非正式融资。瑞幸之所以扩张如此之快,影响力越来越大,并且在连续亏损的情况下还能支撑下去,离不开其多次大规模筹资背后这些资本的大力支持。

表5-1　瑞幸咖啡融资记录

序号	时间	融资金额	融资方式	投资方
1	2017年	6 000万元	个人借款	乔治亚、陈敏
2	2017年	9 740万元	无息贷款	陆正耀旗下公司
3	2017年	2.275亿元	免息贷款	股东 Star Grove
4	2018年	1.476亿元	无息贷款	陆正耀旗下公司
5	2018年5月	3.5亿元	融资租赁	光大融资租赁
6	2018年6月	3亿元	抵押贷款	西藏信托
7	2018年6月	1.899亿元	天使轮融资	陆正耀旗下公司
8	2018年6月	2亿美元	A轮融资	大钲资本、愉悦资本、GIC、君联资本
9	2018年11月	2亿美元	B轮融资	大钲资本、愉悦资本、GIC、中金公司
10	2019年3月	4 500万元	抵押贷款	中关村科技租赁
11	2019年3月	6 000万元	担保贷款	浦发银行
12	2019年4月	1.5亿美元	B+贷款	贝莱德
13	2019年5月	5.61亿美元	发行股票	美国的纳斯达克
	合　计	约15亿美元		

企业的经营发展都需要资金。筹资即融资,是企业的基本财务活动。企业为什么需要筹资?对于筹资管理来说,企业如何安排长期资金的筹集与短期资金的筹集?长期筹资的资金用途与短期筹资的资金用途有什么不同?哪种筹资数额更大,对企业的影响更长远?

本章以长期资金的筹集为重点，介绍股权筹资、长期负债筹资等长期融资方式，并简要介绍企业短期融资的相关知识。

第一节 筹资概述

筹资方式是指资本从提供者到达需求者的方式。筹资方式可按照不同的标准来进行分类，具体如下：

按照不同属性，筹资方式可以分为债务筹资与股权筹资；从企业自身的角度来看，分为内部筹资和外部筹资；从资金出借者和筹集者之间是否存在作为中介的第三方债权人和债务人来区分，可以分为直接筹资与间接筹资；按照筹集资金的使用时间，可以分为长期筹资与短期筹资。

一、债务筹资与股权筹资

(一)含义

债务筹资是指企业通过举债筹措资金，资金供给者作为债权人享有到期收回本息的筹资方式。股权筹资是指通过发行股票进行筹资的筹资方式。

股票作为持有人对企业拥有相应权利的一种股权凭证，一方面代表着股东对企业净资产有要求权；另一方面普通股股东凭借其所拥有的股份以及被授权行使权力的股份总额，有权行使其相应的控制或参与企业生产、经营、管理、决策的权利。

(二)特点

债务筹资相对于股权筹资，具有以下特点：

(1)短期性。债务筹集的资金具有使用上的时间性，需到期偿还。

(2)可逆性。企业采用债务筹资方式获取资金，负有到期还本付息的义务。

(3)负担性。企业采用债务筹资方式获取资金，需支付债务利息，从而形成企业的固定负担。

股权筹资具有以下特点：

(1)长期性。通过股权筹资筹措的资金具有永久性，无到期日，不需归还。

(2)不可逆性。企业采用股权筹资无须还本，投资人欲收回本金，需借助流通市场买卖股份。

(3)无负担性。股权筹资没有固定的股利负担，股利的支付与否和支付多少视公司的经营需要而定。

(三)债权、股权筹资方式

1.股权融资方式

股权融资主要有两大类:第一,私募发售。所谓私募发售,是指企业自行寻找特定的投资人,吸引其增资入股的融资方式。对大多数中小企业来说,达到上市发行股票的条件比较困难,因此私募成为民营中小企业进行股权融资的主要方式。第二,公开市场发售。所谓公开市场发售就是通过股票市场向公众投资者发行企业的股票来募集资金,企业的上市、上市企业的增发和配股都是利用公开市场进行股权融资的具体形式。股票市场对于申请发行股票的企业都有一定的条件要求,例如《首次公开发行股票并上市管理办法》要求公司上市前股本总额不少于人民币 3 000 万元。

2.债权融资方式

企业的债权融资方式具体有银行贷款、企业债券、贸易(上下游)融资、租赁等。

当企业有良好信用或抵押物时,可以向银行进行贷款。银行贷款是企业的重要融资方式。资金需求量较大时,也可以发行企业债券,但发行门槛较高。

二、内部筹资与外部筹资

内部筹资(inner-source financing)是指公司利用自身的盈余筹资的过程。它主要表现为内源性的资本积累,如公司留存收益和折旧。外部筹资(out-source financing)是指吸收其他经济主体的闲置资金,使之转化为自己资本的过程。如发行公司股票、债券,向银行借款等。一般来说,公司在内部筹资不能满足需要时,才会考虑外部筹资。

三、直接筹资与间接筹资

(一)含义

直接筹资(direct financing),是资金供给者与资金需求者通过股票、债券等金融工具直接融通资金的方式,证券市场即直接筹资的场所。直接筹资能最大可能地吸收社会游资,直接投资于企业生产经营之中。

企业发行股票和债券,以及企业之间、个人之间的直接借贷、商业信用等,均属于直接筹资。直接筹资是资金直供方式,与间接筹资相比,投筹资双方都有较多的选择自由。而且,对投资者来说收益较高,对筹资者来说成本较低。

间接筹资是指企业借助银行等金融机构来融通资本的筹资活动,是一种传统的筹资类型。在间接筹资活动过程中,银行等金融机构发挥着中介作用,它们先集聚资本,然后提供给筹资企业。间接筹资的基本方式是以银行为中介的银行借款,此外还有借助租赁公司平台的租赁融资等间接筹资方式。

(二)直接筹资和间接筹资的区别

1.筹资机制不同

(1)直接筹资中,企业不借助银行等金融机构,直接与资本所有者协商进行融通资本的筹资活动。

(2)间接筹资中,企业借助银行等金融机构来融通资本进行筹资活动。

2.筹资范围不同

(1)直接筹资主要有投入资本、发行股票、发行债券和商业信用等方式。

(2)间接筹资的基本方式是银行借款,此外还有信托贷款、融资租赁等方式。

3.筹资效率和费用高低不同

(1)直接筹资中向公众筹资的手续较为繁杂,所需文件较多,准备时间较长,筹资效率较低,筹资费用比较高。

(2)间接筹资手续比较简单,筹资效率较高,筹资费用较低。

四、长期筹资与短期筹资

按所筹集资金的使用期限是否超过 1 年,企业筹资分为长期筹资和短期筹资两种类型。

长期筹资,是指企业筹集使用期限在 1 年以上的资金。长期筹资的目的主要在于形成和更新企业的生产和经营能力,或扩大企业生产经营规模,或为对外投资筹集资金。长期筹资通常采取吸收直接投资、发行股票、发行债券、长期借款、融资租赁等方式,所形成的长期资金主要用于购建固定资产、形成无形资产、进行对外长期投资、垫支铺底流动资金、进行技术研发等。从资金性质来看,长期资金可以是股权资金,也可以是债务资金。

短期筹资,是指企业筹集使用期限在 1 年以内的资金。短期资金主要用于企业的流动资产和资金日常周转,一般在短期内需要偿还。短期筹资经常运用商业信用、短期借款、保理业务等方式。

短期筹资主要用于满足筹资者资产流动性管理的需要,维持日常经营所需短期资金。长期筹资主要用于解决筹资者扩展资本的需要。

五、筹资目的与筹资原则

(一)筹资目的

企业筹资是指企业根据其生产经营、对外投资和调整资本结构等需要,通过金融市场等筹资渠道,运用一定的筹资方式,经济有效地筹措和集中资金的活动。筹集资金是企业的基本财务活动,是资金运动的起点,是决定资产规模和生产经营发展程度的重要环节。

企业筹资的根本目的是为了自身的生存与发展,但具体来讲有 4 种基本类型,即设立性筹资动机、扩张性筹资动机、调整性筹资动机和混合性筹资动机。

1.设立性筹资动机

设立性筹资动机是指企业新建时为满足正常生产经营活动所需的铺底资金而产生的筹资动机。企业的创建需要筹集必要的初始资本。

2.扩张性筹资动机

扩张性筹资动机是指企业因扩大生产经营规模或增加对外投资而产生的追加筹资的动机。因为企业只有抓住能够增加企业价值的投资机会,才能够使企业价值不断增加。要想扩大企业规模,就需要追加筹资。处于成长期、具有良好发展前景的企业通常会产生这种筹资动机。扩张性筹资动机所产生的直接后果,是企业资产总额和资本总额的增加,若追加投资的净现值是正的,就会增加企业的价值。

3.调整性筹资动机

调整性筹资动机是企业因调整现有资本结构的需要而产生筹资的动机。最佳资本结构是指可以使企业价值最大同时资本成本最低的资本结构。因此,当企业的资本结构不合理时,可以通过调整筹资方式使其达到最佳。调整性筹资动机所产生的结果可以是在不增加资产总额和资本总额的情况下,使企业价值增加的同时降低资本成本。

4.混合性筹资动机

混合性筹资动机是指企业同时既为扩大生产经营规模又为调整资金结构而发生的筹资动机。混合性筹资动机兼具扩张性筹资动机和调整性筹资动机的特性,它不仅会增加资产总额,同时也会改变资本结构。

(二)筹资原则

1.科学安排筹资时间

通过预算完成资金的需求量和需求时间的测定,使资金的筹措量与需要量达到平衡,防止因筹资不足而影响生产经营或因筹资过剩而增加财务费用。

2.降低资金成本

综合考察各种筹资渠道和筹资方式的难易程度、资金成本和筹资风险,研究各种资金来源的构成,求得资金来源的最优组合,以降低筹资的综合成本。

3.降低筹资风险

在筹资过程中合理选择和优化筹资结构,做到长、短期资本,债务资本和自有资本的有机结合,有效地规避和降低筹资中各种不确定性因素给企业带来的风险。

第二节 普通股筹资

一、概念介绍

股票是股份公司发给股东的，证明其所拥有的股权，并可取得股息收入的凭证。

股票的发行主体是股份有限公司，股票持有者是股份公司的股东。股票是公司通过资本市场筹集资金的信用工具。股票一旦购买就不能退还本金，而且股息和红利也会随企业经营状况而变动，这是股票同其他筹资工具的主要区别。

按股东权益的不同，可将股票分为普通股和优先股两种。普通股是最常见和最主要的股票类型，持有者享有对公司经营的参与权、盈余分配权和资产分配权、优先认股权等，其收益在发行时不限定，而是随公司经营业绩波动。优先股是指股东拥有优先于普通股股东进行分红和资产清偿的权利，其股息一般是事先固定的，但优先股持有者没有公司经营参与权和投票权。

二、普通股筹资的优缺点

(一)优点

(1)普通股票没有到期日，其所筹资本是公司永久性资本，除非公司清算才需偿还。因此，普通股本是公司资本中最为稳定的资金来源，它对保证公司最低的资金需求，促进公司长期持续稳定经营至关重要。

(2)公司不用支付固定股利。这使得公司可以根据具体情况相机行事：当盈利少，或虽有盈余但资金短缺或有更有利的投资机会时，则可以少支付或不支付普通股股利。

(3)利用普通股筹资的风险小。由于普通股没有固定的到期日，也不用支付固定股利，因而实际上不存在无法还本付息的风险。

(4)资金运用灵活。发行普通股属于公司权益资金的筹措，可以使公司免受债权人及优先股股东对公司经营所施加的各种限制，保证公司经营的灵活性。

(二)缺点

(1)普通股筹资成本较高。

(2)利用普通股筹资容易使公司原有股东控制权分散。

(3)公开发行股票需披露公司信息，不利于保守商业秘密。

三、股票发行的要求

股份有限公司发行股票，需要根据《证券法》的相关规定进行。股票的发行、交易活动，必须遵循公开、公平、公正的原则。公开发行股票是指：①向不特定对象发行；②向特定对象发行，累计超过二百人，但依法实施员工持股计划的员工人数不计算在内；③法律、行政法规规定的其他发行行为。

(一)股份公司首次公开发行新股的条件

股份公司首次公开发行新股，应当符合下列条件：①具备健全且运行良好的组织机构；②具有持续经营能力；③最近3年财务会计报告被出具无保留意见审计报告；④发行人及其控股股东、实际控制人最近3年不存在贪污、贿赂、侵占财产、挪用财产或者破坏社会主义市场经济秩序的刑事犯罪；⑤经国务院批准的国务院证券监督管理机构规定的其他条件。上市公司发行新股，应当符合经国务院批准的国务院证券监督管理机构规定的条件，具体管理办法由国务院证券监督管理机构规定。

股份公司首次公开发行股票并上市，需要依据《首次公开发行股票并上市管理办法》的规定，首次公开发行的发行人应当是依法设立并合法存续的股份有限公司；持续经营时间应当在3年以上；注册资本已足额缴纳；生产经营合法；3年内主营业务、高级管理人员、实际控制人没有重大变化；股权结构清晰。发行人应具备独立性，实现了资产完整、人员独立、财务独立、机构独立、业务独立。发行人应规范运行。

(二)股份公司增资发行股票

股份有限公司增资是指公司依照法定程序增加公司资本和股份总数的行为。增资发行是指股份公司上市后为达到增加资本的目的而发行股票的行为。我国《上市公司证券发行管理办法》规定，上市公司增资的方式有：向原股东配售股份、向不特定对象公开募集资金、非公开发行股票。

增资发行股票分有偿增资和无偿增资。有偿增资可分为配股与按一定价格向社会增发新股。无偿增资是指所谓的送股，可分为积累转增资和红利转增资。

上市公司为扩充股本而增资发行股票要满足下面5个条件。

(1)前一次发行的股票已经募足，并间隔1年以上；

(2)公司在最近3年内连续盈利，并可向股东支付股利；

(3)公司在最近3年内财务会计文件无虚假记载，从前一次公开发行股票至本次申请期间没有重大违法行为；

(4)公司预期利润率可达同期银行存款利率；

(5)前一次公开发行股票所得资金的用途与其招股说明书相符，并且资金使用效益良好。公司以当年利润分派新股，不受第2项规定的限制。

四、股份公司首次公开发行上市

1.股份改制

中国的公司分为有限责任公司和股份有限公司两种。一般早期的中小型的公司都是有限责任公司,法律规定上市的必须是股份有限公司,所以要改制为股份有限公司。

2.上市辅导

改制为股份公司之后,券商必须对企业进行上市辅导,让企业建立起完全符合上市要求、相对完善的运营体制。

3.材料申报

辅导完成以后需制作上市的申报材料,然后将申请文件提交证监会。

4.沟通反馈

证监会受理申报材料之后会通过开见面会、出具书面的反馈意见等方式和企业以及相关中介机构反馈沟通。企业和中介机构要根据证监会的要求继续深入核查、说明,相应地修改完善申报文件。

5.上会审核

证监会组织召开发行审核委员会,请企业和保荐代表人当场答辩,7名委员现场开会,5人以上同意即可。这就是股票发行审核制,即:符合条件的发行公司,经证券管理机关批准后方可取得发行资格,在证券市场上发行证券。证券发行的注册制是指证券发行申请人依法将与证券发行有关的一切信息和资料公开,制成法律文件,送交主管机构审查,主管机构只负责审查发行申请人提供的信息和资料是否履行了信息披露义务的一种制度。2019年3月,科创板试行注册制发行。

6.发行上市

通过发审会后,证监会同意了企业的发行申请,给出核准文件,企业向交易所申请挂牌上市。

五、普通股发行价格

股票发行价格是指股份制企业在募集企业股份资本或增资发行新股时,公开将股票出售给投资者所采用的价格。在确定股票发行价格时,可以按票面金额确定,也可以超过票面金额确定,但不得以低于票面金额的价格发行,因为这种发行价格会使公司实有资本少于公司应有的资本,致使公司资本中存在着虚数,不符合公司资本充实原则。

股票发行价格越高,公司的发行收入就越高,发行成本也相应降低。但发行价格定得太高,可能会使投资人放弃购买,导致发行失败;发行价格过低,无法满足发行人的资金需求,损害原有股东的利益。因此股票发行价格的确定一直是个难题。

股票发行价格通常是股票发行者根据股票市场价格水平和公司自身经营因素、市场供求变化因素和宏观经济运行因素综合确定的。

1998 年 12 月 31 日,《证券法》出台后,我国新股发行定价市场化,相继出现了由承销商和发行公司协商确定上市价格、上网定价、向二级市场配售和向法人配售等新的定价方式。市盈率的提高使得上市公司的发行筹资额扩大。询价机制也促使机构投资者进行股票价值研究,从而促进市场价格的形成,这也有利于上市公司的融资。

在询价机制下,新股发行价格并不事先确定,而在固定价格方式下,主承销商根据估值结果及对投资者需求的预计,直接确定发行价格。固定价格方式相对较为简单,效率较低。过去中国一直采用固定价格发行方式,2004 年 12 月 7 日证监会推出了新股询价机制,迈出了证券市场化的关键一步。

发行方式确定以后,在正式发行阶段,如果此时有效认购数量超过了拟发行数量,即为超额认购,超额认购倍数越高,说明投资者的需求越为强烈。在超额认购的情况下,主承销商可能会拥有分配股份的权利,即配售权,具体依照交易所规则而定。通过行使配售权,发行人可以实现理想的股东结构。在中国,主承销商不具备配售股份的权利,必须按照认购比例分配股份。

当出现超额认购时,主承销商还可以使用"超额配售选择权"(又称"绿鞋")增加发行数量。"超额配售选择权"是指发行人赋予主承销商的一项选择权,获此授权的主承销商可以在股票上市后的一定期限内按同一发行价格超额发售一定比例的股份,在此期间内,如果市价低于发行价,主承销商直接从市场购入这部分股票分配给提出申购的投资者,如果市价高于发行价,则直接由发行人增发。这样可以在股票上市后一定期间内保持股价的相对稳定,同时有利于承销商抵御发行风险。

六、普通股筹资成本

发行股票的成本主要包括给承销机构的报酬、发行股票所应负担的法律咨询费、印刷费和发行折价等。以上 3 项费用中,承销机构的报酬占的比例最大。承销机构的报酬是由承销机构支付给公司的股票价格与售给投资大众的价格之间的差额构成。这种报酬是通过公司与承销机构之间讨价还价后决定的,这种差额越小,公司发行股票的成本越低。

股票发行成本通常和发行数量成反比。美国及我国的相关资料表明股票发行的直接费用随着发行收入的增加而下降,即发行直接费用符合规模经济效应。

第三节 长期负债筹资

长期负债筹资方式主要包括长期借款、发行长期债券、租赁筹资等。

一、长期借款

(一)长期借款简介

长期借款(long-term loans)又称为长期贷款,是指企业向银行或其他金融机构借入的期限在一年以上(不含一年)的各项借款。

长期借款主要用于满足固定资产投资、更新改造、科技开发和新产品试制以及流动资产的长期占用等需要。

根据资金出借机构不同,长期借款可分为政策性银行贷款、商业银行贷款等。此外,企业还可从信托投资公司取得实物或货币形式的信托投资贷款,从财务公司取得各种中长期贷款等。根据是否有抵押品,长期借款可以分为信用贷款和抵押贷款。信用贷款指不需企业提供抵押品,仅凭其信用或担保人信誉而发放的贷款。抵押贷款是指要求企业以抵押品作为担保的贷款。长期贷款的抵押品一般是房屋、建筑物、机器设备、股票、债券等。

长期借款按照涉及货币种类的不同,可以分为人民币长期借款和外币长期借款。

(二)长期借款的条件

企业申请借款一般应具备的条件如下:

(1)独立核算、自负盈亏、有法人资格;

(2)经营方向和业务范围符合国家产业政策,借款用途属于银行贷款办法规定的范围;

(3)借款企业具有一定的物资和财产保证,担保单位具有相应的经济实力;

(4)具有偿还贷款的能力;

(5)财务管理和经济核算制度健全,资金使用效益及企业经济效益良好;

(6)在银行立有账户,可办理结算。

具备上述条件的企业欲取得贷款,先要向银行提出申请,陈述借款原因与金额、用款时间与计划、还款期限与计划。银行根据企业的借款申请,针对企业的财务状况、信用情况、盈利的稳定性、发展前景、借款投资项目的可行性等进行审查,并与借款企业协商贷款的具体条件,明确贷款的种类、用途、金额、利率、期限、还款的资金来源及方式、保护性条件、违约责任等,并以借款合同的形式将其法律化。借款合同生效后,企业便可取得借款。

借款合同规定了借贷当事人双方的权利和义务。出借方为了保障自身利益,促使借款方能够按时还本付息,还会在借款合同中给出对借款企业的约束条款,来确保借款企业的整体资产的流动性与偿还能力。借款合同中包括基础条款和限制性条款。

1.借款合同的基础条款

根据我国有关法规规定,借款合同应具备下列基本条款:借款种类,借款用途,借款金额,借款利率,借款期限,还款资金来源及还款方式,保证条款,违约责任等。

2.借款合同的限制性条款

借款合同中包含的保护贷款人利益的条款称为限制性条款。限制性条款归纳起来主要有以下3类。

(1)一般性限制条款。主要包括企业需持有一定限度的营运资金,保持其资产的流动性及支付能力;限制企业支付现金股利;限制企业固定资产投资的规模;限制企业借入其他长期资金,特别是抵押举债等。

(2)例行性限制条款。主要包括企业定期向银行报送财务报表并投保足够的保险;不能出售其资产的重大部分；债务到期要及时偿付；禁止应收账款的贴现和出售；限制其他或有负债等。

(3)特殊性限制条款。主要包括公司要为高级管理人员投人身保险；在贷款期内公司不得解聘关键管理人员；限制高级管理人员的薪水和奖金；不得改变借款用途等。

(三)长期借款的偿还

长期借款的偿还方式由借贷双方共同商定。一般主要有以下几种方式。

(1)定期支付利息、到期偿还本金。这是最普通、最具代表性的偿还方式。采用这种方式，对于借款企业来说，分期支付利息的压力较小，但借款到期后偿还本金的压力较大。

(2)定期等额偿还方式，即在债务期限内均匀偿还本利和。这种偿还方式减轻了一次性偿还本金的压力，但是可供借款企业使用的借款额会逐期减少，因此会提高企业使用借款的实际利率。

(3)在债务期限内，每年偿还相等的本金再加上当年的利息。这是与第二种方式类似的一种偿还方式。

(4)到期一次还本付息。这种方式的优点是企业平时没有支付利息和本金的压力，有利于企业合理安排资金的使用，但到期还本付息的压力较大。

不同偿还方式使企业在借款期内偿还的本息总额是不同的，在整个偿还过程中现金流量分布也是不同的，企业应该根据自身的实际情况，合理选择偿还方式。

(四)长期借款筹资的优缺点

长期借款筹资的优点如下：

(1)筹资速度快。通过发行证券来筹集长期资金需要较长的准备时间和发行时间，而银行借款与发行证券相比，一般所需时间较短，企业可以迅速地获取资金。

(2)资本成本较低。长期借款利息可在税前支付，另外借款的手续费低于证券的发行费用。因而相对于其他长期筹资方式，长期借款的资本成本是最低的。

(3)弹性较大。借款企业面对的是银行而不是广大的债券持有人，而且可以与银行直接接触，确定贷款的时间、数量和利息；另外在借款期间如果情况发生了变化，企业也可与银行进行协商，修改借款数量及条件等，与其他筹资方式相比有较大的弹性。

(4)具有财务杠杆作用。因为银行借款利息属于固定性融资成本，在息税前利润增加时，会使税后利润以更大的幅度增加。

长期借款筹资的缺点如下：

(1)财务风险较大。因为财务杠杆的作用，在息税前利润减少时，税后利润会以更大的幅度减少；借款会增加企业还本付息的压力。

(2)限制条款较多。银行长期借款都有很多的限制条款，这些条款可能会限制企业的经营活动，包括筹资活动和投资活动。

(3)筹资数量有限。银行一般不愿进行巨额的长期贷款；另外，当企业财务状况不好时，借款利率会很高，甚至难以获得贷款。

二、债券筹资

(一)债券简介

债券是由债务人按照法定程序发行的筹资工具,证明债权人有按约定的条件取得利息和收回本金的权利凭证。债券可以流通,是现代经济中一种十分重要的筹资工具。债券按发行主体的不同可分为政府债券、金融债券和企业债券。政府债券的发行主体是政府,可分为中央政府债券和地方政府债券。地方政府债券是地方政府为地方性建设项目筹集资金而发行的债券,一般为中长期债券。金融债券是银行和其他非银行金融机构为了筹集资金而发行的债券。企业债券的发行主体是企业,是企业为筹集经营所需的资金而向社会发行的借款凭证。企业债券以中长期居多。由于企业债券的发行主要靠企业的信誉和实力,所以企业债券的风险相对较大,而且有不同的信用等级。这里企业的概念包含公司制企业。

在我国,企业发行的债券又分为公司债券与企业债券。公司发行公司债券应当符合《中华人民共和国公司法》和《中华人民共和国证券法》。企业债券的发行、交易主要适用国务院《企业债券管理条例》的规定。

2019 年 1—7 月我国非金融企业发行债券的情况见表 5-2。

表 5-2 2019 年 1—7 月我国非金融企业债券市场发行情况

债券品种	发改委	交易所市场		
	企业债券	公司债券	私募债	可转换债券
数量/只	221	471	689	81

资料来源:中证鹏元评级。

【引申阅读】

公司债券与企业债券两者的区别如下。

1.发行主体的差别

公司债券是由股份有限公司或有限责任公司发行的债券,非公司制企业不得发行公司债券。企业债券的发行主体为中央政府部门所属机构、国有独资企业、国有控股企业。

2.发行条件不同

(1)根据《公司债券发行试点办法》(中国证券监督管理委员会令第 49 号),发行公司债券,应当符合下列规定:

① 公司的生产经营符合法律、行政法规和公司章程的规定,符合国家产业政策;

② 公司内部控制制度健全,内部控制制度的完整性、合理性、有效性不存在重大缺陷;

③ 经资信评级机构评级,债券信用级别良好;

④ 公司最近一期末经审计的净资产额应符合法律、行政法规和中国证监会的有关规定;

⑤ 最近 3 个会计年度实现的年均可分配利润不少于公司债券 1 年的利息;

⑥ 本次发行后累计公司债券余额不超过最近1期末净资产额的40%；金融类公司的累计公司债券余额按金融企业的有关规定计算。

(2)根据《国家发展和改革委员会关于进一步改进和加强企业债券管理工作的通知》(发改财金〔2004〕1134号)，企业申请发行企业债券应符合下列条件：

① 所筹资金用途符合国家产业政策和行业发展规划；

② 净资产规模达到规定的要求；

③ 经济效益良好，近3个会计年度连续盈利；

④ 现金流状况良好，具有较强的到期偿债能力；

⑤ 近3年没有违法和重大违规行为；

⑥ 前一次发行的企业债券已足额募集；

⑦ 已经发行的企业债券没有延迟支付本息的情形；

⑧ 企业发行债券余额不得超过其净资产的40%。用于固定资产投资项目的，累计发行额不得超过该项目总投资的20%；

⑨ 符合国家发展和改革委员会根据国家产业政策、行业发展规划和宏观调控需要确定的企业债券重点支持行业、最低净资产规模以及发债规模的上、下限；

⑩ 符合相关法律法规的规定。

3.审批程序不同

根据《证券法》第十七条规定，申请公开发行公司债券应当报经中国证监会或者国务院授权的部门核准，经过核准的公司才可以发行公司债。而根据《企业债券管理条例》及《国家发展和改革委员会关于进一步改进和加强企业债券管理工作的通知》的规定，企业债券在审批制度上的归口管理部门是国家发展和改革委员会。

4.发行程序不同

发行公司债券，根据《证券法》及《公司债券发行试点办法》等有关规定，申请发行公司债券，应当由公司董事会制定方案，由股东会或股东大会做出决议，并应当由保荐人保荐，向中国证监会申报。保荐人应当按照中国证监会的有关规定编制和报送募集说明书和发行申请文件。发行公司债券，可以申请一次核准，分期发行。发行公司债券是否需要聘请证券公司承销，《证券法》《公司债券发行试点办法》及《证券发行与承销管理办法》(中国证券监督管理委员会令第37号)等有关规定中并无强制性规定。

发行企业债券，根据《企业债券管理条例》及《国家发展和改革委员会关于进一步改进和加强企业债券管理工作的通知》等有关规定，企业申请发行企业债券，先由其内部有权机关作出决议，由主承销商对发行人申请材料的真实性、准确性、完整性进行核查，并协助发行人向审批机关申报。国家发展和改革委员会则按照先核定企业债券发行规模、再批准企业债券发行方案的方式，组织和实施企业债券发行审批工作。发行人应在企业债券发行规模下达之日起一年内发行，并且须在批准文件印发之日起两个月内开始发行。发行企业债券应当由具有承销资格的证券经营机构承销，企业不得自行销售企业债券。

5.监管机构不同

根据《证券法》第一百七十八条规定，国务院证券监督管理机构依法对证券市场实行监督管理，维护证券市场秩序，保障其合法运行。根据《企业债券管理条例》第二十五条规定，中国人民银行及其分支机构和国家证券监督管理机构,依照规定的职责,负责对企业债券的发行和交易活动,进行监督检查。

(二)债券的发行价格

债券包含债券面值、票面利率、发行期限。而债券在发行时市场利率常常与票面利率不一致,这会使债券的发行价格与债券面值不同。所以,债券的发行价格,可以分为 3 种情况:平价发行、折价发行、溢价发行,即发行价与债券面值相同、发行价低于债券面值、发行价高于债券面值。

理论上,固定利率、每年付息还本的债券发行价格是债券的面值和年利息按发行当时的市场利率折现所得到的现值,计算的基本公式为:

$$债券发行价格=\sum_{t=1}^{n}\frac{面值\times 票面利率}{(1+市场利率)^{t}}+\frac{面值}{(1+市场利率)^{n}}$$

式中:n 为债券发行期限;t 为债券支付利息的期数。

由此可见,票面利率和市场利率的关系影响到债券的发行价格。当债券票面利率等于市场利率时,债券发行价格等于面值;当债券票面利率低于市场利率时,企业仍以面值发行就不能吸引投资者,故一般要折价发行;反之,当债券票面利率高于市场利率时,企业仍以面值发行就会增加成本,故一般要溢价发行。

在实务中,根据上述公式计算的发行价格一般是确定实际发行价格的基础,还要结合发行公司自身的信誉情况、对资金的急需程度和对市场利率变化趋势的预测等各种因素来确定最合适的债券发行价格。

(三)发行程序

对于发行企业债券,在企业确定发行意向之后建议首先确定主承销商,由主承销商配合企业以及相关地方政府部门完成以下工作:

(1)确定发行主体;

(2)确定担保人或担保方式。担保通常有第三方担保、土地抵押担保、设立偿债基金等方式;

(3)确定筹集资金的使用项目;

(4)确定其他中介机构;

(5)确定发行方案;

(6)主承销商协助向地方发改委提出发行企业债券的申请;

(7)主承销商协助企业建立与主管部门的关系;

(8)制作申请材料并报国家发改委审批;

(9)发行和承销准备工作;

(10)发行事宜,包括销售、划款、承销工作汇报、验资等;

(11)其他工作,包括信息披露、在每个环节做企业的顾问等。

公司债券的发行,类似于企业债的发行,区别仅在于公司债券的审批机构为证监会,而非发改委。发行各环节具体如图 5-1 所示。

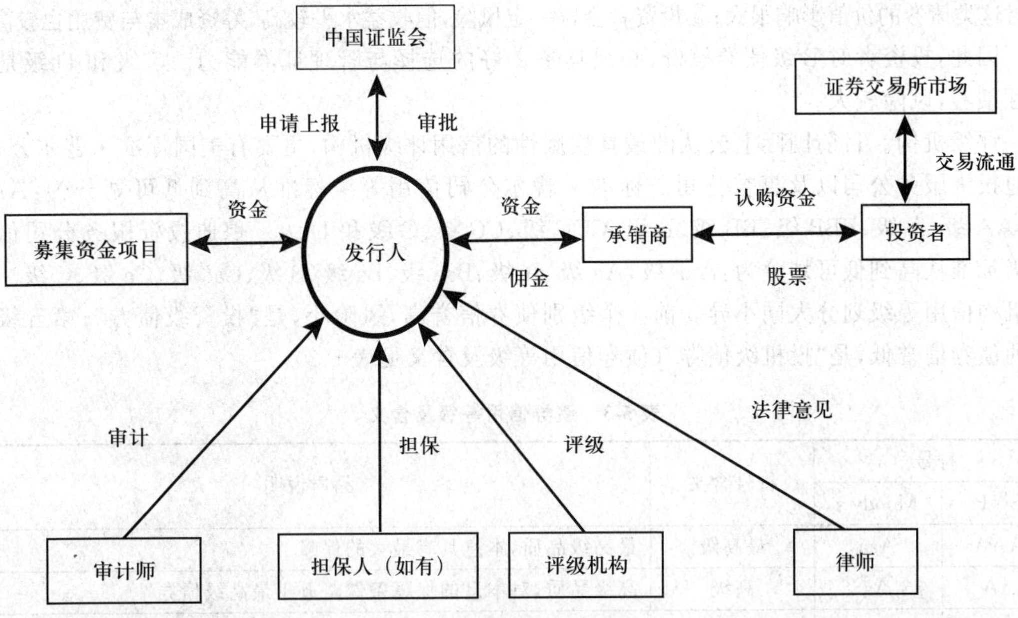

图 5-1　债券发行示意图

(四)发行债券与其他融资方式的区别

相对于商业银行贷款(间接融资)、发行股票等融资方式,发行企业债券、公司债券、短期融资券等直接融资方式更具有如下优势。

(1)发行主体限制少。国有企业、民营企业、上市公司、非上市公司,只要够规模、够条件的,都可以发行债券。

(2)期限优势。发行债券为中长期融资方式,而且可以持续发行多期;银行贷款主要以短期流动资金为主,不能满足企业的中长期项目用资需求。

(3)融资成本较低。融资成本低于股票融资,分散融资风险。

(4)资金用途灵活。企业债募集资金用途比较灵活,可以用于项目投资、补充流动资金、优化财务结构、偿还银行贷款等。

(五)债券评级

债券信用评级(bond credit rating)是以企业或经济主体发行的有价债券为对象进行的信用评级。债券信用评级大多是企业债券信用评级,是对具有独立法人资格企业所发行某一特定债券,按期还本付息的可靠程度进行评估,并标示其信用程度的等级。这种信用评级,为投资者购买债券和证券市场债券的流通转让活动提供信息服务。

A 级债券是最高级别的债券,其特点有 3 个:

①本金和收益的安全性最大;②它们受经济形势影响的程度较小;③它们的收益水平较低,筹资成本也低。

A 级债券信誉良好,对特别注重利息收入的投资者或保值者是较好的选择。

对愿意承担一定风险,又想取得较高收益的投资者,投资 B 级债券是较好的选择。B 级债券的特点是:①债券的安全性、稳定性以及利息收益会受到经济中不稳定因素的影响;②经济形势的变化对这类债券的价值影响很大;③投资者会冒一定风险,但收益水平较高,筹资成本与费用也较高。

因此,投资者对B级债券投资,必须具备良好的选择与管理证券能力。C级和D级是投机性债券,风险较大。

评级机构。目前国际上公认的最具权威性的信用评级机构,主要有美国标准·普尔公司、穆迪投资服务公司以及惠誉公司。标准·普尔公司信用等级标准从高到低可划分为:AAA级、AA级、A级、BBB级、BB级、B级、CCC级、CC级、C级和D级。穆迪投资服务公司信用等级标准从高到低可划分为:Aaa级,Aa级、A级、Baa级、Ba级、B级、Caa级、Ca级、C级。两家机构信用等级划分大同小异。前4个级别债券信誉高,风险小,是"投资级债券";第五级开始的债券信誉低,是"投机级债券"(债券信用等级及含义见表5-3)。

表5-3 债券信用等级及含义

符号		符号含义	品质说明
S&P	Moody's		
AAA	Aaa	最高级	最高级品质,本息具有最大的保障
AA	Aa	高级	高级品质,对本息的保障条件略逊于最高级债券
A	A	中高级	中上品质,对本息的保障尚属适当,但保障条件不及以上两种债券
BBB	Baa	中级	中级品质,目前对本息的保障尚属适当,但未来经济情况发生变化时,约定的条件可能不足以保障本息安全
BB	Ba	中低级	中下品质,具有一定的投机性,保障条件属中等
B	B	半投机性	具有投机性,而缺乏投资性,未来的本息缺乏适当的保障
CCC	Caa	投机性	两者都具有投机性。CC级比CCC级更差。债息尚能支付。但是经济状况不佳时,债息可能停付
CC	Ca		
C	C	充分投机性	债信不佳,本息可能已经违约停付,专指无力支付债息的公司债券
D	D	最低等级	品质最差,不履行债务,前途无望

我国债券评级的评级机构已经有一定发展,在市场经济企业发展中起到重要作用。我国债券评级机构主要包括中诚信国际信用评级有限公司、联合资信评估有限公司、上海新世纪资信评估投资服务有限公司等。

信用评级机构本质上是金融中介,作用在于解决信息不对称问题,为企业进行科学的信用等级评定,可以让诚信的企业区别于不良企业,有效解决由于信息不对称而造成的欺诈、骗贷等问题。

三、租赁筹资

(一)含义

租赁筹资是指出租人以收取租金为条件,授予承租人在约定的期限内占有和使用财产权利的一种契约性行为。融资租赁使得企业在资金缺乏的情况下,能迅速获得所需资产,其实质是一种借贷,不过它直接涉及的是物而不是钱。

(二)租赁筹资的优缺点

1.租赁筹资的优点

与其他筹资方式相比,租赁筹资有以下优点:

(1)筹资速度快。租赁设备往往比借款购置设备更迅速、更灵活。因为租赁是筹资与设备购置同时进行的,可以缩短设备的购进、安装时间,使企业尽快形成生产能力,有利于企业尽快占领市场,打开销路。

(2)限制条款少。企业运用股票、债券、长期借款等方式筹资都有相当多的限制、制约条件,而租赁筹资则没有太多的限制。

(3)设备淘汰风险小。随着科学技术的不断进步,设备陈旧过时的风险很高,利用租赁筹资,企业可以减少这一风险。因为经营租赁期限较短,到期把设备归还出租人,这种风险完全由出租人承担;租赁筹资的期限一般为资产使用年限的75%,不会像自己购买设备那样整个期间都承担风险;多数租赁协议都规定由出租人承担设备陈旧过时的风险。

(4)到期还本负担轻。租金在整个租期内分摊,不用到期归还大量本金。如果借款在到期日一次偿还本金,会给财务基础较弱的企业造成相当大的困难,有时会造成不能偿付的风险。而租赁则把这种风险在整个租期内分摊,可适当减少不能偿付的风险。

(5)保存企业的借款能力。利用租赁筹资并不增加企业负债,不会改变企业的资本结构,不会直接影响承租企业的借款能力。有些企业,由于种种原因,负债比率过高,不能向外界筹措大量资金。在这种情况下,采用租赁形式就可使企业在资金不足而又急需设备时,不付出大量资金就能及时得到所需设备。有些企业可能会发现,当它们的信用额度已全部用完,贷款协议又限制它们去进一步举债时,租赁筹资便成为最佳的选择。

(6)利息具有抵税作用。租金费用可在税前扣除,具有抵免所得税的效用,使承租企业能享受税收上的优惠。

2.租赁筹资的缺点

通过租赁资产筹集资金,虽有前述的一些优点,但也有明显的不足。

(1)筹资成本高。筹资成本高是租赁筹资的主要缺点,租金总额占设备价值的比例一般要高于同期银行贷款的利率。在承租企业经济效益不好、财务困难时期,固定的租金也会对企业构成一项较为沉重的财务负担。

(2)丧失资产残值。如若企业购买资产,就可享有资产残值。租赁期满,若承租企业不能享有设备残值,也可视为承租企业的一种机会损失。

(3)难于改良资产。由于租赁资产所有权一般归出租人所有,因此承租企业未经出租人同意,往往不得为满足企业生产经营的需要,擅自对租赁资产加以改良。

第四节　其他筹资方式(混合筹资)

除了股权融资、债券融资,还有兼具股、债两种性质的混合筹资。混合筹资是指利用混合型证券进行融资,混合性筹资包括可转换公司债券、优先股等。

一、可转换债券

(一)概念与性质

可转换公司债券(convertible bond),又称可转债,是一种特殊债券,可以在一定期间、按约定条件转换为普通股股票的公司债券。

可转换债券主要性质如下:

1.债权性

与其他债券一样,投资者可以选择按照规定的利率和期限持有债券到期,收取本息。

2.股权性

可转换债券在转换成股票之前是债券,转换成股票之后,原债券持有人就由债权人变成了公司普通股股东,有权参与企业的经营决策和利润分配。

3.可转换性

与其他债券相比,可转换性是可转换债券的重要标志,债券持有人可以按规定条件将债券转换成股票。转股权是可转债投资者享有的选择权,可以选择转换也可以选择不转换而继续持有债券。

(二)可转换公司债券筹资的优点和缺点

1.可转换债券筹资的优点

(1)资本成本低。由于赋予可转债持有人转股权,使其有机会通过行使转股权分享公司未来发展的收益,可转债与公司直接发行债券相比,其票面利率要低,从而降低了公司转股前的筹资成本。转换为股票后,原有的低成本筹资优势消失,企业需承担普通股的筹资成本。

(2)便于筹集更多资本。可转换债券的转换价格通常高于发行时的股票价格,与直接发行股票相比,可转债的筹资额大于当时发行股票的筹资额。发行人一般是在公司股票价格低迷但预期上升时,选择使用可转换债券筹资,这样可以避免直接发行股票遭受的损失。转换为股票时,对公司股份的影响较为温和,有利于稳定股份。

2.可转换债券筹资的缺点

(1)低成本筹资的时限性。尽管可转换债券的票面利率比普通债券低,但由于加入了转股权,相当于公司在发行普通债券的同时,发行了股票的看涨期权。与单独发行看涨期权不同的是执行看涨期权必须放弃债券,当可转换债券转换成股票后,总筹资成本比普通债券高。

(2)偿债的压力。若公司股价持续在低位徘徊,没有达到转股所需水平,债券持有人不会行使转换权,发行公司需承担还本付息的偿债压力,还可能导致企业无法实现筹集权益资本的目标。

(3)股份上涨风险。如果转换时股票价格大幅上涨,远高于可转债的转换价格,公司只能以较低的固定转换价格换出股票,致使公司筹资数量受限。

(三)上市公司可转债的发行条件

根据《证券法》的规定,发行可转换公司债券,必须符合下列条件:

(1)最近3年连续盈利,且最近3年净资产收益率平均在10%以上;

(2)转换债券发行后,公司资产负债率不高于70%;

(3)累计债券余额不超过公司净资产的40%,本次可转换债发行后,累计债券余额不超过公司资产的80%;

(4)募集资金的投向符合国家的产业政策;

(5)可转换公司债券的利率不超过银行同期存款的利率水平;

(6)可转换公司债券的发行额不少于一亿元;

(7)国务院规定的其他条件。

可转债的发行一般是由上市公司发行,且要符合以上发行条件,因此具有较高的发行门槛。

(四)可转换债券主要条款

可转换债券通常包括转换价格、转换期限、转股比例等要素,具体如下:

1.转换价格或转换比例

转换价格是指可转换债券转换为普通股时每股所支付的价格。用公式表示为:

$$转换价格=可转换债券面值/转换比例$$

转换比例是指一份可转换债券可转换成普通股票的股数。用公式表示为:

$$转换比例=可转换债券面值/转换价格$$

2.有效期限和转换期限

与一般债券相同,可转换债券的有效期限指债券从发行之日起至偿清本息之日止的存续期间。转换期限是指可转换债券转换为普通股票的起始日至结束日的期间。可转换债券的转换期限可以等同于有效期限,也可以短于有效期限。我国《上市公司证券发行管理办法》规定,自发行结束之日起6个月后方可转换为公司股票,转换期限由公司根据可转换公司债券的存续期限及公司财务状况决定。因此,我国发行的可转债存在6个月的递延转换期,转换期短于可转债有效期限。

3.票面利率与还本付息方式

可转换公司债券的票面利率是指可转换债券票面规定的利率,由发行人根据发行时市场利率水平、公司债券资信等级和发行条款确定。可转换公司债券一般半年或1年付息1次,到期后偿还未转股债券的本金及最后1期利息。

4.赎回条款与回售条款

赎回条款是指发行人在发行一段时间后,按照预定的赎回价格,在规定的赎回期内,提前赎回未到期的发行在外的可转换公司债券的规定。设置赎回条款的目的是促使债券持有人转换为股票,当市场利率下降时,降低公司的筹资成本。赎回价格一般高于可转债的面值。

回售条款是指公司股票在一段时间内连续低于转换价格达到某一幅度时,可转换债券持有人按事先约定的价格将所持可转换债券卖给发行人的规定。设置回售条款主要为降低债券持有人的投资风险,吸引投资者。

5.强制转换条款

强制转换条款是指在满足特定条件下,债券持有人必须将可转换债券转换为股票,无权要求偿还债券本金的规定。为了保证可转换债券转换成股票,实现权益筹资的目的,可转债发行人可设置强制转换条款。

第五节　短期筹资

短期筹资基本是负债筹资,没有权益筹资。我国短期负债筹资的方式主要有短期借款和商业信用。

一、短期借款

短期借款是企业向银行和其他非银行金融机构借入的期限在一年以内的借款。

(一)短期借款的种类

目前我国短期借款按照目的和用途分为生产周转借款、临时借款、结算借款等。按照国际惯例,短期借款往往按偿还方式不同分为一次性偿还借款和分期偿还借款;按利息支付方式不同分为收款法借款、贴现法借款和加息法借款;按有无担保分为抵押借款和信用借款,等等。下面主要讨论信用借款和抵押借款。

1.信用借款

信用借款是指企业凭借自己的信誉从银行取得的借款。银行在对企业的财务报表、现金预算等资料分析的基础上,决定是否向企业贷款。一般只有信誉好、规模大的公司才可能实现信用借款。这种信用借款一般都带有一些信用条件,如信用额度、周转信用协议和补偿性余额等。

信贷额度是银行对企业规定的无担保贷款的最高限额,其有效期一般为一年,但可根据具体情况延期一年。通常在信贷额度内,企业可以随时使用银行借款,但银行不必须向企业提供全部信贷额度的贷款。如果企业信誉恶化,即使银行曾同意过按信贷额度提供贷款,企业也可能得不到借款。

周转信贷协议是指银行具有法律义务在某一最高限额的信贷协议的有效期内,只要企业的借款总额未超过最高限额,银行就必须满足企业在任何时候提出的借款要求。但企业通常要就贷款限额的未使用部分支付给银行一笔承诺费,作为对银行的一种补偿。

【例 5-1】某周转信贷协议金额为 1 000 万元,承诺费为 0.5%,在信贷协议有效期内实际使用了 800 万元,余额 200 万元,借款企业就要向银行支付承诺费 1 万元(200×0.5%)。

补偿性余额是银行要求借款企业在银行中保持按短期贷款限额或实际借款额一定百分比(一般为 10%~20%)的最低存款余额。补偿性余额对银行来说,降低了贷款风险;而对于借款企业来说,则提高了借款的实际利率。

【例 5-2】某企业按年利率7%向银行借款100万元，银行要求维持贷款限额20%的补偿性余额，那么企业实际可以利用的借款只有80万元，则该项借款实际利率为：

$$
\begin{aligned}
\text{实际利率} &= \text{名义利率}/(1-\text{补偿性余额比例}) \\
&= 7\%/(1-20\%) \\
&= 8.75\%
\end{aligned}
$$

2.抵押借款

为了降低风险，银行发放贷款时往往需要有抵押物担保。短期借款的抵押品主要有应收账款、存货、应收票据、债券等。银行将根据抵押品面值的30%～90%发放贷款，具体比例取决于抵押品的变现能力和银行对风险的态度。抵押借款的利率通常高于信用借款的利率，这是因为银行主要向信誉好的客户提供信用贷款，而将抵押贷款看作是一种风险投资，故收取较高的利率；另外，银行管理抵押贷款比信用贷款困难，往往需为此另外收取手续费。抵押借款的种类主要有：

应收账款的担保借款，即企业以其应收账款的债权作为担保品，贷款银行拥有应收账款的受偿权，还可以对借款企业行使追偿权。因此，运用应收账款抵押的方式取得借款，借款企业仍要承担应收账款违约的风险。

应收账款让售借款，即借款人将其拥有的应收账款债权卖给贷款银行。应收账款让售借款通常有两种做法：一是银行对让售的企业有追索权，即当购货方未能支付货款时，贷款银行转而向让售企业行使追索；二是银行对让售的企业无追索权，即购货方未能支付货款时，贷款银行不能对借款企业行使追索权，而要自己承担坏账损失，但银行要按较高的折扣率并收取较高的手续费以弥补可能发生的损失，有的手续费高达5%。这种没有追索权的应收账款让售是企业将应收账款变现融资的一种行为，也属于应收账款保理融资的范畴。

存货担保贷款。由于存货是流动资产中变现速度较慢且其性质和种类差别较大的资产，因此银行只愿意将易于保管、易变现的存货作为短期贷款的担保品。由于存货作为担保品给银行带来了许多不便，因此，其利率要高于应收账款作为担保品的借款利率。

【引申阅读】

2014年由中国银行业监督管理委员会（简称银监会）公布的《商业银行保理业务管理暂行办法》中称"保理业务是以债权人转让其应收账款为前提，集应收账款催收、管理、坏账担保及融资于一体的综合性金融服务。"

债权人将其应收账款转让给商业银行，由商业银行向其提供下列服务中至少一项的，即为保理业务：

①应收账款催收：商业银行根据应收账款账期，主动或应债权人要求，采取电话、函件、上门等方式或运用法律手段等对债务人进行催收；②应收账款管理：商业银行根据债权人的要求，定期或不定期向其提供关于应收账款的回收情况、逾期账款情况、对账单等财务和统计报表，协助其进行应收账款管理；③坏账担保：商业银行与债权人签订保理协议后，为债务人核定信用额度，并在核准额度内，对债权人无商业纠纷的应收账款，提供约定的付款担保；④保理融资：以应收账款合法、有效转让为前提的银行融资服务。

应收票据贴现借款，即企业将持有的未到期的应收票据交付贴现银行兑收现金。应收票据产生于商业信用,但在贴现时又转化为银行信用。企业在办理票据贴现时,银行要收取一定的贴现息,并以票据到期值扣除贴现息的金额向企业提供贷款。应收票据贴现借款这种抵押借款方式,实际上是企业将应收票据转让给银行。它与应收账款担保贷款一样,企业仍要承担应收票据的违约风险,即当票据到期而付款人不能付款时,贴现银行对贴现企业具有追索权。在西方,这种应收票据贴现借款的方式已发展成“商业票据”或称为“短期融资券”的短期筹资方式。

(二)短期借款的成本

短期借款成本主要包括利息、手续费等。短期借款成本的高低主要取决于贷款利率的高低和利息的支付方式。短期借款的利率因借款企业的信誉、借款金额及时间的不同而有所不同,主要有优惠利率、浮动优惠利率和非优惠利率。优惠利率是银行向财务状况好、信誉佳的企业发放贷款时收取的名义利率,是贷款利率的最低限;浮动优惠利率是一种随其他短期筹资方式利率的变动而变动的优惠利率,即随着市场条件变化而随时调整的优惠利率;非优惠利率是银行贷款给一般企业时收取的高于优惠利率的利率,非优惠利率与优惠利率之间的差距大小是由借款企业的信誉、与银行的往来关系及当时的信贷状况所决定的。

短期贷款利息的支付方式有收款法、贴现法和加息法 3 种。利息的方式不同,短期借款成本计算也有所不同。

1.收款法

收款法是在借款到期时向银行支付利息的方法。银行向企业贷款一般都采用这种方法收取利息。采用收款法时,短期贷款的实际利率就是名义利率。

2.贴现法

贴现法又称折价法,是指银行向企业发放贷款时,先从本金中扣除利息部分,而到期时借款企业只要偿还贷款全部本金的一种利息支付方法。在这种利息支付方式下,企业可以利用的贷款只是本金减去利息部分后的差额,因此,贷款的实际利率要高于名义利率。

【例 5-3】某企业从银行取得借款 100 000 元,期限 1 年,年利率(即名义利率)7%,利息额 7 000 元(100 000×7%),按贴现法支付利息,企业实际可利用的贷款只有 93 000 元(100 000−7 000),因此该项贷款的实际利率为:

$$
\begin{aligned}
\text{实际利率} &= \text{利息}/(\text{借款本金}-\text{利息}) \\
&= \frac{7\ 000}{100\ 000-7\ 000}\times 100\% = 7.53\%
\end{aligned}
$$

3.加息法

加息法是银行发放分期等额偿还贷款时采用的利息收取方法。在分期等额偿还贷款情况下,银行将根据名义利率计算的利息加到贷款本金上,计算出贷款的本息和,要求企业在贷款期内分期偿还本息之和的金额。由于贷款本金分期均衡偿还,借款企业实际上平均只使用了贷款本金的一半,却支付了全额利息。这样企业所负担的实际利率便大约是名义利率的 2 倍。

【例 5-4】某企业借入年利率 10%(名义利率)的借款 200 000 元,分 12 个月等额偿还本息。该项借款的实际利率为:

$$
\begin{aligned}
\text{实际利率} &= \text{利息}/(\text{本金}/2) \\
&= (200\ 000\times 10\%)/(200\ 000/2) = 20\%
\end{aligned}
$$

二、商业信用

商业信用是指在商品交易中由于延期付款或预收货款所形成的企业间的借贷关系，是企业间的一种直接信用行为。商业信用是伴随商品交易而产生的，属于自然性筹资。商业信用的具体形式有应付账款、应付票据、预收账款等。

（一）应付账款

1.应付账款的概念和种类

应付账款是企业购买货物暂未付款所形成的自然性筹资，即卖方允许买方在购货后一定时期内支付货款的一种形式。卖方利用这种形式促销，而买方延期付款则等于向卖方借用资金购买商品，以满足短期资金的需求。这种商业信用的形式一般建立在卖方对买方的信誉和财务状况比较了解的基础之上。

2.应付账款的成本

与应收账款相对应，应付账款也有付款期、折扣期限、折扣比例等信用条件。若企业在折扣期内付款，便可以享受免费信用，这时企业没有因为享受信用而付出代价，但若超过折扣期限付款，则企业要承受因放弃现金折扣而形成的隐含利息成本。

$$放弃现金折扣的实际利率=\frac{折扣率}{1-折扣率}\times\frac{360}{信用期限-折扣期限}$$

【例 5-5】某企业按“3/10，N/30”的信用条件购买一批商品，商品价值 100 万元。若企业在 10 天以内付款，则可享受最长 10 天的免费信用，并可以取得 3 万元（100×3%）的折扣，免费信用额为 97 万元；若企业放弃现金折扣，在第 30 天付款，付款总额为 100 万元，这就属于有代价信用。

为了分析企业放弃折扣的隐含利息成本，可将支付的货款分为两部分：供应商提供的 10 天免费信用而应支付的款项为 97 万元；供应商提供的 20 天的有代价信用而应支付的利息为 3 万元。因此公司推迟付款 20 天，相当于举债融资 97 万元，应支付利息 3 万元，则该 20 天的实际利率为：

$$20天的实际利率=\frac{3}{97}\times100\%\approx3.09\%$$

利息通常以年表示，因此，必须把 20 天的利率折算 360 天的利率。假设按单利计算，则实际年利率为：

$$实际年利率=3.09\%\times\frac{360}{20}=55.62\%$$

以上计算过程若用公式表示，则企业放弃现金折扣的实际利率为：

$$放弃现金折扣的实际利率=\frac{3\%}{1-3\%}\times\frac{360}{30-10}=55.67\%$$

55.62%与 55.67%差别是由于四舍五入造成的。计算结果表明，若企业放弃现金折扣，以取得这笔为期 20 天的资金使用权，是以承担 55.67%的年利率为代价的。由此可见，放弃现金折扣取得商业信用的成本是很高的。但若企业在放弃现金折扣情况下，推迟付款的时间越长，其成本便会越小。如上例中，若企业延迟到第60天付款，则：

$$放弃现金折扣的实际利率=\frac{3\%}{1-3\%}\times\frac{360}{60-10}=22.27\%$$

计算结果表明，放弃现金折扣的成本与折扣百分比的大小、折扣期限长短同方向变化；与信用期限的长短成反方向变化。

(二)应付票据

应付票据是企业进行商品交易，延期付款时开具的反映债权债务关系的票据。根据承兑人的不同，应付票据分为商业承兑票据和银行承兑票据；按是否带息分为带息票据和不带息票据。应付票据的承兑期由交易双方商定，最长不超过6个月。应付票据的利率一般低于短期贷款利率，且不用保持相应的补偿性余额和支付协议费、手续费等。但是应付票据到期必须归还，如延期要支付罚金，因而风险较大。

【引申阅读】

商业票据与银行票据

1.商业票据

商业票据是商业信用的筹资工具，它是在信用买卖时证明债权债务关系的书面凭证。商业票据有商业汇票和商业本票两种。

1)商业汇票

这种筹资方式是由债权人发给债务人，要求其在一定时期内向指定的收款人或持票人支付一定款项的支付命令书。它一般有3个当事人：一是出票人(即债权人)，二是付款人(债务人)，三是持票人或收款人(债权人或债权人的债权人)。商业汇票必须经过付款人承兑才能生效。承兑是指汇票的付款人在汇票上签名，用以表示到期付款意愿的行为。凡是由商业企业承兑的称为商业承兑汇票，凡是由银行承兑的称为银行承兑汇票。

2)商业本票

又称商业期票，是由债务人向债权人发出的，承诺在一定时期内支付一定款项的债务凭证。它有两个当事人，一是出票人(即债务人)，二是收款人(即债权人)。

商业票据的持有人可用未到期的票据向银行办理贴现。

贴现是银行办理放款业务的一种方式。当商业票据的持有人需要现金时，可将未到期的票据卖给银行，银行则按市场贴现率扣除自贴现日至票据到期日的利息后，将票面余额支付给持票人。

2.银行票据

银行票据是在银行信用基础上产生的，由银行承担付款义务的信用流通工具。

银行汇票是指由银行签发的汇款凭证，它由银行发出，交由汇款人自带或由银行寄给异地收款人，凭此向指定银行兑取款项。

银行本票是由银行签发，也由银行付款的票据，可以代替现金流通。

支票是指在金融机构有活期存款的存户，委托其存款银行于见票时无条件按票面金额支付给收款人或持票人的支付凭证。

支票有多种形式，可以是记名支票也可以是不记名支票；可以是现金支票也可以是转账支票，还可以是银行保付支票。

支票是在银行信用基础上产生的，它的付款人是银行，比商业票据有更大的信用保证，因而它的流通范围比较广泛。支票的流通产生了非现金结算，减少了现金流通量，节约了流通费用。

(三)预收账款

预收账款是卖方企业在交付货物之前向买方预先收取的部分或全部货款的信用形式。对于卖方来说，预收账款相当于向买方借用资金后用货物抵偿。预收账款一般在销售生产周期长、资金需要量大的货物时使用。

【引申阅读】

占用上下游资金的OPM融资方式

OPM，是other people's money的英文缩写。OPM也称为类金融模式，是指非金融企业像银行一样，以较低的成本甚至无成本的方式吸纳、占用各方资金，通过循环滚动的方式长期使用，最终利用这些资金实现自身扩张和利润最大化的营运模式。企业实施OPM的前提是企业具有规模优势，对上下游供应商、销售商具有很强的讨价还价能力，将占用在存货和应收账款的资金及其资金成本转嫁给上下游企业。此模式具有如下好处：①无成本或低成本吸纳、占用上下游企业资金；②通过合理使用这些资金获得资金收益。

OPM战略是类金融模式下常用的资金运营战略。成功的运用OPM有助于增强企业的财务弹性，增强企业对市场机遇和市场逆境的应变能力，还可增加经营活动产生的现金流量，实现企业价值增加。

(四)应计费用

除了以上商业信用形式外，企业在非商品交易中还形成一些应计费用，如应付职工薪酬、应交税金、应付利息、应付股利等。这些应计费用支付期晚于发生期，相当于企业享用了收款方的借款，是一种“自然性筹资”。从某种程度上来说，应计费用是一种无成本的筹资方式。但是对于企业来说，应计费用并不是真正可自由支配的，因为其期限通常都有强制性的规定，如按规定期限缴纳税金和支付利息、每月按固定的日期支付工资等。因此应计费用不能作为企业主要的短期筹资方式来使用。

第六节　长短期筹资组合策略

企业除了采用发行债券、发行股票、长期借款等方式筹集长期资本外，还可采取短期借款、商业信用等方式筹集短期资本。由此也就产生了企业筹资组合策略问题，即长短期资本结构决策问题。

企业筹资组合策略是指资金来源中短期资本和长期资本的比例的确定。长短期资本结构决策主要考虑资本成本、财务风险和企业的资产结构等因素。

一、考虑资本成本与风险因素下的筹资组合策略

不同期限负债筹资的风险和成本是不同的。根据利率期限结构理论，长期负债属于低风险高成本的负债，而短期负债则属于高风险低成本的负债。这主要是因为：第一，短期负债利率一般低于长期负债利率；第二，企业不需要资金时仍要为长期负债支付利息，因此长期负债成本较高；第三，短期负债增加了企业偿债的压力，使企业财务风险较大；第四，短期负债的成本较长期负债有较大的不确定性，特别是在利率处于上升趋势时。前两个原因决定了短期负债成本低于长期负债；后两条原因决定了短期负债风险大于长期负债。资本成本与风险本章仅简要介绍，具体衡量测算将在下一章详细讨论。

根据对于资本成本与风险的态度不同，长短期负债筹资组合策略主要有稳健型、折衷型和激进型 3 种。稳健型策略是采用低流动负债高长期负债的筹资组合，属于低风险高成本的筹资组合；激进型策略是采用低长期负债高流动负债的筹资组合，属于高风险低成本的筹资组合；折衷型策略是采用适中的流动负债和长期负债比例，属于风险和成本适中的筹资组合。

【引申阅读】

利率的期限结构理论

利率的期限结构理论说明为什么各种不同的国债即期利率会有差别，而且这种差别会随期限的长短而变化。利率期限结构理论包括以下 3 个理论。

1. 流动性偏好理论(liquidity preference theory)

长期债券收益要高于短期债券收益，因为短期债券流动性高，易于变现。而长期债券流动性差，人们购买长期债券在某种程度上牺牲了资本的流动性，因而要求得到补偿。

2. 预期理论(expectation theory)

如果人们预期利率会上升(例如在经济周期的上升阶段)，长期利率就会高于短期利率。

如果所有投资者预期利率上升，收益曲线将向上倾斜；当经济周期从高涨、繁荣即将过渡到衰退时，如果人们预期利率保持不变，那么收益曲线将持平；如果在经济衰退初期人们预期未来利率会下降，那么就会形成向下倾斜的收益曲线。

3. 市场分隔理论(market segmentation theory)

因为人们有不同的期限偏好，所以对于长期、中期、短期债券有不同的供给和需求，根据供求量的不同，它们的利率各不相同。长期、中期、短期债券形成不同的市场，相互之间不能替代。

二、考虑资产结构因素下的筹资组合策略

由于负债到期必须偿还，所以企业需要有足够的流动资产。因此，企业筹资组合策略需要考虑长短期资本结构和长短期资产结构之间的对应关系。这个问题的讨论涉及流动资产的分类。流动资产根据其占用资金来源不同可以分为临时性流动资产和永久性流动资产。前者是指由于季节性或临时性需求而持有的流动资产，如销售旺季增加的应收账款

和存货；后者是指用于满足企业长期稳定需求而保持的流动资产，如保险储备中的存货和现金等。永久性流动资产占用的资金与长期资产占用的资金有相似之处，即尽管这部分资金是占用在流动资产上，但其所占用的资金是长期性的。图 5-2 显示了临时性流动资产和永久性流动资产的特征。

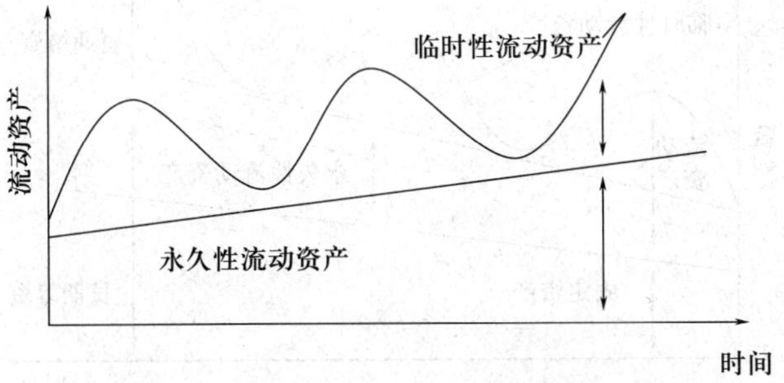

图 5-2　临时性流动资产和永久性流动资产的特征

理论上，临时性流动资产一般通过短期负债筹资来解决，而永久性流动资产应通过长期负债和权益资本筹资来解决。但考虑到企业对筹资风险与成本的态度不同，在确定临时性流动资产和永久性流动资产所采用的筹资方式时，有 3 种不同的策略，即折衷型、激进型和稳健型策略。

1.折衷型策略

折衷型策略是指临时性流动资产由短期负债来解决，永久性流动资产和所有的长期资产由长期负债和权益性资本来解决，如图 5-3 所示。

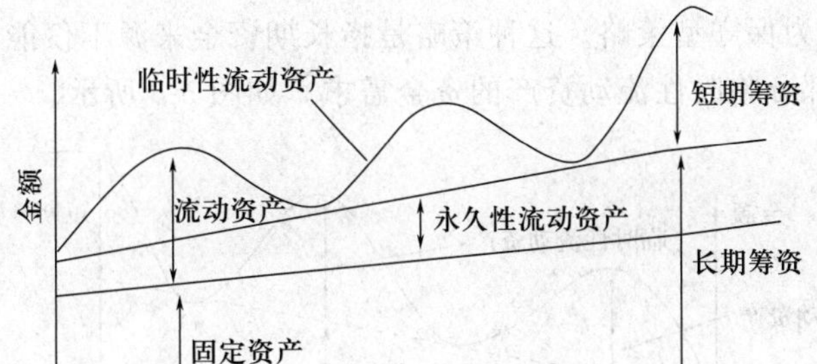

图 5-3　折衷型营运资本管理综合策略

采用折衷型策略，企业在图 5-3 中所示的临时性流动资产处于波谷时不进行短期负债；当临时性流动资产处于波峰时进行短期负债，并用由临时性流动资产的减少而释放出来的现金偿还这些负债。例如，春节销售旺季出现的季节性存货和应收账款的扩张，可以通过短期借款来融通，随着存货因销售而减少，应收账款将逐渐增加，而应收账款回收带来的现金，则可用于偿还短期借款。这种策略是一种理想的筹资组合策略，但在不确定性存在的条件下，很难在现实经营活动中得以实现。

2.激进型策略

激进型策略又称为冒险型策略。这种策略是指不仅临时性流动资产由短期负债来解决，而且部分永久性流动资产的资金也来源于短期负债。如图 5-4 所示。

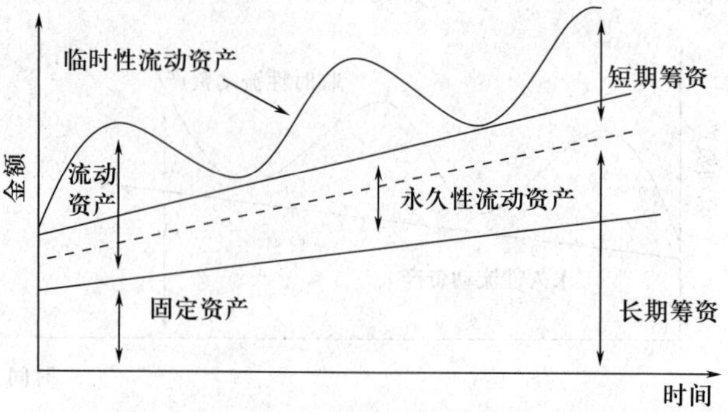

图 5-4 激进型营运资本管理综合策略

这是一种高风险、低成本、高盈利的筹资组合策略。因为短期负债与长期负债相比风险高、成本低。用短期负债作为永久性流动资产的资金来源，其成本较低；但由于负债的偿还期短于资产的周转期，因此在这些债务到期时，企业必须进行再筹资，这就会包含一定的风险。特别是在短期负债利率多变的情况下，这种筹资策略的风险更大。用短期负债所融通的永久性流动资产比例越大，风险就越大，即图 5-4 中的虚线越低，风险越大。这种策略适用于长期资金来源不足，或短期负债成本较低的企业。

3.稳健型策略

稳健型策略又称为保守型策略。这种策略是指长期资金来源不仅能满足长期资产的资金需求，而且还能满足部分临时性流动资产的资金需求。如图 5-5 所示。

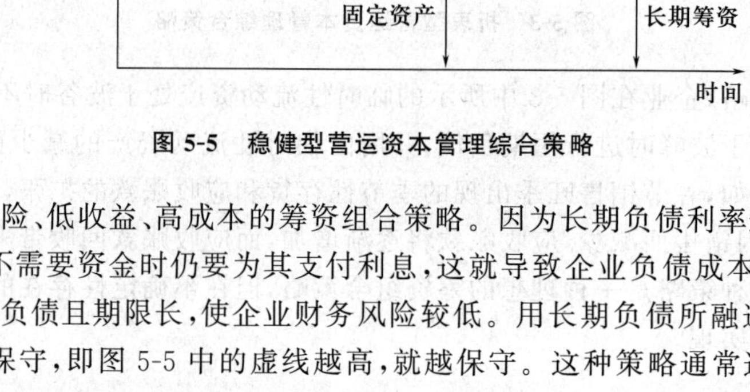

图 5-5 稳健型营运资本管理综合策略

这是一种低风险、低收益、高成本的筹资组合策略。因为长期负债利率通常高于短期负债利率，另外企业在不需要资金时仍要为其支付利息，这就导致企业负债成本高；但长期负债利率的波动小于短期负债且期限长，使企业财务风险较低。用长期负债所融通的临时性流动资产比例越大，就越保守，即图 5-5 中的虚线越高，就越保守。这种策略通常适用于长期资金多余，但又找不到更好的投资机会的企业。

本章小结

筹资是企业财务管理中的重要内容。按照筹资资本的属性不同，筹资方式可以分为债务筹资与股权筹资。本章介绍了权益性融资中的普通股，债务性融资中的长期借款、债券融资，以及短期借款、商业信用等，还有兼具债务与权益性质的可转换债券融资、优先股融资等。债务与权益融资的比例反映企业资本结构。

企业融资还可分为长期融资与短期融资。长期融资满足企业的长期投资与扩张所需资金，短期融资解决日常经营对资金的需要。两者的筹资组合根据成本与风险以及资产结构，可以分为3种策略：折衷型策略、激进型策略、稳健型策略。

练习题

一、复习思考题

1. 通过走访证券公司、业内人士或收集资料，了解：①国外股票市场的发展与历史现状；②国内股票市场的发展历史与现状；③对比两者之间的差异及发展趋向；④了解我国股票融资的条件、目前存在的问题，并试着给出你的看法与建议。

2. 上网查阅一家发行公司债券的企业资料，了解债券的发行价格有几种，是如何确定的。发行价格的确定需要考虑哪些因素？并将了解的情况与同学们一起讨论。

3. 走访一家银行或与相关人士做访谈，了解银行对外贷款的业务流程，并分析贷款的约束条件有哪些。

二、多项选择题

1. 与优先股相比，普通股所具有的特点是(　　)。

A. 普通股股东对公司有经营管理权

B. 公司破产时，普通股股东有优先求偿权

C. 普通股股利固定

D. 在公司增发新股时，有认股优先权

2. 股票筹资的优点是(　　)。

A. 提高公司信誉　　B. 在公司持续经营中不需偿还

C. 没有固定的利息负担　　D. 筹资成本高

3. 债券发行价格的高低，取决于(　　)。

A. 债券发行日　　B. 债券到期日

C. 债券利率　　D. 市场利率

4. 与股票筹资相比，长期债务筹资的资本成本较低，这是因为(　　)。

A. 投资者投资风险小　　B. 筹资额没有限度

C. 筹资费用少　　D. 债务利息税前支付

5. 企业自有资金筹资方式有(　　)。

A. 企业内部积累　　B. 发行债券

C. 发行股票　　D. 商业信用

6. 下列不属于普通股筹资方式的优点有(　　)。

A. 公司的控制权分散　　B. 没有固定的利息负担，财务风险低

C. 资金成本低　　D. 增强企业实力

E. 不需要偿还本金

7. 在我国，股票的发行价格有(　　)。

A. 现行市场价　　B. 折价发行

C. 平价发行　　D. 时价发行

E. 中间价发行

8. 下列关于债务资金的说法正确的有(　　)。

A. 要求按时付息并在到期日归还本金

B. 债权人参与企业利润分配

C. 所有权属于债权人

D. 企业只能在一定时期内使用

E. 由流动负债和非流动负债两部分构成

9. 影响债券发行价格的因素有(　　)。

A. 筹资费用　　B. 所得税率

C. 计息方式　　D. 债券期限

E. 发行时的市场利率

10. 债券筹资的缺点有(　　)。

A. 筹资风险高　　B. 分散控制权

C. 资金成本较高　　D. 限制条件多

E. 不能获得财务杠杆利益

11. 短期借款筹资方式的优点有(　　)。

A. 筹资速度快　　B. 筹资金额大

C. 款项使用灵活　　D. 资金成本高

E. 筹资风险小

12. 从企业筹集资金的角度来说，在下列各项中，属于商业信用主要形式的有(　　)。

A. 应付账款　　B. 预收货款

C. 票据贴现　　D. 应付票据

E. 赊销商品

三、案例分析题

贵人鸟危机①

2019年8月15日，贵人鸟股价再次下跌，午间收盘价为4.31元/股。股价的持续下跌，正不断加剧贵人鸟的危机。贵人鸟曾发布公告称，因公司股价已跌破贵人鸟集团与有关机构设定的履约保障比例平仓线，贵人鸟集团持有公司的4.26亿股股份被冻结，占公司总股本的67.86%。

(一)运动鞋服第一股危机：盲目扩张埋隐患

贵人鸟成立于1987年，公司主要从事贵人鸟品牌运动鞋服的研发、生产和销售，2014年年初在上交所上市，是中国A股上市运动鞋服第一股。

然而，上市后贵人鸟业绩就持续下滑。2014年，公司净利润为3.12亿元，与上年同期相比，下跌了26.25%。2015年，其净利润略微出现回升；2016年，其净利润则再次下跌至2.93亿元，同比下跌11.75%；其业绩下跌的主要原因是财务费用暴涨57.35%，至1.5亿元，且收到的政府补助同比下降26%。

在业绩不断下滑的背景下，贵人鸟试图通过并购，尝试多元化经营来扭转局面。2016年是贵人鸟急速扩张的一年，贵人鸟通过不停地收购，花费8.1亿元获得3家子公司的控股权，并产生5.75亿元商誉。这也给公司的业绩埋下巨大隐患。

然而，频繁并购之后，贵人鸟业绩却加速下滑。2017年，贵人鸟净利润仅为1.57亿元，同比减少46.42%。主要原因是经营成本大增，其中，销售费用暴增89.3%、管理费用增长52.3%、财务费用增长50.3%；2018年，公司实现营收28.12亿元，同比减少13.52%，净利润为−6.9亿元。

(二)巨额资产减值，贵人鸟陷入财务危机

贵人鸟业绩的下滑主要受到了并购公司业绩低迷的影响，表现欠佳的子公司给公司带来了巨额损失。2018年贵人鸟产生资产减值损失1.5亿元，包括存货跌价损失6 401万元，旗下名鞋库计提商誉减值9 320万元，直接导致贵人鸟2018年度业绩发生亏损。此外，贵人鸟为了并购，还付出了巨额的财务成本。2016年，贵人鸟非公开发行股票1 460万股，共募集资金净额3.82亿元。同一时间，贵人鸟还发行了6亿元超短期融资券、5亿元非公开定向债务融资工具。这也导致此后几年公司财务费用激增，2016年增长57.35%，至1.5亿元；2017年增长52%，至2.28亿元；2018年继续增长2%，至2.33亿元。

(三)融资渠道中断，面临11亿元债券违约

据财报显示，截至2019年3月底，贵人鸟账上货币资金仅为1.38亿元，与2017年底相比，降幅高达81.53%。与此同时，公司的应付账款却在不断增加，截至2019年3月底，其应付账款(包括应付票据)已高达8.6亿元。

目前，贵人鸟发行的债券中，尚有两只未到期债券，分别是2016年发行的第一期非公开定向债券金额5亿元和2014年发行的公司债券金额6.47亿元。两期债券将分别于2019年11月10日和2019年12月2日到期。然而，在贵人鸟财务危机日趋加深的背景下，贵人鸟的评

---

① 资料整理自：1 新浪财经网站贵人鸟财报数据与公司公告；2【红岸预警】贵人鸟成本价仅为吊牌价的五分之一，公司11亿债券面临违约 https://baijiahao.baidu.com/s?id=1641912796538381013&wfr=spider&for=pc。

级机构却并没有大幅下调该公司评级。2019 年 6 月 21 日，联合信用评级公司发布跟踪评级报告，将贵人鸟主体长期信用等级由 AA 级，下调到 AA^-，评级展望为稳定；并将贵人鸟发行的“14 贵人鸟”公司债券信用等级也由 AA 级下调至 AA^-。

公司数次质押股权。在 2018 年 9 月，贵人鸟曾公告称，贵人鸟集团(香港)有限公司所持有的 1.02 亿元无限售流通股及孳息已被厦门市中级人民法院冻结，冻结时间为 2018 年 9 月 19 日，冻结期限 3 年，该强制执行申请方为厦门国际信托有限公司。据不完全统计，从 2017 年起，贵人鸟集团曾多次为旗下子公司提供借款担保并将股票质押给信托机构。

根据上述内容，并可进一步查阅相关资料，讨论下列问题：

(1)我国的上市公司，目前有哪些筹资方式？贵人鸟采用了哪些方式进行筹资？筹资目的是什么？可进一步分析其筹资组合与资产结构的配比是否合理。

(2)我国债券信用评级有哪些机构？债券信用评级需要考虑哪些因素？你认为贵人鸟的债券信用等级下调得是否恰当？

(3)什么情况下上市公司会质押股权进行融资？哪些公司采用了质押股权这种方式进行融资？贵人鸟质押的股权为什么被冻结？会对贵人鸟公司带来哪些潜在危机？

第六章 资本成本和资本结构

【学习目的与要求】

通过本章学习，理解资本成本的概念及个别资本成本、加权平均资本成本的计算；理解经营杠杆、财务杠杆及总杠杆的概念及相关计算；掌握资本结构决策的方法及相关理论。

【引导案例】①

四川长虹电器股份有限公司始创于1958年，前身是国营长虹机器厂，是中国"一五"期间的156项重点工程之一。四川长虹的主营业务有汽车电器、家用电器、照明设备、通信设备、家居产品、电子医疗产品、金属制品、电子产品及零配件、数字监控产品、文化体育产品、文化用品等，以及房屋及设备租赁，产品开发、销售与服务，房地产的开发与经营以及进出口贸易，企业管理的咨询和服务，高科技项目的投资等众多行业。

四川长虹2014—2017年度的资产负债比率比较平稳，2014年为67.70%，2015年为67.99%，2016年为66.54%，2017年为68.12%，每年都高于65%，负债太高，债务管理不力使公司承受偿债的压力。

产权比率是衡量长期偿债能力的指标，反映了债权人提供的资本与股东提供的资本之间的相对数量关系。2014—2017年四川长虹的产权比率在2上下，意味着这4年来四川长虹的负债总额是所有者权益的2倍左右，它表明债权人提供的资本金额远远高于股东提供的资本金额。四川长虹将面临巨大的风险，但同时也可能实现高回报。通过以上分析，四川长虹应加快资本结构的调整速度，以实现资本结构的改善，更加接近最优资本结构。

在多种融资方式都可以满足企业的资金额度需要的情况下，企业融资可考虑选择最经济的融资方式，这就需要了解不同筹资的资本成本。通过本章，一起来了解一下债务、股权融资这两类性质的融资资本成本如何计量。

如果债务融资的成本低于股权融资的成本，那债务融资是否就能作为最主要的融资方式？其融资成本会随着融资量的增加而发生变化吗？会怎么变化？债务融资又会对税负带来哪些影响？还需要考虑，在企业筹资中，权益筹资与债务筹资是否需要考虑如何配比？考虑的原则是什么？本章就来一一梳理、探讨这些问题。

---

① 桑蓝庆.基于财务指标的资本结构分析——以四川长虹为例[J].现代企业，2019(02)：102-103.

第一节　资本成本

资本成本，也称为资金成本，这是站在企业角度提出的一个概念。企业在进行融资决策或投资决策时都需要将资本成本作为决策依据。在融资时，资本成本是选择资金来源、确定资本结构合理性的重要依据；在投资时，资本成本是投资取舍，评价投资项目优劣的重要标准。

一、资本成本的概念

(一)定义

广义的资本成本是指筹集和使用任何资本的成本，可以采用绝对值或相对值计量。绝对值是指取得和使用资本所发生的费用额；采用相对数计量，即用年资金使用费比上实际融资净额的比值，习惯称之为资本成本率。

狭义的资本成本指筹集和使用长期资本的成本。本章主要采用狭义的资本成本概念。

资本成本可以分为两部分，资本筹集费用和资本使用费用。资本筹集费用是指在企业筹资过程中发生的各种费用。资本筹集费用相当于固定成本，是一次性发生的筹集成本，如银行借款的手续费，上市发行股票所需要支付的发行费用，主要包括：保荐及承销费、审计费、律师费、验资费等。这些费用根据发行规模不同，占到上市募资总额的 6%～20%。资本使用费用是指企业在资本使用过程中支付的费用。世界上没有免费的午餐，只要使用资金，就需要付出成本与代价。比如使用银行的贷款资金需要支付利息费用，占用股东的资金需要支付股息。资本使用费用与融资额、资本使用时间有直接关系，而资本筹集费用是一次性费用，与使用时间无直接关系。

(二)公式

理论上资本成本是指企业接受资金来源净额现值（现金流入）与预计未来资金流出现值（现金流出）相等时的贴现率。

资金来源净额是指企业筹资收到的全部资金扣除筹资费用后的剩余部分；未来资金流出是指企业在资金使用期内向投资者逐期支付的利息、股息和本金等，其中利息和股息属于用资费用。

因此资本成本的一般计算公式为：

$$P_0(1-f)=\frac{CF_1}{(1+K)}+\frac{CF_2}{(1+K)^2}+\cdots+\frac{CF_n}{(1+K)^n} \tag{6-1}$$

求出公式中的 K，就是所求的资本成本。

式中：P_0 为筹资收到的资金总额；f 为筹资费用率；$P_0(1-f)$ 为筹集资金净额；CF_n 为第 n 期的资金流出；K 为资本成本。

因此，从折现的角度考虑，也可以将资本成本看作未来还本付息支出或未来股利支出的现值与目前融资净额相等的折现率，即资本成本＝折现率。

将上面的资本成本计算公式简化为年金现值的计算方式，假设长期融资每期等额支付用资费用，且没有期限限制，现值为筹资净额时的折现率即为资本成本。

资本成本计算公式简化为年金现值的计算，可以使用以下公式：

$$资本成本=\frac{每期支付的用资费用}{筹资净额}=\frac{每期支付的用资费用}{筹资总额-筹资费用} \tag{6-2}$$

注意，当有期限限制时，需要根据具体情况进行计算，但用资时间越长，折现率越接近上述公式所计算出的资本成本。

二、个别资本成本

企业融资渠道多样化，各种资金来源不同，资本成本也有所不同。

个别资本成本(individual cost of capital)是指各种长期资金的成本，包括债务性质的贷款、债券等资本成本，也包括权益性质的股票资本成本及留存收益资本成本。下面分别介绍债务、权益的资本成本。

(一)长期债务成本

银行长期借款、公司债券是最主要的长期债务，此处以这两者为例，分析资本成本。

为了能使债务融资和股权融资的资本成本具有可比性，考虑到债务融资的利息费用可以在计算企业所得税时允许扣除，具有抵减所得税的作用，而股息是在企业所得税税后支付的，所以此处统一采用税后成本进行比较，体现债务融资的优势。

1.长期借款资本成本

长期借款资本成本(cost of long-term loan)包括借款手续费和借款利息。借款利息在税前支付，具有抵减所得税的作用，计算成本时考虑税后成本。计算公式表示如下：

长期借款资本成本＝长期借款年利息×(1－所得税率)/(长期借款筹资额－借款手续费用)

即：

$$K_L=\frac{I(1-T)}{L(1-F)}=\frac{i(1-T)}{1-F}$$

式中：K_L 为长期借款资本成本；I 为长期借款年利息；i 为长期借款年利息率；T 为所得税率；L 为长期借款筹资额(借款本金)；F 为长期借款筹资费用率。

从折现的角度考虑，有期限限制时，长期借款资本成本即为当未来还本付息的现值等于融资净额时的折现率，计算公式如下：

$$L\times(1-F)=I\times(1-T)\times(P/A,K_L,N)+L\times(P/F,K_L,N)$$

式中：N 为还本付息的年限。

【例 6-1】A 公司向银行借入 10 年期长期借款 2 000 万元，年利率为 8%，每年付息一次，到期一次还本，筹资费用率为 0.5%，公司所得税率为 25%。

长期借款的资本成本为：

$$K_L=\frac{2\ 000\times8\%\times(1-25\%)}{2\ 000\times(1-0.5\%)}\times100\%=\frac{8\%\times(1-25\%)}{1-0.5\%}\times100\%=6.03\%$$

如果考虑货币时间价值，采用折现率来计算资本成本如下：

$$2\ 000\times(1-0.5\%)=2\ 000\times8\%\times(1-25\%)\times(P/A,K_L,10)+2\ 000\times(P/F,K_L,10)$$

根据插值法，或采用 Excel 中的 Rate 公式进行计算，得出 $K_L=6.06\%$。结果同第一种计算方式计算的资本成本接近。

2. 公司债券资本成本

公司债券资本成本(cost of corporate bond)包括债券的发行费用和债券利息。

计算公式为：

债券资本成本＝(债券面值×票面利率)×(1－所得税率)/[债券的发行价格×(1－债券筹资费率)]×100%

$$K_B=\frac{I(1-T)}{B(1-F)}$$

式中：K_B 为债券资本成本；B 为债券筹资额，即为债券发行价格乘以发行数量；I 为债券年利息；T 为所得税率；F 为债券筹资费率。

注意，K_B 与债券票面利率是否相等，取决于债券发行价格、税率、筹资费率等，参看公式中的各个参数。

【例 6-2】某企业通过发行债券筹集 100 万元，债券面值 100 元，年利率 8%，期限 10 年，每年付息一次，到期一次还本。筹资费用率为 5%，该企业所得税税率为 25%。

所发行债券的资本成本计算如下：

债券资本成本 $K_B=[100\times8\%\times(1-25\%)]/[100\times(1-5\%)]=6.32\%$

或：债券资本成本 $K_B=[8\%\times(1-25\%)]/(1-5\%)=6.32\%$

根据折现模式，计算如下：

$$100\times(1-5\%)=100\times8\%\times(1-25\%)\times(P/A,K_B,10)+100\times(P/F,K_B,10)$$

根据插值法计算，或采用 Excel 中财务函数中的 Rate 函数公式，计算得出得 $K_B=6.7\%$。

注意，例题 6-2 为平价发行，当债券折价、溢价发行时，需要根据实际发行价格乘以发行数量来计算债券筹资额 B。

(二)股权成本

除了债务筹资，股权融资的形式包括发行普通股、优先股，还包括动用留存在企业里作为再投资使用的资金——留存收益。

1. 普通股资本成本

普通股资本成本是指公司为了筹集和使用普通股资本所支付的各种费用，包括筹资费用和用资费用。

与债务资本成本相比，普通股资本成本除去筹资费用外，其用资成本，即发放的股利。股利的发放不同于固定的债务利息，公司向普通股股东支付的股利受公司税后利润及股利分配政策等因素的影响。因此，普通股股利一般是一个变量，其资本成本很难确定。为简化起见，我们可以将每年发放的股利假设为以下几种情况：固定股利；固定增长的股利。固定股利的计算，参考资本成本的一般公式，采用折现的方法来进行计算。由于股利会随着企业的发展而增加，因此，常用固定增长的股利模型来计算普通股资本成本。

普通股资本成本的计算公式为：

$$K_c = D_c / P_c(1-f) + g$$

式中：K_c 为普通股资本成本率；D_c 为第一年发放的普通股每股股利；P_c 为普通股筹资总额；f 为筹资费率；g 为普通股股利预计每年固定增长率。

【例 6-3】某企业以面值发行普通股 1 000 万元，筹资费率为 10%，第一年的股利率为 5%，以后每年增长 3%。则该普通股的资金成本为：$K_c = (1\ 000 \times 5\%)/[1\ 000 \times (1-10\%)] + 3\% = 8.56\%$

普通股资本成本的确定方法常见的还有以下两种：资本资产定价模型、风险溢价模型。

1）资本资产定价模型

依据资本资产定价模型，普通股资本成本的计算公式如下：

$$K_c = R_f + \beta(R_m - R_f)$$

式中：R_f 为为无风险收益率；β 为风险校正系数；R_m 为为市场组合的平均收益率。

2）风险溢价模型

根据“风险越大，要求的报酬率越高”的原理，股票的报酬率应该在债券的报酬率之上再加一定的风险溢价，如下所示：

$$K_c = K_b + RP_c$$

RP_c 是普通股股东比债权人承担更大风险所要求的风险溢价，一般在 3%～5%之间。

2. 优先股资本成本

优先股优先于普通股领取股息和分享公司经营股利，并且股息一般是固定的，所以优先股和债券在某些方面比较类似。优先股股利与债券利息支付不同的是股利税后发放，没有税前抵减作用。因此，优先股资本成本的计算与公司采取固定的股利政策时资本成本率的计算相似。

优先股资本成本是指公司发行优先股筹集资金情况下，每年支付的股息与所筹得资金的比率。计算公式如下：

优先股资本成本＝优先股年股利/[优先股发行收入×(1－发行费用)]

$$K_{ps} = D_{ps} / P_{ps}(1-f)$$

式中：K_{ps} 为优先股成本；D_{ps} 为优先股股利；P_{ps} 为优先股筹资额。

【例 6-4】如果 D 公司发行优先股股票每股 100 元，发行费用为 3%，每股每年派发 8 元的股息，求其优先股资本成本。

$$\begin{aligned} K_{ps} &= D_{ps}/[P_{ps}(1-f)] \\ &= 8/[100 \times (1-3\%)] \\ &= 8.25\% \end{aligned}$$

3.留存收益资本成本

留存收益是企业缴纳所得税后形成的,其所有权属于股东。股东将这一部分未分派的税后利润留存于企业,实质上是追加投资。留存收益资本成本是无须考虑筹资费用时的普通股资本成本。留存收益资本成本的计算公式为:

$$K_s = D_c / P_c + G$$

式中:K_s 为留存收益成本;D_c 为预期年股利额;P_c 为普通股市价;G 为普通股利年固定增长率。

【例 6-5】某公司普通股目前市价为 56 元,估计年增长率为 12%,本年发放股利 2 元,则:

$$D_c = 2 \times (1 + 12\%) = 2.24(\text{元})$$

$$K_s = 2.24/56 + 12\% = 16\%$$

三、加权平均资本成本

(一)加权平均资本成本的含义与作用

1.含义

加权平均资本成本(weighted average cost of capital,WACC),是指企业以各种资本在企业全部资本中所占的比重为权数,对各种长期资金的资本成本加权平均计算出来的资本总成本。

2.作用

加权平均资本成本方法作为投资项目评估的一种方法,具有十分重要的参考价值和实际作用,具体体现为:

(1)加权平均资本可作为企业取舍项目投资机会的基准,只有当投资机会的预期收益率超过资本成本,才应进行该投资。

(2)加权平均资本可以为资产重组或继续追加项目投资资金提供决策的依据。只有当投资收益率高于资本成本,继续经营才有经济价值。

(3)加权平均资本是企业根据预期收益风险变化,动态调整资本结构的依据。预期收益稳定的企业可以通过增加长期债务,减少高成本的股权资本来降低加权平均资本成本。

(二)加权平均资本成本计算公式

加权平均资本成本的计算公式为:

$$K_w = \sum_{j=1}^{n} K_j \times W_j$$

式中:K_w 为加权平均资金成本;K_j 为某种资金的成本;W_j 为某种资金在全部资金中占的权重。

【例 6-6】某企业共有资金 100 万元,其中债券(W_b)30 万元,优先股(W_p)10 万元,普通股

(W_s)40 万元，留存收益(W_e)20 万元，各种资金的成本分别为：6%、12%、15.5%和 15%。试计算该企业加权平均资金成本。

首先，计算各种资金所占的比重：

$$W_b = 30 \div 100 \times 100\% = 30\%$$
$$W_p = 10 \div 100 \times 100\% = 10\%$$
$$W_s = 40 \div 100 \times 100\% = 40\%$$
$$W_e = 20 \div 100 \times 100\% = 20\%$$

然后，计算加权平均资本成本：

$$K_w = 30\% \times 6\% + 10\% \times 12\% + 40\% \times 15.5\% + 20\% \times 15\% = 12.2\%$$

计算个别资金占全部资金的比重时，可分别选用账面价值、市场价值、目标价值权数来计算。

账面价值权数是以各项个别资金的会计报表账面价值为基础来确定各类资金占总资金的权数，账面价值的计算采用的是历史价格，数值获得容易，计算简单，但忽略了价格变化对资产或者负债价值的影响。如当债券与股票的市价与账面价值差距较大时，按照账面价值计算出来的加权平均资本成本，反映的是历史资本成本，不能反映目前从资本市场上筹集资本的现时机会成本。市场价值权数指债券、股票以市场价格确定的权数。这样计算的加权平均资本成本能反映企业目前的实际情况。同时，为应对证券市场价格的波动性，也可以用平均价格。

目标价值权数是指债券、股票以未来预计的目标市场价值确定权数。这种能体现期望的资本结构，而不是像账面价值权数和市场价值权数那样只反映过去和现在的资本成本结构，所以按目标价值权数计算的加权平均资本成本更适用于企业筹措新资金。然而，企业很难客观合理地确定证券的目标价值，因此这种计算方法不易推广。

第二节　杠杆原理

物理中大家都知道机械杠杆的作用，即如果杠杆使用适当，在某一点上施加力就可以转变或放大为另一点上更大的力，得到杠杆机械利益。在企业经营活动中，企业也可以通过某些固定成本来增加获利能力，具体可分为经营杠杆、财务杠杆和总杠杆。

一、经营杠杆

(一)经营杠杆的利益与风险

在市场经济环境下，有多种因素影响企业经营业绩的变化。包括国家政策法律、经济环境、企业经营决策能力等各方面，其中主要的影响因素有：产品需求的变动、产品售价的变动、单位产品变动成本的变动等。

企业由于经营环境的不确定，导致销售额及资产报酬(息税前利润)发生波动，从而给企业业绩带来好处或坏处，一般称之为利益与风险。当销售额下降时，企业息税前利润下降得更快，这就会给企业带来风险，反之，当销售额上升时，企业息税前利润上升得更快，这就会给企业带来利益。波动变化大小取决于企业存在的固定成本。因为在一定产销规模内,由于固定成本并不随销售量(营业收入)的增加而增加,随着销售量(营业收入)的增加,单位销量所负担的固定成本会相对减少,从而给企业带来额外的收益。反之,会给企业带来更多的损失。

经营杠杆(operating leverage),又称营业杠杆或营运杠杆,指在企业生产经营中由于固定成本的存在而使息税前利润变动率大于产销量变动率的规律。经营杠杆本身并不是导致企业资产报酬(企业收益)发生波动的根源,而是企业资产报酬(企业收益)波动的表现。

【例 6-7】XYZ 公司在营业总额为 2 400 万~3 000 万元以内,固定成本总额为 800 万元,变动成本率为 60%。公司 2017—2019 年的营业总额分别为 2 400 万元,2 600 万元和 3 000 万元。

现以表 6-1 测算其营业杠杆利益。

表 6-1 XYZ 公司营业杠杆利益测算表 万元

年份	营业额	营业额增长率	变动成本	固定成本	营业利润	利润增长率
2017	2 400		1 440	800	160	
2018	2 600	8%	1 560	800	240	50%
2019	3 000	15%	1 800	800	400	67%

XYZ 公司在营业总额为 2 400 万~3 000 万元的范围内,固定成本总额保持不变,每年都是 800 万元,随着营业总额的增长,息税前利润以更快的速度增长。在例 6-7 中,XYZ 公司 2018 年与 2017 年相比,营业总额的增长率为 8%,同期息税前利润的增长率为 50%;2019 年与 2018 年相比,营业总额的增长率为 15%,同期息税前利润的增长率为 67%。由此可知,由于 XYZ 公司有效地利用了营业杠杆,获得了较高的营业杠杆利益,即息税前利润的增长幅度高于营业总额的增长幅度。

【例 6-8】假定 XYZ 公司 2017—2019 年的营业总额分别为 3 000 万元,2 600 万元和 2 400 万元,每年的固定成本都是 800 万元,变动成本率为 60%。

下面以表 6-2 测算其营业风险。

表 6-2 XYZ 公司营业风险测算表 万元

年份	营业额	营业额降低率	变动成本	固定成本	营业利润	利润降低率
2017	3 000		1 800	800	400	
2018	2 600	13%	1 560	800	240	40%
2019	2 400	8%	1 440	800	160	33%

XYZ 公司,在营业总额为 2 400 万~3 000 万元的范围内,固定成本总额每年都是 800 万元保持不变,而随着营业总额的下降,息税前利润以更快的速度下降。例如,XYZ 公司 2018 年与 2017 年相比,营业总额的降低率为 13%,同期息税前利润的降低率为 40%;2019 年与 2018 年相比,营业总额的降低率为 8%,同期息税前利润的降低率为 33%。由此可知,由于存在固定成本,导致息税前利润的降低幅度高于营业总额的降低幅度。

经营杠杆综合反映经营风险,需要权衡营业杠杆利益与风险,企业欲取得营业杠杆利益,就需承担由此增加的营业风险。

(二)经营杠杆系数

为了反映经营杠杆的作用程度，估计经营杠杆利益的大小，评价经营风险的高低，必须要测算经营杠杆系数。

经营杠杆系数(degree of operating leverage，DOL)，也称营业杠杆程度，是息税前利润的变动率相当于销售额(营业额)变动率的倍数。

一般而言，经营杠杆系数越大，产销量变动相同幅度时，对经营杠杆利益的影响越强，经营风险也越大，反之亦然。

计算公式为：

经营杠杆系数＝息税前利润变动率/产销量变动率＝息税前利润变动率/销售收入变动率，即：

$$DOL=(\triangle EBIT/EBIT)/(\triangle Q/Q)=(\triangle EBIT/EBIT)/(\triangle S/S)$$

式中：$\triangle EBIT$ 为息税前利润变动额；$\triangle Q$ 为产销量变动值；$\triangle S$ 为销售收入变动值。

具体推导如下：

设 V_C 为单位变动成本；Q 为产销量(假设产量与销量一致)；S 为销售收入；P 为产品单价；F 为固定成本。

已知：

$$EBIT_1=Q_1(P-V_C)-F$$
$$EBIT_2=Q_2(P-V_C)-F$$

所以，$\Delta EBIT/EBIT_1=\{[Q_2(P-V_C)-F]-[Q_1(P-V_C)-F]\}/[Q_1(P-V_C)-F]=[(Q_2-Q_1)(P-V_C)]/[Q_1(P-V_C)-F]$

而$\triangle Q/Q=(Q_2-Q_1)/Q_1$

所以：

$$\begin{aligned}DOL&=(\triangle EBIT/EBIT_1)/(\triangle Q/Q_1)\\&=Q_1(P-V_C)/[Q_1(P-V_C)-F]\end{aligned}$$

即：

经营杠杆系数(DOL)＝(销售收入－变动成本)/(销售收入－变动成本－固定成本)

$$DOL=(S-V_C\times Q)/(S-V_C\times Q-F)$$

其中，由于：

销售收入－变动成本－固定成本＝息税前利润(EBIT)

因此又有：

经营杠杆系数(DOL)＝(息税前利润 EBIT＋固定成本 F)/息税前利润 EBIT，即：

$$DOL=(EBIT+F)/EBIT$$

【例 6-9】某公司固定成本总额为 80 万元，变动成本率为 70%，在销售额为 500 万元时，息税前利润为 70 万元，则该公司的营业杠杆系数为：

$$DOL=\frac{500-350}{500-350-80}=2.14$$

或：

$$DOL=\frac{70+80}{70}=2.14$$

营业杠杆系数 2.14 的含义为：当企业销售额增长 1 倍时，息税前利润增长 2.14 倍；反之，当销售额下降 1%时，息税前利润下降 2.14%。

(三)对经营杠杆的进一步理解

理解经营杠杆需要注意以下两方面的影响：

一是与固定成本相关。经营杠杆作用的强度与企业固定成本相关。如果企业的固定成本较高，其边际贡献的大部分必须用于弥补固定成本。企业一旦达到保本点(销售收入＝固定成本总额＋变动成本总额)，全部边际贡献都为经营利润。

二是接近保本点时，经营杠杆作用最大。企业达到其保本点之后，只要销售略增长，就会引起经营利润较大的增长。同样，如果企业接近其保本点，只要销售额略有降低，全部经营利润就会被抵消掉。

总之，经营杠杆可以从以下几个方面理解：

第一，它体现了利润变动和销量变动之间的关系；

第二，经营杠杆系数越大，经营杠杆作用和经营风险越大；

第三，固定成本不变，销售额越大，经营杠杆系数越小，经营风险越小，反之，则相反；

第四，当销售额达到盈亏临界点时，经营杠杆系数趋近于无穷大。

企业一般可通过增加销售额，降低单位变动成本和固定成本等措施来降低经营杠杆系数和经营风险。管理者可根据公式来判断影响因素，以及该因素是否易于调整来决定如何控制经营杠杆的大小。

二、财务杠杆

(一)财务杠杆的定义

财务杠杆(financial leverage)又叫筹资杠杆或融资杠杆，它用于解释由于固定债务利息和优先股股利的存在而导致普通股每股利润变动幅度大于息税前利润变动幅度的现象。

财务杠杆系数(DFL)＝普通股每股收益变动率/息税前利润变动率

无论企业营业利润多少，债务利息和优先股的股利都是固定不变的。当息税前利润增大时，每一元盈余所负担的固定财务费用就会相对减少，这能给普通股股东带来更多的盈余。这种债务对投资者收益的影响，称为财务杠杆，财务杠杆影响的是企业的息税后利润而不是息税前利润。

(二)财务杠杆利益与风险

风险是具有不确定性或可能发生的损失。财务风险是指企业因使用债务资本而产生的在未来收益不确定情况下由主权资本承担的附加风险。如果企业经营状况良好，使得企业投资收益率大于负债利息率，则获得财务杠杆利益，如果企业经营状况不佳，使得企业投资收益率小于负债利息率，则产生财务杠杆损失，甚至导致企业破产，这种不确定性就是企业运用负债所应承担的财务风险。

企业财务风险的大小主要取决于财务杠杆系数的高低。一般情况下，财务杠杆系数越大，主权资本收益率相较息税前利润率的弹性就越大，如果息税前利润率上升，则主权资本收益率会以更快的速度上升，如果息税前利润率下降，那么主权资本利润率会以更快的速度下降，从而风险也越大。

(三)财务杠杆系数

与经营杠杆作用的表示方式类似，财务杠杆作用的大小通常用财务杠杆系数(degree of financial leverage，DFL)表示。财务杠杆系数越大，表明财务杠杆影响越大，财务风险也就越大；财务杠杆系数越小，表明财务杠杆作用越小，财务风险也就越小。财务杠杆系数的计算公式为：

$$DFL=\frac{\frac{\Delta EPS}{EPS}}{\frac{\Delta EBIT}{EBIT}}$$

式中：DFL 为财务杠杆系数；ΔEPS 为普通股每股收益变动额；EPS 为变动前的普通股每股收益；$\Delta EBIT$ 为息税前利润变动额；$EBIT$ 为变动前的息税前利润。

上述公式还可以推导为：

(Δ 净利润/$\Delta EBIT$)×($EBIT$/净利润)，其中 $\Delta EBIT=\Delta$ 净利润/$(1-T)$，T 为所得税税率。

所以有：原式$=(1-T)\times EBIT$/净利润$=EBIT/[$净利润$/(1-T)]=EBIT/(EBIT-I)$

$$DFL=\frac{EBIT}{EBIT-I}$$

式中：I 为债务利息。

在考虑优先股利息 PD 的情况下还要再减去税前优先股的影响 $PD/(1-T)$。公式则为：

$$DFL=\frac{EBIT}{EBIT-I-PD/(1-T)}$$

【例 6-10】 A、B、C 为 3 家经营业务相同的公司，它们的有关情况见表 6-3。

表 6-3 不同负债情况下财务杠杆与每股收益对比

项　目	公司 A	公司 B	公司 C
普通股本	2 000 000	1 500 000	1 000 000
发行股数	20 000	15 000	10 000
债务(利率 8%)	0	500 000	1 000 000

续表 6-3

项　目	公司 A	公司 B	公司 C
资本总额/元	2 000 000	2 000 000	2 000 000
息前税前盈余/元	200 000	200 000	200 000
债务利息/元	0	40 000	80 000
税前盈余/元	200 000	160 000	120 000
所得税(税率 25%)/元	50 000	40 000	30 000
税后盈余/元	150 000	120 000	90 000
普通股本	2 000 000	1 500 000	1 000 000
财务杠杆系数	1.00	1.25	1.67
每股普通股收益/元	7.5	8	9
息前税前盈余增加/元	200 000	200 000	200 000
债务利息/元	0	40 000	80 000
税前盈余/元	400 000	360 000	320 000
所得税(税率 25%)/元	100 000	90 000	80 000
税后盈余/元	300 000	270 000	240 000
每股普通股收益/元	15	18	24
每股普通股收益增加倍数	1.00	1.25	1.67

表 6-3 说明：

第一,财务杠杆系数表明的是息税前盈余增长所引起的每股收益的增长幅度。比如,A 公司的息税前盈余增长 1 倍时,其每股收益也增长 1 倍;B 公司的息税前盈余增长 1 倍时,每股收益增长 1.25 倍;C 公司的息税前盈余增长 1 倍时,其每股收益增长 1.67 倍。

第二,在资本总额、息前税前盈余相同的情况下,负债比率越高,财务杠杆系数越高,财务风险越大,预期每股收益(投资者收益)也越高。比如 B 公司比起 A 公司来,负债比率高(B 公司资本负债率为 500 000/2 000 000×100%=25%,A 公司资本负债率为 0),财务杠杆系数高(B 公司为 1.25,A 公司为 1),财务风险大,但每股收益也高;C 公司与 B 公司相比,负债比率高(C 公司资本负债率为 1 000 000/2 000 000×100%=50%),财务杠杆系数高(C 公司为 1.67),财务风险大,但每股收益也高。

负债比率是可以控制的。企业可以通过合理安排资本结构,适度负债,使财务杠杆利益抵消财务风险所带来的不利影响。

综上所述,财务杠杆可以给企业带来额外的收益,也可能造成额外损失,是构成财务风险的重要因素。财务杠杆利益并没有增加整个社会的财富,而是既定财富在投资人和债权人之间的分配;财务风险也没有增加整个社会的风险,是经营风险向投资人的转移。财务杠杆利益和财务风险是影响企业资本结构决策的一个重要因素,资本结构决策需要在杠杆利益与其相关的风险之间进行合理的权衡。

三、总杠杆

总杠杆(total leverage)，是指由于固定经营成本和固定资本成本的存在，导致普通股每股收益变动率大于产销业务量的变动率的现象。两者关系可以用总杠杆系数来衡量。总杠杆系数(degree of total leverage，DTL)，又称复合杠杆系数、联合杠杆系数，是指普通股每股收益变动率相对于产销量变动率的倍数。总杠杆系数考察了营业收入的变化对每股收益的影响程度，是衡量公司每股获利能力的尺度。

$$\text{总杠杆系数}(DTL)=\frac{\text{普通股每股收益变动率}}{\text{产销量变动率}}=\frac{\text{普通股每股收益变动率}}{\text{销售收入变动率}}$$

从各个杠杆之间的关系可知：

$$\text{总杠杆系数}=\text{经营杠杆系数}\times\text{财务杠杆系数}$$

即：

$$\text{总杠杆系数}=\frac{\text{息税前利润变动率}}{\text{产销量变动率}}\times\frac{\text{普通股每股收益变动率}}{\text{息税前利润变动率}}$$

$$DTL=DOL\times DFL$$

【例 6-11】安通公司年销售额为 1 000 万元，变动成本率 60%，息税前利润为 250 万元，全部资本 500 万元，负债比率 40%，负债利率 10%。计算经营杠杆系数、财务杠杆系数、联合杠杆系数。

解答：　经营杠杆系数＝1 000×(1－60%)/250＝1.6
　　　　财务杠杆系数＝250/(250－500×40%×10%)＝1.09
　　　　总杠杆系数＝1.6×1.09＝1.74

从各个杠杆的影响因素看，各个杠杆系数之间的关系如下：

已知：

销售收入－变动成本＝ 边际贡献(1)
边际贡献－固定成本＝ 息税前利润(2)
息税前利润－利息＝税前利润(利润总额)(3)

可知：

经营杠杆 DOL＝(1)/(2)＝边际贡献/ 息税前利润
财务杠杆 DFL＝(2)/(3)＝息税前利润/税前利润(利润总额)
总杠杆 DTL ＝(1)/(3)＝边际贡献/税前利润(利润总额)

第三节　资本结构决策与相关理论

一、资本结构

(一)含义

资本结构(capital structure),是指企业各种资本的价值构成及其比例关系,是企业一定时期筹资组合的结果。广义的资本结构是指企业全部资本的构成及其比例关系。企业一定时期的资本可分为债务资本和股权资本,也可分为短期资本和长期资本。狭义的资本结构是指企业各种长期资本的构成及其比例关系,尤其是指长期债务资本与(长期)股权资本之间的构成及其比例关系。

企业经营过程中面临错综复杂的情况,因此,财务管理人员在确定企业资本结构、进行筹资方式决策时,必须首先对影响企业资本结构的一系列因素进行分析。

(二)影响因素

1.企业的举债能力

由于每一个企业的筹资渠道、筹资方式以及筹资数额都是有一定约束的,企业现行的筹资决策及资本结构必定会影响筹资方式。例如,企业现在以负债方式筹资使其负债权益比上升,偿债能力减弱,可能导致今后一段时间内企业无法利用债务筹资,或只能以较高的成本进行债务筹资。因此,为了保持较高的举债能力,企业不能使负债权益比过高,以保持一定的债务筹资能力。

2.企业的经营风险

杠杆理论说明企业总风险包括经营风险和财务风险,而且这两种风险最终都会影响企业的净收益。一般情况下,企业是在确定的营业风险基础上,通过调整财务风险来控制企业总风险的。在总风险限制在一定范围内的前提下,息税前利润稳定、营业风险低的企业可具有较高的负债权益比;而息税前利润不稳定、营业风险较高的企业应维持较低的负债权益比。

3.公司的控制权

若公司的股东不愿意公司的控制权旁落他人,则可能尽量采用债务融资的方式来增加资本,而不是发行新股增资;与此相反,如果股东不愿承担财务风险,就尽可能少利用债务筹资方式,而采用权益筹资的方式来增加资本。

4.企业信用等级与债权人的态度

企业能否采用债务筹资的方式和能筹集到多少资本,不仅取决于企业对最佳资本结构的分析和判断,还取决于企业信用等级与债权人的态度。企业的信用等级越高,债权人就越愿意借债给企业;否则,债权人将不愿意借债给企业,企业将无法达到它所希望的负债权益比。

5.资产结构

资产结构包括有形资产和无形资产结构问题,固定资产和流动资产结构问题等。一般来讲,由于有形资产在清算变现时价值损失低于无形资产,因此有形资产比例较高的企业的破产成本较小,可以承受较大的财务风险,负债权益比相对较高;反之,无形资产比例较高的企业往往保持较低的负债权益比。另外,由于固定资产比例较高的企业,其总资产的周转速度较慢,需要较多的自有资本做后盾,因此,这类企业负债权益比较低;反之,流动资产比例较高的企业负债权益比较高。

6.政府税收政策

因为负债利息有税收屏蔽作用,而股票的股利没有税收屏蔽作用,所以所得税率高的企业负债权益比可以高些,这样可以充分获得债务利息产生的税收屏蔽价值;相反,所得税率低的企业负债权益比应该低些。特别是当企业所得税率为0或企业处于亏损期时,企业丝毫得不到负债利息给企业带来的所得税上的好处。实际上依据投资决策的基本原则,企业亏损时,就不应该采用债务筹资方式。

7.企业的成长率

在其他条件相同的情况下,发展速度越快的企业,外部资金依赖性越强;另外,由于信息不对称,这类企业股票价值容易被低估。所以企业在高速发展时期负债率一般较高。相反,发展速度慢的企业,则主要通过留存收益来补充资本。

8.企业的盈利能力

盈利能力强的企业可以产生大量的税后利润,其内部积累可以在很大程度上满足企业扩大规模的资金需要。因此,这类企业的负债权益比一般较低。

9.行业

不同行业间的负债权益比一直保持着较大的差距。在资本结构决策中,应掌握本企业所处行业资本结构的一般水平,并分析本企业与同行业其他企业相比的特点和差别,以便确定适合于本企业的资本结构。

二、最佳资本结构的决策方法

最佳资本结构即使股东财富最大或股价最高的资本结构,亦即使公司资金成本最小,企业价值最大的资本结构。

由于企业内部条件和外部环境经常发生变化,寻找最佳资金结构十分困难。常用的有以下几种方法:比较资本成本法、每股利润分析法、公司价值分析法。

(一)比较资本成本法

比较资本成本法(WACC comparison method),即通过比较不同资本结构下的加权平均资本成本,选择其中加权平均资本成本最低的资本结构的方法。企业在实际筹资过程中,对拟定的筹资总额可以采用多种筹资方式来筹措,同时分配各种筹资方式的筹资数额,由此就形成若干个筹资方案可供抉择。在个别资本成本率已确定的情况下,综合资本成本率的高低,主要取决于各种筹资方式的筹资额占拟定筹资总额比重的高低。

具体步骤包括:①拟定几个筹资方案;②确定各方案的资本结构;③计算各方案的加权资本成本;④通过比较,选择加权平均资本成本最低的结构为最佳资本结构。

另外,企业资本结构决策,还可分为初次利用债务筹资和追加筹资两种情况。前者称为初始资本结构决策,后者称为追加资本结构决策。追加筹资往往会增加筹资量及筹资风险,因此筹资成本与初始筹资的资本成本不同。追加筹资资本成本也称为边际资本成本。具体分析步骤如下:

(1)直接测算各备选追加筹资方案的边际资本成本,从中选择最佳方案;

(2)把备选追加筹资方案与原有最优资本结构汇总,测算各追加筹资条件下汇总资本结构综合资本成本,比较确定最佳方案。

1.初始资本结构决策

【例 6-12】某公司创建时,拟筹资 5 000 万元,现有如下两个筹资方案可供选择(表 6-4):

表 6-4 可供选择的筹资方案

筹资方式	资本成本/%	A 方案/万元	B 方案/万元
长期借款	10	1 000	1 500
股票	14	4 000	3 500
合计	—	5 000	5 000

根据上述资料,分别计算 A、B 筹资方案的综合资本成本率,并比较其大小,从而确定最佳资本结构方案。

计算方案 A 加权平均资本成本:1 000/5 000×10%+4 000/5 000×14%=13.2%(万元)

计算方案 B 加权平均资本成本:1 500/5 000×10%+3 500/5 000×14%=12.8%(万元)

根据计算结果,B 方案的综合资本成本率小于 A 方案,在其他条件相同的情况下,B 方案为最佳筹资方案,其所形成的资本结构也是最佳资本结构。

2.追加资本结构决策

企业因扩大业务或投资的需要而增加资本,原资本结构就会因追加筹资发生变化。追加资本结构决策步骤和方法如下例所示:

【例 6-13】企业筹资方案如下(表 6-5):

表 6-5 追加资本的方案比较

筹资方式	原资本结构		追加资本 A 方案		追加资本 B 方案	
	筹资额/万元	资本成本/%	筹资额/万元	资本成本/%	筹资额/万元	资本成本/%
长期借款	1 500	10	1 000	11	500	11
股票	3 500	14	1 000	15	1 500	15
合计	5 000	12.8	2 000	—	2 000	—

采用比较资本成本法选择最优追加资本方案,计算追加资本结构的综合资本成本率,即总平均数。计算如下:

计算方案 A 资本成本：1 000×11%+1 000×15%=260(万元)

计算方案 B 资本成本：500×11%+1 500×15%=280(万元)

A 方案综合成本率为 13%，B 方案综合成本率为 14%。根据计算结果，A 方案追加资本后的综合资本成本率略低于 B 方案，因此 A 方案为最佳资本结构方案。

比较资本成本法将资本成本的高低，作为选择最佳资本结构的标准，简单实用，因而常常被采用。但需注意该方法只是比较了不同方案资本成本的高低，使用中存在局限性：一是没有考虑财务风险增加的因素；二是没有直接反映公司市场价值的大小。

(二)每股利润分析法

每股利润分析法(EPS analysis method)，也称每股收益分析法、每股利润无差别点分析法，或 EBIT-EPS 分析法。它是利用税后每股利润无差别点(EPS indifference point)或息税前利润 EBIT 平衡点来分析、选择和确定负债与权益间的比例或数量关系的方法。

该方法判断融资方案是否合理，是通过分析企业预期盈利水平下，不同融资方案的每股利润来衡量的，能够使每股收益最大的融资方案就是最佳的。

具体计算步骤如下：

1)计算每股收益无差别点

所谓每股收益无差别点，是指不同融资方案下每股收益相等时的销售收入、销售量或 EBIT 水平。

每股收益(*EPS*)的计算公式为：

$$每股收益=\frac{(息税前利润-利息)\times(1-所得税税率)}{流通在外普通股股数}$$

即：

$$EPS=\frac{(EBIT-I)\times(1-T)}{N}$$

无差别点的计算公式如下：

$$EPS=\frac{(EBIT-I_1)(1-T)-PD_1}{N_1}=\frac{(EBIT-I_2)(1-T)-PD_2}{N_2}$$

式中：$EBIT$ 为每股收益无差别点时的息税前利润；I_i 为年利息支出；T 为所得税税率；PD_i 为支付的优先股股利；N_i 为筹资后流通在外的普通股股数。

2)决策原则

当预计息税前利润(或销售收入)大于每股收益无差别点的息税前利润(或销售收入)时，运用负债筹资可获得较高的每股收益；反之，当预计息税前利润(或销售收入)低于每股收益无差别点的息税前利润(或销售收入)时，运用权益筹资可获得较高的每股收益。

【例 6-14】光华公司目前的资本结构为：总资本 1 000 万元，其中债务资本 400 万元(年利息 40 万元)，普通股资本 600 万元(600 万股，面值 1 元，市价 5 元)。企业由于有一个较好的新投资项目，需要追加筹资 300 万元，有两种筹资方案：

甲方案：向银行取得长期借款 300 万元，利息率 16%；

乙方案：增发普通股 100 万股，每股发行价 3 元。

根据财务人员测算，追加筹资后销售额可望达到 1 200 万元，变动成本率 60%，固定成本 200 万元，所得税率 20%，不考虑筹资费用因素。

要求：运用每股收益无差别点法，选择筹资方案。请回答以下问题并给出决策。

(1)计算每股收益无差别点；

(2)计算分析两个方案处于每股收益无差别点时的每股收益；

(3)根据财务人员有关追加筹资后的预测，帮助企业进行决策；

(4)依据财务人员的测算，分别计算两种筹资方式的每股收益。

解答：

(1)增加筹资后的息税前利润＝1 200×(1－60%)－200＝280(万元)

每股收益无差异点：

$$\frac{(\overline{EBIT}-40)\times(1-20\%)}{600+100}=\frac{(\overline{EBIT}-40-300\times16\%)\times(1-20\%)}{600}$$

得 $\overline{EBIT}=376$(万元)

(2)$EPS_{乙}=(376-40)\times(1-20\%)/(600+100)=0.384$(元/股)

$EPS_{甲}=(376-40-48)\times(1-20\%)/600=0.384$(元/股)

在每股收益无差别点上，两个方案的每股收益相等，均为 0.384 元。

(3)决策：由于筹资后的息税前利润 280 万元小于每股收益无差别点，因此应该选择财务风险较小的乙方案。

(4)$EPS_{乙}=(280-40)\times(1-20\%)/(600+100)=0.274$(元/股)

$EPS_{甲}=(280-40-48)\times(1-20\%)/600=0.256$(元/股)

分析如图 6-1 所示：

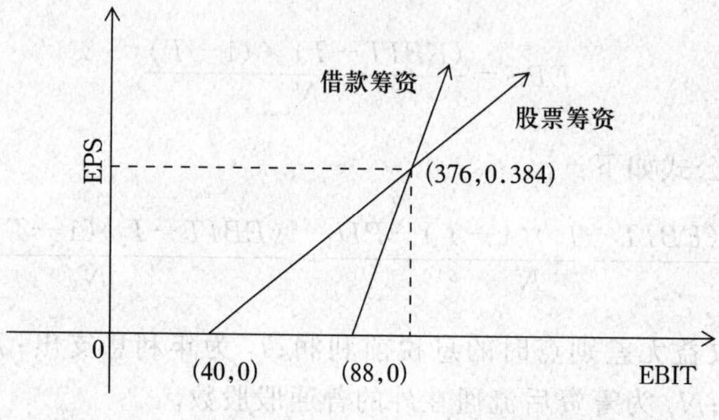

图 6-1 每股收益无差别点分析与方案决策图

总结要点如表 6-6 所示：

表 6-6 每股收益无差别点分析方法

要点	内容
基本观点	能提高每股收益的资本结构是合理的，反之则不够合理
关键指标	每股收益无差别点：是指每股收益不受融资方式影响的 $EBIT$ 水平，或是指每股收益不受融资方式影响的销售水平

续表6-6

要点	内容
每股收益的无差别点的计算	$\frac{(EBIT-I_1)(1-T)-PD_1}{N_1}=\frac{(EBIT-I_2)(1-T)-PD_2}{N_2}$（PD 为优先股股利）
决策原则	当息前税前利润大于每股收益无差别点的息前税前利润时，运用负债筹资可获得较高的每股收益，反之运用权益筹资可获得较高的每股收益
方法的缺点	没有考虑风险因素

在企业考虑的筹资方案有两种时，可用无差异点分析法，但筹资方案在 3 种或 3 种以上，就需要用比较成本法。但无论用哪种方法，都不能当作绝对的判别标准，应结合因素分析法综合考虑，以使资金结构趋于最佳。

(三)公司价值分析法

判断最佳资本结构的标准，除了从股东的角度找出每股收益最大的资本结构外，还可以从企业整体价值角度，找出使公司总价值最大的情况下的资本结构，此时公司的资本成本也是最低的。

分析步骤如下：

(1)计算各方案公司总价值：公司市场总价值(V)＝权益资本的市场价值(S)＋债务资本的市场价值(B)；

(2)计算各方案资本成本：加权平均资本成本($WACC$)＝税前债务资本成本×$(1-T)$×B/V＋股权资本成本×S/V；

(3)比较各方案得出使公司价值最高或公司资本成本最低的方案，即为最优方案。

为了简化计算，假设企业的债务与权益分别是债券与普通股股票。债券的市场价值等于其面值，股票市场价值可通过下式计算得出：

$$S=\frac{(EBIT-I)\times(1-T)}{K_S}$$

式中：K_S 为权益资本成本。

另外，也可根据资本资产定价模型得出权益资本成本 K_S：

$$K_S=R_f+\beta\times(R_m-R_f)$$

企业的加权平均资本成本 K_W 计算公式如下：

$$K_W=K_B\times(1-T)\times\frac{B}{V}+K_S\times\frac{S}{V}$$

【例 6-15】华兴公司 2018 年息税前利润为 500 万元，资金全部由普通股资本组成，股票账面价值 2 000 万元，所得税税率 25%。公司认为目前的资本结构不够合理，准备采用发行债券购回部分股票的方法予以调整，经分析调查得出相关资料，如表 6-7 所示。

表 6-7 不同债务水平对债务资本成本和权益资本成本的影响

债券市场价值/万元	税前债务资本成本/%	股票风险程度（β）	无风险报酬率/%	平均风险股票必要报酬率/%	权益资本成本/%
0	0	1.2	10	14	14.8
200	10	1.25	10	14	15
400	10	1.3	10	14	15.2
600	12	1.4	10	14	15.6
800	14	1.55	10	14	16.2
1 000	16	2.1	10	14	18.4

根据表 6-7 中的有关资料，计算该公司筹借不同金额的债务时公司的价值和资本成本，如表 6-8 所示。

表 6-8 价值和资本成本金额

债券市场价值（a）/万元	股票市场价值（b）/万元	公司总价值（$a+b$）/万元	税前债务资本成本/%	权益资本成本/%	加权平均资本成本/%
0	2 534	2 534	0	14.8	14.8
200	2 400	2 600	10	15	14.43
400	2 270	2 670	10	15.2	14.04
600	2 058	2 658	12	15.6	14.11
800	1 796	2 596	14	16.2	14.45
1 000	1 386	2 386	16	18.4	15.72

从表 6-8 中可以看出，在没有债务的情况下，公司的总价值就是其原有股票的市场价值，当公司用债务资本部分地替代权益资本时，一开始公司价值上升，加权平均资本成本下降。在债务达到 400 万元时，公司总价值最高达 2 670 万元，加权平均资本成本最低。债务超过 400 万元后，公司总价值下降，加权平均资本成本上升。因此债务为 400 万元时的资本结构是该公司的最佳资本结构。

三、目标资本结构

前面介绍了如何测算最佳资本结构，但最佳资本结构会随着行业的不同而变化，如制药行业资本结构不同于钢铁行业，也不同于流通行业。同时，在同一行业中，资本结构也会随着公司的发展阶段、筹资能力、经营能力等而变化。每个企业都面临着如何根据实际情况，确定自己最合理的资本结构的决策难题，最佳资本结构在现实中很难实现，一般企业在经权衡后，可以确定自己接近于最佳资本结构的目标资本结构。目标资本结构是指更加接近最佳资本结构的资本结构。目标资本结构也可看作企业在不同发展阶段自己认定的最佳资本结构。

如果企业确定了自己的目标资本结构，为了维持其目标资本结构，在追加筹资时会保持其目标资本结构。

【例 6-16】某公司拥有长期资金 500 万元，其中长期借款 100 万元，普通股 400 万元。该资本结构为公司理想的目标结构。公司拟筹集新资金 200 万元，并维持目前的资本结构。随筹资额的增加，各种资金成本的变化如表 6-9 所示：

表 6-9 不同筹资额的资金成本

资金种类	新筹资额	资金成本
长期借款	50 万元及以下	4%
	50 万元以上	8%
普通股	80 万元及以下	10%
	80 万元以上	12%

要求:(1)计算各筹资突破点及相应各筹资范围的边际资本成本。

(2)如果追加筹资 200 万元,追加筹资的资本成本为多少?

解:由表 6-9 中给的数据可以计算出,公司理想的目标结构是长期借款占 20%,普通股筹集资金占 80%,筹资突破点为:

$$80/80\%=100(\text{万元})$$
$$50/20\%=250(\text{万元})$$

计算出加权平均资本成本,如表 6-10 所示。

表 6-10 不同筹资额的加权平均资本成本

筹资范围/万元	资本种类	资本结构/%	资金成本/%	K_W
100 以下	长期借款	20	4	8.8%
	普通股	80	10	
100～250	长期借款	20	4	10.4%
	普通股	80	12	
250 以上	长期借款	20	8	11.2%
	普通股	80	12	

通过表 6-10 计算,可得筹资为 200 万元时,介于 100 万～250 万元筹资范围内,长期借款为 40 万元(200×20%),普通股追加 160 万元(200×80%),追加筹资的资本成本为 10.4%。

四、资本结构相关理论

(一)概述

关于资本结构决策问题,一直存在争论,到目前为止还没有一个非常有效的方法用来确定企业最佳的资本结构。以上分析均基于现在已有的研究,但这些研究均基于各种假设,仍然与现实有一定差异。因此,为了明确资本结构决策的准确性、方法选择的合理性,还需要了解其基于的相关理论、发展及其应用中的局限性。

资本结构的理论是西方国家财务理论的重要组成部分之一。资本结构理论经历了旧资本结构理论和新资本结构理论两个阶段。旧资本结构理论是基于一系列严格假设进行研究的,包括 MM 理论、权衡理论等,新资本结构理论是基于非对称信息的信号传递理论、啄序理论等,简要解释如下。

(1)在理想条件下,MM理论得出资本结构与公司价值无关。无税收MM理论的核心思想是,在一定的假设条件下(理想条件,如无税收、无市场摩擦、无风险等),企业价值与其所采用的融资方式即资本结构无关,只与企业投资项目的收益相关。然而由于MM理论的假设条件与现实相差太远,其结论无法解释现实中企业资本结构的选择行为。

(2)存在公司所得税条件下,MM理论考虑债务避税带来的利益,得出公司价值随负债的增加而增加的结论。这样企业就不存在最佳资本结构,而是债务越多越好。有税收条件下的MM理论,与无税收MM理论相比,考虑了税收的影响,但仍然没有考虑破产成本与代理成本,也没有考虑企业内外相关人员信息不对称的情况,仍与现实存在较大差异。

(3)存在破产成本的条件下,权衡理论既考虑债务具有避税的好处,可以在一定范围内增加企业价值,也考虑债务增加会增加企业破产成本和代理成本,由此得出企业存在最佳资本结构,可以实现公司价值最大化,前提是要权衡避税利益和破产成本。

(4)新资本结构理论是基于非对称信息进行研究的,包括信号传递理论、啄序理论、代理理论、控制权理论等。主要的研究成果就是分析了在非对称信息条件下资本结构的治理效应及对公司价值的影响。

(二)资本结构理论及其发展

1.早期资本结构理论

资本结构理论要解决的问题是:能否通过改变企业的资本结构来提高企业的总价值,同时降低企业的总资本成本,这个问题讨论至今,尚未达成共识。

通常把对资本结构理论的研究分为早期资本结构理论和现代资本结构理论两个阶段。早期资本结构理论又分为3种不同的学说,即净收入理论、净营运收入理论和传统理论。

(1)净收入理论。由于负债资本的风险低于股权资本的风险,因此负债资本的成本低于股权资本的成本。在这种情况下,企业的加权平均资本成本会随着负债比率的增加而下降,或者说,公司的价值将随着负债比率的提高而增加。因为,公司的价值是公司未来现金流量的现值,是以加权平均资本成本作为贴现率计算的,负债越多,加权平均资本成本越低,公司价值就越大。当负债率达到100%时,公司价值达到最大。

(2)净营运收入理论。随着负债的增加,股权资本的风险增大,股权资本的成本会提高。假设股权资本成本增加的部分正好抵消负债给公司带来的价值,则加权平均资本成本并不会因为负债比率的增加而下降,而是维持不变,从而公司价值也保持不变,即公司价值与资本结构无关。

(3)传统理论。传统理论是介于净收入理论和净营运收入理论之间的一种折中理论。该理论认为公司在一定负债限度内,股权资本和债务资本的风险都不会显著增加,一旦超过这一限度,股权资本和债务资本开始上升,超过某一点后又开始下降,即企业存在一个最佳资本结构。

早期资本结构理论虽然对资本结构与公司价值和资本成本的关系进行了一定的描述,但是这种关系没有抽象为简单的模型。

2.现代资本结构理论

现代资本结构理论是以MM理论为标志的。美国的Madigliani和Miller两位教授在

1958年共同发表的论文《资本成本、公司财务与投资理论》中，提出了资本结构无关论，构成了现代资本结构理论的基础。现代资本结构理论又分成无税收的MM理论（MMⅠ）、有税收的MM理论（MMⅡ）和权衡模型3个不同的阶段。

1）无税收的MM理论

无税收的MM理论又称为资本结构无关论。资本结构无关论的假设条件是：没有公司所得税和个人所得税，资本市场上没有交易成本，没有破产成本和代理成本，个人和公司的借贷利率相同，等等。无税收的MM理论认为增加公司债务并不能提高公司价值，因为负债带来的好处完全为其同时带来的风险所抵消。无税收的MM理论的主要命题如下：

命题1：总价值命题，即在没有公司所得税的情况下，杠杆企业的价值与无杠杆企业的价值相等，即公司价值不受资本结构的影响。用公式可以表示为：

$$V_L = V_U \tag{6-3}$$

式中：V_L 为杠杆企业的价值；V_U 为无杠杆企业的价值。

无税收总价值命题成立的理论根据是套利原理，即两个公司除了资本结构和市场价值以外，其他条件均相同，则投资者将出售被高估公司的股票，购买被低估公司的股票。这个过程将一直持续到两个公司市场价值完全相同为止。

命题2：风险补偿命题，即杠杆企业的权益资本成本等于同一风险等级的无杠杆企业的权益资本成本加上风险溢价，风险溢价取决于负债比率的高低。用公式表示为：

$$R_S = R_0 + (R_0 - R_B)\frac{B}{S} \tag{6-4}$$

式中：R_S 为杠杆企业的权益资本成本；R_0 为无杠杆企业的权益资本成本；R_B 为债务资本成本；B 为债务的市场价值；S 为股票的市场价值。

命题2表明，负债公司的权益资本成本会随着负债比率的提高而增加。这是因为权益持有者的风险会随着财务杠杆的增加而增加，因此股东所要求的报酬率也会随着财务杠杆的增加而增加。

命题2成立的前提条件是随着负债比率的上升，虽然债务资本成本比权益资本成本低，但是企业的总资本成本不会降低。原因是当债务比率增加时，剩余权益的风险也增加，权益资本的成本也就会随之增加。剩余权益资本成本的增加抵消了债务资本成本的降低。MM理论证明了这两种作用恰好相互抵消，因此企业总资本成本 R_{WACC} 与财务杠杆无关。

无税收的资本结构理论虽然只得出了盲目而简单的结论，但是它被认为是现代资本结构理论的起点。在此之前，人们认为资本结构与公司价值之间的关系复杂难解，而MM理论在建立了一定假设之后，找到了资本结构与公司价值之间的关系，为以后的资本结构理论研究奠定一定的基础。

2）有税收的MM理论

Madigliani和Miller两人在1963年，又共同发表了一篇与资本结构有关的论文《公司所得税与资本成本：修正的模型》。在这个模型中去掉了没有公司所得税的假设。他们发现在考虑公司所得税的情况下，由于债务利息可以抵税，使得流入投资者手中的现金流量增加，因此公司价值会随着负债比率的提高而增加。企业可以无限制地负债，负债100%时企业价值达到最大。具体也有两个命题：

命题1:总价值命题,即杠杆企业价值大于无杠杆企业价值,用公式表示为:

$$V_L = V_U + TB \tag{6-5}$$

式中:T 为所得税率;B 为负债总额;TB 为债务利息抵税现值。

税法规定债务利息可以在税前列支,减少企业的应纳税所得额,从而减少了上缴的所得税额。因此,在其他条件相同的情况下,负债企业比非负债企业流入投资者手中的现金流量要大。该命题表明,杠杆企业的价值会超过无杠杆企业的价值,且负债比率越高,这个差额就会越大。当负债达到100%时,公司价值达到最大。

命题2:风险补偿命题:有税收时,杠杆企业的权益资本成本也等于同一风险等级的无杠杆企业的权益资本成本加上风险溢价,但风险溢价不仅取决于负债比率而且还取决于所得税率的高低。用公式表示为:

$$R_s = R_0 + (R_0 - R_B)\frac{B}{S}(1-T) \tag{6-6}$$

命题2表明,考虑公司所得税后,虽然杠杆企业的权益资本成本会随着负债比率的提高而提高,但其上升的速度低于无税时上升的速度。将命题1和命题2结合起来,可以得到杠杆企业的加权平均资本成本会随着负债率的上升而下降。加权平均资本成本的计算公式为:

$$R_{WACC} = \left(\frac{B}{V_L}\right)R_B(1-T) + \left(\frac{S}{V_L}\right)R_S \tag{6-7}$$

式中:R_{WACC} 为加权平均资本成本;V_L 为企业价值($V_L = B + S$)。

3)权衡模型

有税收的MM理论认为通过负债经营可以提高公司的价值,但这是建立在没有破产成本和代理成本假设基础上的。在MM理论基础上,财务学家又考虑了财务危机成本和代理成本,进一步发展了资本结构理论。同时考虑债务利息抵税、破产成本和代理成本的资本结构理论称为权衡理论。

财务危机是指企业在履行债务方面遇到了极大的困难。财务危机的发生可能造成企业损失甚至导致企业破产。我们将这些损失称为财务危机成本,具体分为直接成本和间接成本两种。直接成本是指企业为了处理财务危机而发生的各种费用以及财务危机造成的资产贬值,包括有形资产和无形资产的贬值。间接成本是指企业因发生财务危机而在经营管理方面遇到的各种困难和损失,如债权人限制企业的正常经营活动、原材料供应商要求企业必须现金购买材料、顾客放弃购买企业的产品等。

债权人通常对企业没有控制权,只有对资金的收益权,而股东可以通过其代理人(董事会和经理会)对企业进行控制。因此股东与债权人的利益是不完全一致的,但在企业正常经营情况下,这种不一致表现得并不很明显。一旦企业陷入财务危机,股东与债权人的利益矛盾就会被激化,股东就可能采取有利于自身的利益而损害债权人利益的行为。为了防止股东与债权人之间的矛盾冲突,债权人事先将会从各方面对股东的行为进行限制,如限制企业现金股利发放的数额、限制企业出售或购买资产、限制企业进一步负债、保持最低的营运资本水平等。所有这些限制和监督都增加了签订债务合同的复杂性,使筹资成本上升;另外这些限制在保护了债权人利益的同时也降低了企业经营的效率,从而使企业价值下降。这些成本就是代理成本。

以上分析说明，负债经营不但会因为其税收屏蔽而增加公司价值，而且也会因为其财务危机成本和代理成本而减少公司价值。在考虑公司所得税、财务危机成本和代理成本情况下，负债企业价值与资本结构的关系应为：

$$V_L = V_U + TB - (\text{财务危机成本} + \text{代理成本}) \qquad (6\text{-}8)$$

上式中的前两项代表MM的理论思想，即负债越多，由此带来的税收屏蔽作用也越大，企业价值就越大。但考虑了财务危机成本和代理成本之后，情况就不一样了。具体详见图6-2。

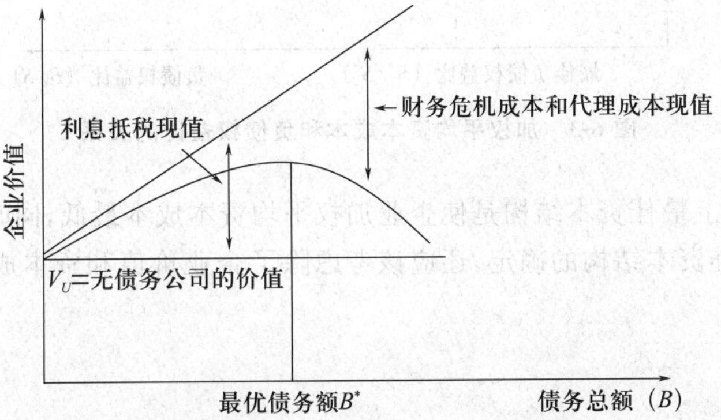

图6-2　考虑所得税和财务危机成本下的公司价值

公司价值：

V_L＝负债公司的实际价值

$V_L = V_U + TB$（不考虑财务危机和代理成本公司价值）

图6-2说明，$V_L = V_U + TB$是MM定理中负债企业价值的理论值。当负债率很低时，财务危机成本和代理成本很低，公司价值V_L主要由MM理论决定；随着负债率上升，财务危机成本和代理成本逐渐增加，公司价值V_L越来越低于MM理论值，但由于债务增加带来的税收屏蔽的增加值仍大于因此而产生的财务危机成本和代理成本的增加值，故公司价值呈上升趋势；当负债总额B^*时，增加债务带来的税收屏蔽增加值与财务危机成本和代理成本的增加值正好相等，公司价值V_L达到最大，此时的负债总额B^*即为最优债务额，此时的资本结构为最佳资本结构；当债务权益比超过B^*/S^*，债务的税收屏蔽增加值小于财务危机成本和代理成本的增加值，公司价值V_L开始下降。

上述分析表明，理论上企业应该存在一个最佳资本结构，但由于财务危机成本和代理成本很难进行准确估计，所以最佳资本结构并不能靠计算和纯理论分析的方法得到，而需管理人员在考虑影响资本结构的若干因素基础上来进行判断和选择。财务经理应结合公司理财目标，在资产数量一定的条件下，通过调整资本结构使企业价值达到最大。

在考虑税收不考虑财务危机成本和代理成本的情况下，企业的加权平均资本成本是随着负债比率的上升而下降的。但在考虑了财务危机成本和代理成本以后，情况就有所不同了。随着负债比率的上升，加权平均资本成本不会持续下降。这是因为随着负债比率的上升债权人的风险也逐渐加大，他们所要求的报酬率也相应提高，从而使债务资本成本上升，最终使得加权平均资本成本反降为升。理论上，加权平均资本成本最低时企业价值达到最大。详见图6-3。

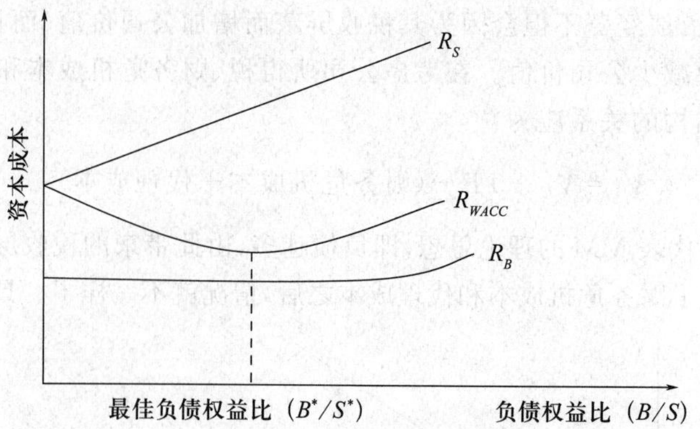

图 6-3 加权平均资本成本和负债权益比的关系

综上所述，理论上最佳资本结构是使企业加权平均资本成本最低，同时企业价值最大的资本结构。实际上最佳资本结构的确定，还应该考虑除了企业价值和资本成本以外的各种影响资本结构的因素。

【引申阅读】

下面以简单案例加以说明相关理论的应用：为什么调整资本结构也能创造价值①？

当年莫迪利亚尼和米勒证明了 MM 定理，但给出了一系列严格的假定条件。说白了，当一个企业身处无摩擦的世界中时，资金来源根本不重要；但面对一个有摩擦的真实世界，还得老老实实设计好资本结构，争取获得最优资本结构，以此提升公司价值。

话说温大妈有个温氏茶庄，并打算将其做大，只是靠现有产品和营销渠道还不够，还得通过产品研发和拓展新区域去挖掘出新盈利成长点。可一盘算，投资新项目还短缺几百万资金，怎么办？温大妈找来女儿温小妹商量，小妹提出两个选项：一是向银行借，好处是固定还本付息，清净，坏处是负债率会骤然提高很多，有财务风险；二是向一些人发行特定的股权认购，这些人通过认购可以入股自己的茶庄，这样做的好处是没有财务风险，负债率不增反降，坏处是股东多了，麻烦事就多，会影响公司决策效率。

经过摸底，这两个方案都还行，就看温大妈怎么权衡得失了。单从资金总额上说，无论向银行借款，还是向其他人发行股权，数量是一样的，正好可弥补投资缺口。这些投资的预期不错。既然这样，似乎没什么好纠结的。温大妈想起参加培训班时学到的 MM 定理。这个定理的意思是，资金来源不影响公司的价值创造。给定投资，所需的资金怎么来的则与价值无关。价值只和投资有关。资金来源在资产负债表上体现在右边的负债和权益，只要总数等于左边资产项，右边无论如何分割都无所谓。右边的分割形成资本结构，这个资本结构最高可体现为百分百负债，最低可体现为零负债，就是完全靠自有资金发展。按照 MM 定理，这也是一样的结局。

MM 定理发明人莫迪利亚尼和米勒从未想到这个定理会对业界有这么大影响。据说某次米勒坐出租车回家，路上司机突然问他：你知道 MM 定理吗？这大概是经济学界的奇迹了，

① 作者系中国人民大学经济学院教授周业安，2019 年 03 月 26 日，上海证券报新浪财经 APP（https://finance.sina.com.cn/roll/2019-03-26/doc-ihtxyzsm0613913.shtml）。

一篇纯理论论文居然成了社会热点。当年,莫迪利亚尼是刚来美国流浪的欧洲经济学家,虽然学术成果亮眼,却一时也没个好去处,到哈佛大学经济学系求职还被拒,连熊彼特的推荐都不管用。而米勒当时毕业不久,就是个年轻的助理教授。某次在卡耐基梅隆大学的讲座上两人相识,莫迪利亚尼在台上讲,米勒坐下面听,两人一拍即合,共同整出一篇论文。

为何业界如此看重这个定理?因为一旦这个定理成立,资金来源的形式就与价值无关,那我们为何还要在意这些形式?股票?不重要;债券?不重要;衍生工具?更不重要。只有钱本身才最重要。既然这些金融产品形式都不重要了,那华尔街是不是该关闭了?这,才是业界爆炒这个定理的根本原因。原来莫迪利亚尼和米勒是来端掉别人饭碗的啊。定理爆红,米勒自然受到媒体的追逐。在记者们的一再要求下,米勒后来终于用一个饼状图说清了他证明的定理。依据这张图,公司价值如同一张大饼,资金来源等于资金运用,也就是说给定饼的总量和大小不变,那么如何切这块饼,并不影响这块饼的重量,只要切的时候别掉太多碎渣即可。把切开的每个小块加起来,还是原先那张饼。

温大妈记住了那张饼,想起了MM定理,又将这个定理应用到自家企业管理经营上,于是决定向银行贷款。有家银行最先示好,先到先得,不得罪人。很快银行的钱到位了,项目如期启动,公司开始进入稳步扩张期。温大妈的茶庄有了新产品、新项目,但也带来了高负债率。不过温大妈一直记着饼状图呢,高负债率不影响价值创造,就可以不顾及。过了两年,遇到了恶劣的气候。气候对茶叶的生产影响甚大,不仅茶叶上市时间一下推迟了很多,而且茶叶产量也大幅下降。这在经济学上叫负向冲击。高负债率意味着债息支出是固定的,而茶叶产销带来的现金流入一时匹配不了这个固定支出的债息,温大妈一时有点紧张不安了。为了应对固定支付的债息,就得节约支出,那就得把原先扩张的步伐放慢,把有些项目给停了。此外,还得继续想办法借点钱来应对流动性。

这样折腾下来,温大妈内心一紧:原来高负债率还是有潜在风险的,这个风险就是财务危机的成本。谁也不能保证未来没有负向冲击,一旦面对这些冲击,高负债率企业就很难扛得住。因为收入流是波动的,而债息支出流是稳定的和定期的,两者之间就存在匹配难题。当年莫迪利亚尼和米勒证明了MM定理,但给出了一系列严格的假定条件。说白了,这些条件在现实社会经济中根本实现不了。也就是说,这个定理就像一面镜子,告诉你,当一个企业身处无摩擦的世界中时,资金来源根本不重要;但面对一个有摩擦的真实世界,还得老老实实设计好资本结构,争取获得最优资本结构,以此来提升公司价值。资本结构并非不影响公司价值,事实上影响很大。

理解了理论和现实的差异以及理论的真实意图,才会懂得怎么去运用理论。温小妹是对的,当她在考虑两个方案的权衡时,实际上就是在基于现实条件做出资本结构的最优选择。温大妈在市场上体验到了这些道理,下决心调整,把权力下放给温小妹。温小妹根据企业实情,重新设计了资本结构,对特定人群发行了10%的股权,然后用这股权的融资归还了银行的部分借款。这样一来,企业资本结构被调整到了合理范围,每月利息支出也变得可承受,企业得以焕发生机。温小妹感叹说,让书本走向现实的最好办法,就是在现实中读书本知识。

本章小结

资本成本决策在企业融资和投资决策中得以广泛使用。本章分析了资本成本的概念,计量方法,并在此基础上具体介绍了个别资本成本、加权平均资本成本等计算方法。

理论上资本成本是指企业接受资金来源净额现值与预计未来资金流出现值相等时的贴现率。资本成本包括个别资本成本、综合资本成本。个别资本成本是企业选择筹资方式的依据;综合资本成本是企业进行资本结构决策的依据。在个别资本成本计算中,债务资本成本与权益资本成本的主要区别是,债务利息可以抵税而股利不可以抵税。因此,理论上权益资本成本要高于债务资本成本。

本章介绍了经营风险与经营杠杆之间的关系,财务风险与财务杠杆之间的关系,以及企业总杠杆。杠杆效应是指企业可以通过利用固定成本来增加获利能力,具体通过经营杠杆和财务杠杆实现。由于存在固定生产成本而造成息税前利润变动率大于产销量变动率的现象叫作经营杠杆;由于固定融资成本的存在,使普通股每股收益的变动幅度大于息税前利润变动幅度的现象称为财务杠杆。无论是经营杠杆还是财务杠杆都可能给企业带来利益,也都可能给企业造成损失。企业应该利用杠杆效应带来的利益而设法避免杠杆效应造成的损失。经营杠杆和财务杠杆综合作用的效果是,销售的任何变动都会放大每股利润,使每股收益产生更大的变动,这就是总杠杆。经营杠杆和财务杠杆可以按多种方式组合得到一个理想的总杠杆水平和企业总风险水平。但由于企业的经营杠杆大小取决于所在行业及规模,一般不能轻易变动;而财务杠杆却始终是一个可以选择的项目。因此,企业往往是在确定的经营杠杆下,通过调节财务杠杆来调节企业的总风险水平,而不是在确定的财务杠杆下,通过调节经营杠杆来调节企业的总风险。

杠杆企业就会面临一个资本结构决策的问题。本章介绍了最优资本结构的确定方法,包括每股收益无差别分析法,公司价值确定法,比较资本成本法,并希望读者了解资本结构的基本理论与发展。

资本结构从广义上讲是指企业不同资金来源的比例及相互关系,从狭义上讲,是指企业长期债务资本与权益资本之间的比例关系。资本结构理论要解决的问题是能否通过改变企业的资本结构来提高企业的总价值同时降低企业的总资本成本。早期资本结构理论有净收入理论、净营运收入理论和传统理论;现代资本结构理论有无税收的MM理论、有税收的MM理论和权衡模型。无税收的MM理论认为增加公司债务并不能提高公司价值;有税收的MM理论认为由于负债利息可以抵税,公司价值会随着负债比率的提高而增加,企业可以无限制地负债;权衡理论认为负债经营不但会因为税收屏蔽而增加公司价值,而且也会因为其财务危机成本和代理成本而减少公司价值。在考虑公司所得税、财务危机成本和代理成本情况下,权衡理论认为最佳资本结构是使企业加权平均资本成本最低同时企业价值最大的资本结构。

实际上最佳资本结构的确定,还应该考虑除了企业价值和资本成本以外的各种影响资本结构的因素,如企业的举债能力、企业的经营风险、公司的控制权、企业信用等级与债权人的态度、资产结构、政府税收、企业的成长率、企业的盈利能力和企业所属的行业等。

资本结构理论说明企业最优资本结构应该是使企业价值达到最大同时资本成本最低时的资本结构。因此在确定最优资本结构时可以有三种不同的考虑：第一是只考虑资本成本，即以综合资本成本最低作为资本结构决策的依据，这就是比较资本成本法；第二是只考虑企业价值，即以企业价值最大作为资本结构决策的依据，这就是每股收益分析法；第三是同时考虑资本成本和企业价值，即以资本成本最低和企业价值最大作为资本成本决策的依据，这就是公司价值分析法。

练　习　题

一、复习思考题

1. 了解一家上市公司 IPO 费用情况。

2. 和同学们进行头脑风暴，考虑一下日常经营中会遇到哪些经营风险？它会以什么形式体现出来并影响企业财务状况？分析营业杠杆和财务杠杆的影响因素。企业如何利用财务杠杆和营业杠杆来控制企业的总风险？

3. 选一家企业，了解其资本结构情况，并咨询企业是如何利用杠杆进行管理决策的。

4. 比较普通股、优先股、长期债券、长期借款和内部留存收益等长期筹资方式的特点。

5. 分析负债的资本成本与负债的利息率有什么不同。

6. 分析长期债券资本成本计算的理论公式和简化公式有什么不同。

7. 为什么随着筹资规模的扩大边际资本成本上升？

8. 归纳现代资本结构理论的主要观点。

9. 根据资本结构理论说明如何确定企业的最佳资本结构。

二、单项选择题

1. 下列计算资金成本率的公式中，不正确的是(　　)。

A. 资金成本率＝使用资金支付的报酬÷(筹资总额－筹资费用)

B. 资金成本率＝资金使用报酬率÷(1－筹资费用率)

C. 资金成本率＝使用资金支付的报酬÷筹资总额

D. 资金成本率＝(筹资总额×资金使用报酬率)÷[筹资总额×(1－筹资费用率)]

2. 某企业向银行借入年利率为6%、期限为2年的借款2 000万元，筹资费用率忽略不计，该企业适用的所得税率为25%，则该项借款的资金成本为(　　)。

A. 12%　　B. 6%　　C. 4.02%　　D. 4.5%

3. 一般而言，下列筹资方式中，资金成本最低的是(　　)。

A. 发行普通股票　　B. 发行优先股票

C. 长期借款　　D. 发行债券

4. 优先股的资金成本等于(　　)。

A. 优先股筹资额÷[优先股年股利×(1+优先股筹资费用率)]

B. 优先股年股利÷[优先股筹资额×(1−优先股筹资费用率)]

C. 优先股筹资额÷(优先股每股市价−优先股筹资费用率)

D. 优先股每股股利÷(优先股市价+优先股筹资费用率)

5. 某公司发行优先股100万股，每股面值100元，固定年股利率为12%，发行费用率为4%，则优先股的资金成本为(　　)。

A. 4.54%　　B. 8%　　C. 12%　　D. 12.5%

6. 某公司普通股当前市价为每股25元，拟按当前市价增发新股100万股，预计每股筹资费用率为5%，增发第一年末预计每股股利为2.5元，以后每年股利增长率为6%，则该公司本次增发普通股的资金成本为(　　)。

A. 10.53%　　B. 12.36%　　C. 16.53%　　D. 18.36%

7. 某公司普通股市价为每股30元，本年发放的每股股利为0.6元，预计股利每年增长12%，筹资费率为3%，则保留盈余资金成本为(　　)。

A. 10%　　B. 14.24%　　C. 11%　　D. 14%

8. 某企业某年的财务杠杆系数为2，经营杠杆系数是3，产销量的计划增长率为10%，假定其他因素不变，则该年普通股每股收益(EPS)的增长率为(　　)。

A. 4%　　B. 25%　　C. 20%　　D. 60%

三、多项选择题

1. 影响企业综合资金成本的因素主要有(　　)。

A. 企业资本结构　　B. 个别资金成本

C. 企业的生产规模　　D. 企业获利能力

E. 股利分配政策

2. 企业最佳资本结构的确定方法包括(　　)。

A. 比率分析法　　B. 因素分析法

C. 比较资金成本法　　D. 利润最大化法

E. 每股收益无差别点法

3. 下列属于资金筹集费的有(　　)。

A. 股利

B. 委托金融机构发行债券的代办费

C. 委托金融机构发行债券的注册费

D. 向银行支付的手续费

4. 评价企业资本结构最佳状态的标准是(　　)。

A 企业价值最大化　　B. 股权收益最大化

C. 普通股每股收益最大化　　D. 资本成本最低

5. 对每股无差别点的表述正确的有(　　)。

A. 当销售额低于无差别点的销售额时,运用负债筹资有利

B. 每股收益无差别点是判断资本结构合理与否的标准

C. 在每股收益无差别点上,负债筹资和权益筹资可以获得相同的每股收益

D. 每股收益无差别点是确定最佳资本结构的标准

四、计算题

1. ABC 公司的资本来源包括以下两种形式:

(1)120 万元的权益资金。假设公司预计下一年度股利为每股 0.10 元,并且以后将以每年 10%的速度增长。该普通股目前每股面值 1 元,每股市价为 1.80 元;

(2)60 万元的债券,该债券在 3 年后到期,每年年末按面值 11%支付利息,3 年后按面值购回,该债券目前市场价格为 95 元/张,面值为 100 元/张。

(3)企业适用的所得税税率为 25%。

要求:根据上述资料回答下列问题:

(1)该公司股票资金成本为(　　)

(2)该公司债券资金成本为(　　)

(3)该公司加权平均资金成本为(　　)

2. 公司目前发行在外普通股 100 万股(每股 1 元),已发行 10%利率的债券 400 万元。该公司打算为一个新的投资项目融资 500 万元,新项目投产后公司每年销售收入增加到 500 万元,变动成本率为 40%,固定成本为 100 万元。现有两个方案可供选择:按 12%的利率发行债券(方案 1);按每股 20 元发行新股(方案 2)。公司适用所得税率为 40%。

要求根据上述资料回答下列问题:

(1)方案 1 的每股收益为(　　)元。

(2)方案 2 的每股收益为(　　)元。

(3)两个方案的每股收益无差别点销售收入为(　　)万元。

(4)根据前面的计算结果,应选择的筹资方案为(　　)。

3. ABC 公司正在考虑改变它的资本结构,有关资料如下:

(1)公司目前债务的账面价值为 1 000 万元,利息率为 5%,债务的市场价值与账面价值相同;普通股 4 000 万股,每股价格 1 元,所有者权益账面金额 4 000 万元(与市价相同);每年的息税前利润为 500 万元。该公司的所得税率为 15%。

(2)公司将保持现有的资产规模和资产息税前利润率,每年将全部税后净利分派给股东,因此预计未来增长率为零。

(3)为了提高企业价值,该公司拟改变资本结构,举借新的债务,替换旧的债务并回购部分普通股。可供选择的资本结构调整方案有两个:①举借新债务的总额为 2 000 万元,预计利息率为 6%;②举借新债务的总额为 3 000 万元,预计利息率 7%。

(4)假设当前资本市场上无风险利率为 4%,市场风险溢价为 5%。

要求:

(1)计算该公司目前的权益成本和贝塔系数(计算结果均保留小数点后 4 位)。

(2)计算该公司无负债的贝塔系数和无负债的权益成本(提示:根据账面价值的权重调整贝塔系数,下同)。

(3)计算两种资本结构调整方案的权益贝塔系数、权益成本和实体价值(实体价值计算结果保留整数,以万元为单位)。

(4)判断企业应否调整资本结构并说明依据,如果需要调整应选择哪一个方案?

五、案例讨论题

北京中海生物科技有限公司(以下简称"中海生物")于1988年经批准成立,注册资金500万元,是专业从事动物用生物制品的研制、开发、技术转让,培养基研制、开发的国家高新技术企业。

经过多年的努力,公司建立起了猪、禽、宠物等疫苗及诊断技术多领域、专业化的研究队伍,积淀了雄厚的技术基础,拥有多项自主知识产权的新技术,并承担多项国家级科研课题。目前公司想扩大投资规模,增加新的生产企业。为扩大公司规模筹措资金,公司的总经理、主管财务的副总经理以及咨询公司的人员正在讨论公司的资本成本和资本结构问题。

目前公司的资产负债表如下表所示。

2018年1月31日北京中海生物科技有限公司资产负债表 万元

资产		负债和股东权益	
流动资产		流动负债	
银行存款	2 000	短期借款	1 500
应收账款	3 000	应付账款	2 500
存货	6 000	应付费用	2 000
流动资产合计	11 000	流动负债合计	6 000
固定资产		长期负债	
固定资产	13 000	长期债券	3 500
累计折旧	3 000	长期借款	3 000
固定资产合计	10 000	长期负债合计	6 500
		股东权益	
		优先股	500
		普通股	3 000
		留存收益	5 000
		股东权益合计	8 500
资产合计	21 000	负债与股东权益合计	21 000

经大家分析讨论,认为中海生物面临的与筹资有关的情况归纳如下:

(1)公司目前流通在外的普通股为1 000万股,股票市价为15元。若发行新股,每股发行价格在13～17元之间,发行费用率大约为8%。刚刚过去的2017年的每股盈余为2元,股利为1元,股东权益报酬率为20%,但管理者期望提高到25%。

(2)该公司优先股股票面值100元,每年支付固定股利为每股6元,投资者要求的收益率为8%。若发行新的优先股,投资者的收益率将提高到9%。另外,公司还要支付4%的发行费用。

(3)咨询公司人员估算该公司的β系数在1.2～1.5范围内波动;目前政府长期债券的收益率为4%,一年期的国库券利率为2.5%;资本市场上所有上市公司的平均收益率在6%～8%之间;国民经济的增长率在5%～8%之间,也有些分析人员认为该公司盈利增长率将与历史上保持一致。

(4)公司短期借款主要用于产销旺季时存货和应收账款占用资金的需求,待销售进入淡季时,收回的应收账款可用于偿还银行短期借款。短期借款的利率为4%,按季支付利息。

(5)公司长期借款是为期5年、年利息率6%、每年付息一次到期还本的负债。若向银行借入新的长期借款,年利息率将提高到7%,而且还要有0.5%的手续费。

(6)长期债券是年利息率为7%,每年付息一次到期还本的10年期债券。债券投资者要求的收益率为10%;若发行新债券,收益率仍保持不变,但要有4%的发行费用。

(7)中海生物历史上若干年的证券收益率资料表明,相对于中海生物的长期债券来说,中海生物股票的风险报酬率在3%～5%之间。

(8)中海生物的所得税税率为25%;预计近几年通货膨胀率为2%。

假设你是公司财务部的负责人,你的上司要求你根据上述资料估算该公司综合资本成本。注意你根据所给资料确定的资本成本应该适用于评价与公司的资产具有同等风险的项目。在你的分析报告中应该包括:

① 根据证券估价的基本公式,计算普通股市场价值、优先股市场价值、长期借款市场价值和长期债券市场价值,并在此基础上计算公司的资本结构。

② 分别根据资本资产定价模型、股利贴现模型和债券收益率加平均风险溢价模型计算普通股资本成本,然后进行比较。

③ 计算优先股资本成本。

④ 计算长期借款和长期债券资本成本。

⑤ 计算综合资本成本。

第七章　投资项目管理

【学习目的与要求】

投资决策是企业财务管理的重要内容之一。投资的数量与时间及投资的效果决定企业利润；通过投资形成企业的资产，企业的资产结构随着不同的投资策略而改变。本章主要内容有：企业投资的概述，投资决策指标的计算及分析，投资决策方法的实际应用及投资项目的风险评估。要求学生熟练掌握投资项目现金流量分析、投资决策指标的计算，固定资产更新决策的应用，投资项目风险的分析。

【引导案例】①

2019 年 12 月 4 日，新希望六和股份有限公司（下称“新希望”，股票代码 000876）发布公告称，公司决定继续加大在生猪养殖业务的投资力度，将建设 9 个生猪养殖项目，项目总投资额为 89.52 亿元，其中 20% 为公司自有资金，80% 为银行贷款。公告显示，新希望将在广西河池、湖北襄阳、河北定州、广西南宁、湖南郴州、山东莱西、辽宁锦州建 8 个生猪养殖项目，涉及生猪年出栏量 670 万头，还将在菲律宾新建年出栏 16.5 万头商品猪的项目。按照规划，上述项目还将带动公司饲料增量逾 200 万吨。

新希望称，该项目的实施有利于进一步提升公司对优势养殖资源的占有率，增强公司综合竞争力与盈利能力，不仅有利于推进公司的区域产业布局，更能为当地肉品供应和肉品安全提供有效保障，推动当地猪品种改良。

对于养殖过程中的管理、技术、防疫风险，新希望表示，项目将建立严格的生物安全体系，同时建立与各个猪场相配套的隔离制度，同时加强与国内外牲畜疫病研究机构的合作，为猪场疫病控制防范提供强有力的技术支撑，大幅度降低疾病发生所带来的风险。新希望创立于 1998 年，并于 1998 年 3 月在深圳证券交易所上市，业务覆盖饲料、肉鸡及生猪养殖等。年报显示，2018 年新希望全年的生猪出栏数继续保持在全国上市公司前 4 位。

投资决策是企业战略明确化、具体化的表现，在一定程度上会影响企业的财务弹性和融资决策，并决定了企业未来的现金流量和价值。因此我们常说：投资决策失误是企业最大的失误，一个重要的投资决策失误往往会使一个企业陷入困境，甚至破产。因此，财务管理的一项极为重要的职能就是为企业当好参谋，把好投资决策关。

① 大事情！这家水泥厂的兄弟公司投资近百亿准备养猪了 https://baijiahao.baidu.com/s?id=1652039295135387245&wfr=spider&for=pc。

第一节 投资项目管理概述

投资是指消耗一定的资源，期望得到未来收益的行为。本章将重点分析企业对内生产性固定资产投资项目管理问题，其中，生产性固定资产投资又被称为资本预算。

一、投资项目的分类

投资项目根据不同标准可分为不同的类别：

1)根据资产在再生产过程中的作用分为新建项目和更新改造项目

新建项目。以新增生产能力为目的的投资项目。如生产新产品与打入新市场进行的投资项目。

更新改造项目。指以恢复或改善现有生产能力为目的的投资项目。如更换已报废或已损坏的生产设备、或更换可继续使用但已陈旧的生产设备的投资项目。

2)根据投资项目之间的关系分为独立项目、互斥项目和互补项目

独立项目也称为非相关性投资项目，它是指投资项目的现金流是独立的，其采纳与否都不受其他投资项目的影响。

互斥项目是指投资项目之间存在着互不相容、相互排斥的关系，其采纳与否直接影响到其他投资项目的取舍。

互补项目是指投资项目之间可同时进行、相互配套的各项投资。

3)按对未来的影响程度，可分为战略性投资项目和战术性投资项目

战略性投资项目是指对企业全局及未来有重大影响的投资项目。这种投资往往投资数量大，回收时间长，风险程度高，因此，在方案的提出、分析、决策等各环节上，都要求严格按照程序进行，经由企业最高决策层批准。

战术性投资项目是指不影响企业全局和前途的投资项目，如更新改造设备、改善工作环境等投资项目，这些项目由于其影响范围、金额没有战略性投资重大，一般由相应级别的领导批准即可。

4)项目投资按其涉及内容还可进一步细分为单纯固定资产投资和完整工业投资项目

单纯固定资产投资项目的特点在于：在投资中只包括为取得固定资产而发生的垫支资本投入而不涉及周转资本的投入；完整工业投资项目则不仅包括固定资产投资，而且还涉及流动资金投资，甚至包括其他长期资产项目(如无形资产)等的投资。

二、投资项目的特点

生产性固定资产投资与企业的其他投资相比具有如下特点：

1)单项投资数额较大，且相对稳定

固定资产投资与流动资产投资相比，一次投入的资金数额较大，占用的资金多，对企业资

金运动和经济效益影响大，一旦达到一定的投资规模，占用资金的数量便相对稳定，随着固定资产投入使用，通过计提折旧的方式逐渐收回其投资。

2)投资回收期长

固定资产投资的回收期较长，往往需要几年甚至十几年的时间才能收回。

3)固定资产投资变现能力差

企业固定资产投资形成的是具有实物形态的长期资产，如建筑物、厂房、机器设备，一般用途单一，只能为本企业使用，如想变现相对困难。

4)投资次数较少

规模较大的固定资产投资与流动资产投资相比，一般次数较少，不可能频繁发生。

针对固定资产投资的上述特点，在进行固定资产投资时，应小心谨慎，进行投资方案的可行性研究，尽可能地把资源投放到收益高、风险小的项目上去。

三、投资项目决策的程序

固定资产投资决策是确定、分析、选择固定资产投资方案的一种经济行为。基于固定资产投资金额大、回收期长、影响深远等特点，固定资产投资应建立在详细深入的调查研究的基础上，运用科学的方法，遵循特定的程序进行可行性分析，以确保投资决策的正确有效。项目投资决策的程序一般包括以下步骤：

1)投资项目的提出

根据企业的战略目标，确定实现此目标所必需的投资项目，如可供选择的技术、固定资产的种类、数量和时间。

2)投资项目的评价

收集关于各方案的信息，包括财务和非财务信息，定性及定量资料，特别是关于各方案成本、收入的信息，预测投资项目的现金流量，并运用各种投资评价指标，分析它们技术上和经济上的效益性，从而选择最优的投资方案。

3)筹措资金

筹资的主要来源包括企业内部留存收益及外部资本市场。

4)投资项目的实施与控制

在投资项目的执行过程中，应建立一套预算执行情况的跟踪系统，及时、准确地对执行情况进行评估，与预算指标进行对比，以便随时调整偏差，实现预定目标。

第二节　投资项目现金流量分析

一、现金流量的概念

现金流量是指在项目寿命期内，项目引起的现金流入和现金流出增加的数量。这里的现金是指广义的现金，不仅包括各种货币资金，而且包括项目需要投入企业拥有的非货币资源的变现价值，如某企业新建厂房需要使用原有的一块土地，该土地原来的账面价值为30万元，目前的变现价值为100万元，则以100万元作为现金流出。因为，在进行项目投资现金流量分析时，认为变现价值是项目的相关成本、机会成本，是需要考虑的，而账面价值是无关成本、沉没成本，是不需要考虑的。这里机会成本是指某投资方案利用了企业原有的资源，致使该资源无法用于其他投资项目而失去的收益。由于新建厂房而不能将此地出售而损失的出售收益是该项投资的机会成本，而该土地原来的账面价值30万元被称为“沉没成本”，是过去发生的，它并不因接受或放弃某个项目而改变。在进行项目评估时，沉没成本是与决策无关的成本，应该忽略这类成本。机会成本虽然不是一种实际的支出，但在进行投资方案选择时，应将其视同现金流出，是决策相关成本，在进行项目评估时必须加以考虑。

一个项目的现金流量只包括该项目带来的增量现金流量，即接受或拒绝某个投资方案引起的企业现金流量的变动。只有那些由于采纳某个方案引起的现金支出增加额，才是该项目的现金流出量；只有那些由于采纳某个方案引起的现金流入增加额，才是该项目的现金流入量。当我们采纳一个新项目后，该项目可能对公司的其他项目造成有利或不利的影响，如企业建一条生产线用于新产品的生产，新产品投产后，会导致原有产品销量减少，在进行新生产线投资决策时，项目的增量现金流量需要扣除原有产品销量减少而减少的现金流量。

二、现金流量的作用

与财务会计强调收入与利润不同，财务管理以现金流量作为投资项目评价的重要依据，主要出于以下原因：

(1)利润不能用于实际支付。财务会计计算利润时，是以权责发生制为基础，根据权责发生制确认收入、费用，借此确定一定会计期间的经营成果——盈利或亏损。但利润的多少并不代表企业持有的现金的多少，而只有现金才能立即用于支付，如购置设备，支付股利。

(2)利润的计量具有主观性。利润的计量受到不同的折旧方法、费用摊销方法及存货计价方法的影响，具有一定的主观性，而现金流量的计算不受这些方法的影响，可以保证评价的客观性。

(3)在项目寿命期内，各年现金流量的合计数与利润的合计数是相等的，所以现金流量取代利润指标是可行的。

(4)计算项目寿命期内各时点上的现金流量，有助于在计算投资决策评价指标时，应用资金时间价值进行动态投资效果的综合评价。

三、现金流量的内容

现金流量包括现金流出量、现金流入量和现金净流量。

1.现金流出量

一个方案的现金流出量，是指该方案引起的企业现金支出的增加额。一般包括如下几项：

(1)固定资产上的投资。指购置设备、建造厂房的支出。

(2)垫支的营运资金。这里是指由于增加固定资产引起企业规模扩大,需要增加的营运资金,如增购材料、增加在产品、产成品库存等增加的流动资产;同时,企业的应付账款等流动负债也随之增加,满足了一部分流动资金的需求。由此带来的营运资金净增加额是需要企业追加的投资支出,这一部分营运资金在该固定资产出售或报废时,又得以收回,因此被称为垫支的营运资金。

(3)机会成本。如上例中土地的变现价值 100 万元,如果计算所得税税后的现金流量,还需要计算变现损益带来的所得税影响,即减税额或交税额。该土地变现的收益为 70 万元,如果税率为 25%,需要缴纳所得税 17.5 万元,实际变现土地得到的现金为 82.5 万元,故该土地的机会成本为 82.5 万元。

(4)其他现金支出投资。指不包括在以上内容中的与项目有关的现金支出。

2.现金流入量

一个方案的现金流入量,是指该方案引起的企业现金收入的增加额。具体包括:

(1)营业的现金净流量。营业的现金净流量是指投资项目投入使用后,在其寿命期内由于生产经营所带来的现金流入量与现金流出量的差额。现金流入量是指项目投产后通过正常的营业活动流入企业的现金;现金流出量是指获取上述营业收入支付的现金,包括付现的营业成本及支付的所得税。这种现金流量一般按年度估计,假定在年末收回,有 3 种计算方法。

用公式表示:

每年营业净现金流量=营业收入-付现成本-所得税(方法 1)
=营业收入×(1-税率)-付现成本×(1-税率)+折旧×税率(方法 2)
=净利润+折旧(方法 3)

公式中的折旧指的是按所得税法规定计算的折旧,需要与会计折旧区别开来,有时企业编制会计报表时,采用的折旧方法、折旧年限可能与税法规定不一致,由于折旧不是付现成本,在计算税后的营业现金净流量时考虑的是折旧的减税效应,因此方法 2、3 中的折旧是税法折旧而不是会计折旧。有时,在进行项目现金流量估计时,也可以采用税前的现金流量,即不考虑所得税的影响。这时计算营业现金流量的公式为:

税前营业现金净流量=营业收入-付现成本
=营业收入-(成本-折旧)
=利润+折旧

(2)固定资产的残值收入或变价收入。在项目寿命期结束时,出售资产可以获得变价收入;报废资产可获得残值收入,这些收入是该投资方案的一项现金流入。

(3)收回的营运资金。当项目结束时,企业出售存货、变现应收账款、偿还应付账款及其他应付费用,使先前垫支的营运资金得以收回。

四、现金流量的估算

在对潜在的投资项目进行分析时，首要的环节是估计其寿命期内的现金流量。估计投资项目预期的现金流量是投资决策的关键，也是项目评估的难点，直接关系到方案的取舍。项目的现金流量即项目所需的投资支出及产生的现金净流入量。流出量为负值，流入量为正值。为了便于利用货币的时间价值进行计算，假定现金流量是时点指标，即假设按照年初或年末的时点指标处理。一般来说，项目投资支出在年初或年末发生，垫支的营运资金在项目建成时发生，营业活动的现金流量均在营业活动的年末发生，固定资产的残值收入及收回垫支的营运资金发生在项目寿命期末终结时。

【例 7-1】某企业正考虑投资一个成本为 1 000 万元的 A 项目，该项目的寿命期为 5 年。每年的销售收入为 1 000 万元，付现成本为 400 万元，采用直线法折旧，不考虑残值。所得税税率为 25%，计算 A 项目每年的现金流量。

为计算 A 项目的现金流量，需首先计算其每年的折旧额：

$$\text{该方案每年的折旧额}=\frac{1\ 000}{5}=200(\text{万元})$$

用公式表示：

$$NCF_0=-1\ 000(\text{万元})$$

$$\begin{aligned}NCF_{1\sim5}&=\text{营业收入}\times(1-\text{税率})-\text{付现成本}\times(1-\text{税率})+\text{折旧}\times\text{税率}\\&=1\ 000\times(1-25\%)-400\times(1-25\%)+200\times25\%\\&=500(\text{万元})\end{aligned}$$

具体见表 7-1、表 7-2。

表 7-1 A 项目营业现金流量计算表 万元

项目	第 1 年	第 2 年	第 3 年	第 4 年	第 5 年
销售收入	1 000	1 000	1 000	1 000	1 000
付现成本	400	400	400	400	400
折旧	200	200	200	200	200
税前利润	400	400	400	400	400
所得税	100	100	100	100	100
净利润	300	300	300	300	300
现金流量	500	500	500	500	500

表 7-2 A 项目现金流量计算表 万元

项目	第 0 年	第 1 年	第 2 年	第 3 年	第 4 年	第 5 年
投资支出	−1 000					
营业现金流量		500	500	500	500	500
现金流量合计	−1 000	500	500	500	500	500

【例 7-2】B 项目投资总额为 1 200 万元，分两年在每年年初平均支付工程款，2 年后开始投产，有效期为 5 年，残值为 200 万元，使用直线法折旧。投产时垫付流动资金 100 万元。每年的销售收入为 1 500 万元，付现成本为 800 万元，所得税税率为 25%。计算 B 项目各年的现金流量。

$$B\text{项目每年折旧额}=\frac{1\,200-200}{5}=200(\text{万元})$$

用公式表示：

$$NCF_0=-600\text{万元}$$

$$NCF_1=-600\text{万元}$$

$$NCF_2=\text{垫付的营运资金}=-100(\text{万元})$$

$$NCF_{3\sim6}=1\,500\times(1-25\%)-800\times(1-25\%)+200\times25\%=575(\text{万元})$$

$$\begin{aligned}NCF_7&=\text{当年营业现金净流量}+\text{残值收入}+\text{收回垫支的流动资金}\\&=1\,500\times(1-25\%)-800\times(1-25\%)+200\times25\%+200+100\\&=875(\text{万元})\end{aligned}$$

用表格表示，如表 7-3、表 7-4 所示。

表 7-3　B 项目营业现金流量表　　万元

项目	第 1 年	第 2 年	第 3 年	第 4 年	第 5 年
销售收入	1 500	1 500	1 500	1 500	1 500
付现成本	800	800	800	800	800
折旧	200	200	200	200	200
税前利润	500	500	500	500	500
所得税	125	125	125	125	125
净利润	375	375	375	375	375
现金流量	575	575	575	575	575

表 7-4　B 项目现金流量计算表　　万元

项目	第 0 年	第 1 年	第 2 年	第 3 年	第 4 年	第 5 年	第 6 年	第 7 年
投资支出	−600	−600						
营运资金垫支			−100					
营业现金流量				575	575	575	575	575
固定资产残值								200
收回营运资金								100
现金流量合计	−600	−600	−100	575	575	575	575	875

第三节　投资项目评价的基本方法及应用

投资项目评价是指根据项目现金流量估算，计算各种评价指标，通过对比分析，评价投资方案是否可行或比较方案优劣的方法。对投资项目评价时使用的指标分为两类：一类是贴现指标，即考虑货币时间价值的指标，包括：净现值、内含报酬率和获利指数 3 种；另一类是非贴现指标，即没有考虑时间价值的指标，包括投资回收期和会计收益率两种。

一、非贴现现金流量指标

1. 静态投资回收期

投资回收期（payback period，PP）是指收回初始投资所需要的时间，一般以年为单位。回收年限越短，方案越有利。在原始投资额一次支出，无建设期，无须新增营运资金，无残值且每年的营业现金流量相等的情况下，回收期计算公式如下：

$$\text{投资回收期}=\frac{\text{原始投资额}}{\text{每年营业现金流量}}$$

【例 7-1】就属于这种情况，该方案的回收期＝1 000÷500＝2（年）

如果不是这种特殊情况，则应首先计算累计的现金流量，累计的现金流量出现正值时，说明年内已全部收回了投资，假设每年的现金流量是均匀流入的，则：

$$\text{投资回收期}=\text{收回全部投资前一年}+\frac{\text{年初未收回的投资}}{\text{本年现金流量}}$$

【例 7-2】的投资回收期＝4＋150÷575＝4.26（年），这里的投资回收期将两年的建设期包括在内，又称为包括建设期的投资回收期，也可以计算不包含建设期的投资回收期。

使用投资回收期法的决策规则为：对于独立方案来说，选择一个标准的回收期，即可接受的回收期，如果方案的回收期等于或小于该回收期，则方案可行，否则方案不可行。对于互斥方案来说，小于或等于标准回收期，且回收期较短的方案为最优方案。如例题中标准的回收期为 3 年，则项目 A 可行，项目 B 不可行。

回收期法的优点是：计算简便、容易理解，可以大体衡量项目的流动性与风险。一般来说，项目时间越长，现金流量越难预计，风险越大，项目的回收期越短，风险越小，流动性越高。

回收期法的缺点：①把不同时间点上的货币视为等效的，只是简单的相加，没有考虑货币时间价值。②没有考虑回收期以后的现金流量，会导致决策上的短视，未实现股东利益最大化。③没有衡量盈利性。④由于标准回收期的选择带有一定的主观臆断，导致回收期法不够客观。

为了克服前述回收期法不考虑货币时间价值的缺点，人们提出了一种变通方法，即折现投资回收期法。将现金流量进行贴现，然后求出收回初始投资所需要的时间。一般来说折现的投资回收期长于不折现的回收期。

2. 会计报酬率法

会计报酬率(accounting rate of return)是指年平均报酬与原始投资额的比例。用公式表示为：

$$会计报酬率=\frac{年均净利润}{原始投资额}\times 100\%$$

年均报酬根据会计上预计的净利润除以项目的寿命期计算。

【例 7-1】的会计报酬率＝300÷1 000×100％＝30％

【例 7-2】的会计报酬率＝375÷1 200×100％＝31.25％

会计报酬率法的决策规则：选择一个标准的报酬率，如果项目的报酬率高于标准的报酬率，则方案可行，否则，方案不可行。

会计报酬率法的优点在于，会计报酬率计算简便，数据来自预计的财务报表，容易取得，且考虑了寿命期内全部的净利润；但其使用的是会计利润，而不是现金流量，也没有考虑货币的时间价值，且需要一个主观的、标准的目标收益率，这是该方法的缺点。因此一般只能作为项目评估的辅助方法。

二、贴现现金流量指标

(一)净现值法

1. 定义

净现值(net present value，NPV)是指特定项目未来现金流入的现值与未来现金流出的现值之间的差额。

2. 计算公式

$$NPV=\sum_{k=0}^{n}\frac{I_k}{(1+i)^k}-\sum_{k=0}^{n}\frac{O_k}{(1+i)^k}$$

式中：n 为项目期限，I_k 为第 k 年的现金流入量，O_k 为第 k 年的现金流出量，i 为资本成本。

3. 决策规则

如果是独立项目，当净现值大于零时，表示投资报酬率大于资本成本，项目可以增加股东财富，则项目是可行的；当净现值小于零，表示项目的报酬率小于资本成本，导致股东财富减少，不符合财务管理的目标，项目不可行；当净现值等于零，表示项目的报酬率等于资本成本，项目不改变股东财富，项目也不可取。如果是互斥项目，当各方案的投资额、寿命期均相等时，则净现值大于零且最大的方案为最优项目。当各方案的投资额、寿命期不等时，不能简单地利用净现值法进行比较评选。

4. 特点

净现值的大小反映了一个项目对股东财富贡献的多少，考虑了货币时间价值，能够反映项目的投资风险及净收益，是进行投资决策的最佳方法，在项目评估中被广泛应用。但由于净现值是一个绝对数，净现值法不便用于比较投资额不相等的投资项目。另外，净现值法不能提示各个投资方案实际的报酬率的大小。

【例 7-3】设资本成本率为 15%，其他资料同【例 7-1】。

则 A 项目的净现值＝500×(P/A，15%，5)－1 000＝500×3.352－1 000＝676(万元)

由于净现值大于零，则该方案可行。

【例 7-4】设资本成本率为 10%，其他资料同【例 7-2】。

则 B 项目的净现值＝575×(P/A，10%，5)×(P/F，10%，2)＋300×(P/F，10%，7)－[100×(P/F，10%，2)＋600×(P/F，10%，1)＋600]
＝575×3.790 8×0.826 4＋300×0.513 2－[100×0.826 4＋600×0.909 1＋600]
＝727.17(万元)

由于净现值大于零，则该方案可行。

(二)利润指数法

1. 定义

利润指数(profitability index，PI)又称为现值指数或获利指数，是项目的现金流入量的现值与现金流出量的现值之间的比值。

2. 计算公式

$$PI=\sum_{k=0}^{n}\frac{I_k}{(1+i)^k}\div\sum_{k=0}^{n}\frac{O_k}{(1+i)^k}$$

3. 决策规则

如果是独立项目，利润指数大于 1，则方案可行，利润指数小于或等于 1，方案不可行。如果是互斥方案，当项目的寿命期相同时，获利指数大于 1 且最大的方案为最优方案。但当项目的投资额、寿命期不同时，也不能简单地利用现值指数进行比选。

4. 特点

利润指数表示每一元投资的现值能够取得的收益的现值，与净现值法比较，获利指数大小反映了投资效率的高低。当寿命期相同时，便于比选投资额不等的方案，但不能用于比选投资额和寿命期都不等的方案。

(三)内含报酬率法

1. 定义

内含报酬率(internal rate of return，IRR)是指项目的净现值等于零时的贴现率。

2. 计算公式

$$\sum_{k=0}^{n}\frac{I_k}{(1+IRR)^k}-\sum_{k=0}^{n}\frac{O_k}{(1+IRR)^k}=0$$

式中：IRR 即为内含报酬率。

3.计算方法

常用的计算内含报酬率的方法为逐步测试法，也可利用 Excel 中的财务公式，求解内含报酬率。下面详细说明逐步测试法的基本原理：首先估计一个贴现率，计算项目的净现值，如果净现值大于零，说明估计的贴现率小于内含报酬率，需要提高贴现率，如果净现值小于零，说明估计的贴现率大于内含报酬率，需要降低贴现率，经过多次测试，如果恰好有一个贴现率，使得项目的净现值等于零，则该贴现率即为项目本身的内含报酬率。如果没有一个贴现率能使得项目的净现值等于零，就需要找出两个贴现率，使得一个贴现率计算的净现值大于零且接近于零，另一个贴现率计算的净现值小于零且接近于零，说明项目本身的内含报酬率介于二者之间，然后采用内插法求解项目的内含报酬率，内插法的公式如下：

$$IRR=i_1+(i_2-i_1)\times\frac{|NPV_1|}{|NPV_1|+|NPV_2|}$$

式中：i_1 为项目净现值大于零且接近于零时的贴现率，对应的净现值为 NPV_1，即 NPV_1 大于零；i_2 为项目净现值小于零且接近于零时贴现率，对应的净现值为 NPV_2，即 NPV_2 小于零。

【例 7-5】资料同【例 7-2】，求 B 项目的内含报酬率。

当贴现率为 20%时，B 项目的净现值为 108.06 万元；当贴现率为 25%时，B 项目的净现值为−91.45 万元，说明 B 项目的内含报酬率介于二者之间，用插值法计算如下：

$$IRR=20\%+(25\%-20\%)\times\frac{108.06}{108.06+91.45}=22.71\%$$

图 7-1 形象地说明了如何通过试误法计算内含报酬率。图中净现值随着贴现率的提高而逐渐由正变为负，当贴现率小于内含报酬率时，净现值为正；当贴现率大于内含报酬率时，净现值为负；当贴现率为 22.71%时，净现值为零。

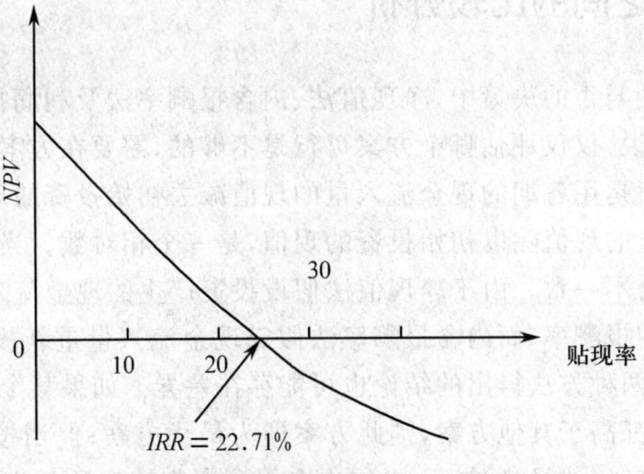

图 7-1　净现值与内含报酬率关系图

4.决策规则

对于独立项目而言，如果内含报酬率大于资本成本率，则项目可以接受；如果内含报酬率小于或等于资金成本率，则项目不可行。对于互斥方案而言，当方案的投资额不等或寿命期不同时，不能简单地使用内含报酬率进行方案的比选。

5. 特点

内含报酬率法考虑了货币时间价值，能够反映方案本身报酬率的大小。但该方法的计算过程较复杂，对于某些投资方案，可能出现两个以上的内含报酬率，容易引起误解。对于互斥方案来说，当方案的投资额不等时，内含报酬率高的项目，并不代表对股东财富的贡献大。

第四节 投资决策指标比较研究

一、贴现指标与非贴现指标的比较分析

以上我们介绍了投资项目评估使用的两大类方法及其特点，其中贴现现金流量指标为基本方法，而非贴现指标是辅助方法。在进行投资项目评估时主要采用贴现现金流量指标，这是因为：

(1)非贴现指标不考虑货币时间价值，把不同时间点上现金收入和支出不加区别地进行对比，夸大了投资回收的速度或报酬率，其标准的选择带有一定的主观性，对于长期投资决策来说，是不科学的。而贴现指标考虑了货币时间价值，净现值法与内含报酬率法都是以企业的资金成本作为取舍的依据，更加客观。

(2)回收期法只考虑回收期内的现金流量，容易导致短期行为，而贴现指标考虑了项目寿命期内的全部现金流量，使决策更加科学、合理。

二、贴现指标之间的比较分析

对于独立方案采纳与否的决策中，净现值法、内含报酬率法及利润指数法得出的结论是相同的，对于互斥方案来说，仅仅评估哪个方案可行是不够的，需要在方案可行的前提下，选出最优的方案。由于净现值是用各期的现金流入量的现值减去初始投资的现值，是一个绝对数；利润指数是用现金流入量的现值除以初始投资的现值，是一个相对数。当投资规模不同时，两种方法的评估结果可能会不一致。由于净现值法假设投资产生的现金流入量重新投资会产生相当于企业资金成本率的报酬率，而内含报酬率法假定现金流入量重新投资产生的报酬率与项目特定的报酬率相同，两种方法得出的结论也可能存在差异。如果某个方案的净现值、内含报酬率、利润指数可行且都高于其他方案，则此方案即为最优方案；但当按不同指标判断出现矛盾时，如根据净现值法应该选择 A 方案，根据内含报酬率应该选择 B 方案，如何进行方案的选取需要进一步分析，我们通过下面的例子来说明。

【例 7-6】设有两个互斥投资方案 A 和 B，它们的初始投资额不同，详细资料见表 7-5 和表 7-6。

表 7-5　A、B方案各年的现金流量表　　元

时间/年	方案 A	方案 B
0	－1 000	－100 000
1	0	0
2	4 000	150 000

表 7-6　A、B方案贴现现金流量指标

项目	NPV(贴现率 10%)/元	IRR/%	PI(贴现率 10%)
A	2 304	100	3.3
B	23 900	22	1.24

根据表 7-6 的数据，按净现值法 B 方案优于 A 方案，按内含报酬率法及利润指数法，则项目 A 优于项目 B。

【例 7-7】设有两个互斥投资方案 C 和 D，它们的投资规模相同，预期的经济寿命相同，但现金流量的时间不同，随着时间的推移，项目 C 的现金流量逐渐减少，项目 D 的现金流量逐渐增加，详细资料见表 7-7 和表 7-8。

表 7-7　C、D方案各年的现金流量表　　元

时间/年	方案 C	方案 D
0	－1 200	－1 200
1	1 000	100
2	500	600
3	100	1 080

表 7-8　C、D方案贴现现金流量指标表

项目	IRR/%	贴现率 8%		贴现率 10%		贴现率 12%	
		NPV/元	PI	NPV/元	PI	NPV/元	PI
C	23	233.9	1.19	198	1.17	162.7	1.14
D	17	264.32	1.22	198	1.17	136.46	1.11

如表 7-8 所示，按内含报酬率指标，项目 C 优于项目 D，当贴现率为 8%时，项目 C 的净现值及利润指数均小于项目 D，即项目 D 优于项目 C，净现值法与内含报酬率法存在矛盾；当贴现率为 10%时，项目 C 的净现值、内含报酬率与项目 D 均相等，即项目 C 与项目 D 无差别；当贴现率为 12%时，项目 C 的净现值、利润指数及内含报酬率均大于项目 D，3 种指标无矛盾。

正如上面的两个例题所示，采用贴现现金流量指标评价互斥方案的优劣，存在指标相互矛盾的可能。当出现这种情况时，应以净现值法作为方案评选的标准，即选择净现值较大的投资方案。这是因为净现值反映的是总量的大小，而内含报酬率与利润指数是相对指标，反映的是效率的高低。净现值越高，企业的收益越大，对股东财富的贡献越大，符合财务管理目标的要求。

依据前面的分析，当两个互斥方案寿命期相同时，如果贴现现金流量指标存在矛盾，应以

净现值法为判断方案优劣的标准。具体的评估方法可以采用以下两种:①直接计算法。即分别计算两个互斥方案的净现值,选择净现值大于零且最大的方案,如【例 7-7】中,当贴现率为 8%时,内含报酬率法与净现值法、利润指数法矛盾,选取净现值大的方案,即 D 方案;②差量净现值法。首先计算两个方案的差量现金流量,然后将差量现金流量贴现,计算差量净现值。如果差量净现值大于零,说明前面的方案优于后面的方案;反之,后面的方案优于前面的方案。

【例 7-8】资料同【例 7-7】,当贴现率为 8%时,采用差量净现值法判断方案的优劣。

第一步:首先计算方案 C、D 的差量现金流量,我们用 D 方案各年的现金流量减去 C 方案各年的现金流量,具体结果见表 7-9。

表 7-9 方案 C、D 各年差量现金流量表 元

项目	第 0 年	第 1 年	第 2 年	第 3 年
投资的差量	0			
营业现金流的差量		−900	100	980

第二步:计算差量净现值。

$$\begin{aligned}差量净现值 &= -900\times(P/F,8\%,1)+100\times(P/F,8\%,2)+980(P/F,8\%,3)\\ &= -900\times0.926+100\times0.857+980\times0.794-0=30.42(元)\end{aligned}$$

由于差量净现值大于零,故项目 D 优于项目 C。

第五节 不同寿命周期投资方案的选择

当互斥项目的寿命期不相等时,由于缺乏共同的比较基础,不能简单地运用净现值法或差额净现值法进行方案的比选。可以考虑的方法有两种:共同年限法和等额年金法。

一、共同年限法

共同年限法是使用互斥投资方案寿命的最小公倍数作为比较的基础,假定各投资方案按现有规模在各自寿命期结束时进行再投资,通过重置使两个项目达到相同的年限,然后计算相同寿命期内不同方案的净现值等指标,进行方案的评选。共同年限法又称为重置价值链法。

【例 7-9】甲企业有两个互斥的投资项目,项目 E 需要投资 500 万元,预计使用寿命为 3 年,每年营业的现金净流量为 320 万元;项目 F 需要投资 600 万元,预计使用寿命 4 年,每年营业的现金净流量为 300 万元,假设两项目都无残值,无须垫支营运资金,甲企业的资本成本率为 10%,计算说明甲企业应该选择哪个投资项目。两项目的现金流量如表 7-10 所示。

表 7-10 项目 E、F 各年现金流量表 万元

项目	第 0 年	第 1 年	第 2 年	第 3 年	第 4 年
项目 E	−500	320	320	320	
项目 F	−600	300	300	300	300

项目 E 的净现值＝320×(P/A,10％,3)－500＝320×2.487－500＝295.84(万元)

项目 F 的净现值＝300×(P/A,10％,4)－600＝300×3.170－600＝351(万元)

如果简单地采用净现值法进行项目的比选，由于项目 E 的净现值小于项目 F 的净现值，会得出项目 F 优于项目 E 的结论，但由于缺乏比较基础，这个结论有待商榷。对于寿命期不同的互斥方案，采用共同年限法进行比选，具体步骤如下：

(1)首先计算两个方案使用寿命的最小公倍数，即共同年限，我们假设项目 E 寿命终结时，按原有规模进行再投资，需要循环 4 次，项目 F 寿命终结时，按原有规模进行再投资需要投资 3 次，这样两个方案使用寿命的共同年限为 12 年。

(2)分别计算共同寿命期内两项目的净现值。

项目 E：12 年的净现值＝295.84＋295.84×(P/F,10％,3)＋295.84×(P/F,10％,6)＋295.84×(P/F,10％,9)＝810.57(万元)

项目 F：12 年的净现值＝351＋351×(P/F,10％,4)＋351×(P/F,10％,8)＝754.47(万元)

(3)进行方案的比选。通过上面的计算可以看出，项目 E 12 年的净现值大于项目 F，故甲企业应该选择 E 项目。

共同年限法不足之处在于，由于需要找出互斥方案的共同使用寿命，增加了计算的工作量，且对项目按原规模重置的假设，有时与实际不符。

二、等额年金法

等额年金法是将寿命期不等的互斥方案的净现值平均到项目寿命期内的每一年，以每年的净现值为基础，进行方案比选的方法。

计算步骤如下：

(1)分别计算互斥方案各自寿命期内的净现值；

(2)计算项目的等额年金；

(3)根据等额年金的大小进行方案的比选。

【例 7-10】资料同【例 7-9】，采用等额年金法判断方案的优劣。

项目 E 的净现值＝295.84(万元)

项目 E 的等额年金＝295.84/(P/A,10％,3)＝118.95(万元)

项目 F 的净现值＝351(万元)

项目 F 的等额年金＝351/(P/A,10％,4)＝110.73(万元)

由于项目 E 的等额年金大于项目 F，故甲企业应该选择项目 E。

从上面的计算可以看出，两种方法得出的结论是一致的，但共同年限法计算较为复杂。二者存在共同的缺点，即两种方法都假设可以按原有规模重置，但在实际情况下，由于技术进步，很难原样复制投资场景。另外，如果通货膨胀比较严重，必须考虑重置成本的上升，也不能按原规模重置，影响到这两种方法的准确性，因此这两种方法只适用于按原规模重置可能性较大的项目。对于使用寿命相差不大的项目可以直接采用净现值法进行项目的比选。

三、固定资产的更新决策

固定资产更新决策是指对技术上或经济上不宜继续使用的旧资产用新资产更换或对原有设备进行改造。一般来说，使用旧设备无须追加投资或只需追加较少的投资，但旧设备技术较落后，导致运营成本较高，而新设备与旧设备相比，技术先进，虽然投资大，但可大幅度提高工作效率，降低运营成本或提高产量。是否要用新设备替换旧设备，不能盲目地认为新设备一定优于旧设备，应根据投资决策指标计算分析，从而做出科学的决策。这里我们分以下两种情况进行分析。

1.新旧设备预计使用年限相同

如果新旧设备预计使用年限相同，且更新设备导致企业的销售收入的变化，则可以直接利用净现值法作为方案比选的依据。一般可选择直接计算净现值法，即分别计算新旧设备的净现值，按净现值法则选择净现值大于零且最大的方案；或采用差量净现值分析法，首先计算用新设备取代旧设备带来的现金流量的差量，再将差量现金流量贴现，计算差量净现值，如果差量净现值大于零，则更新设备是适当的，如果差量净现值小于零，则应该继续使用旧设备。

【例 7-11】某公司原有一台 4 年前购入的设备，购置成本为 100 000 元，估计仍可使用 6 年，已提折旧 40 000 元，期末无残值。使用这台设备公司每年的销售收入为 200 000 元，年付现成本为 150 000 元。现考虑更新设备，新设备售价为 220 000 元，估计可使用 6 年，期末残值为 40 000 元，若购入新设备，旧设备可折价 30 000 元，年销售收入提高至 250 000 元，每年还可节约付现成本 10 000 元。两种设备均采用直线法计提折旧，若公司的资本成本为 12%，所得税率为 40%，分析判断该公司是继续使用旧设备还是应该采用新设备。

方法一：直接计算净现值法

这是两个可供选择的互斥方案，一个方案为继续使用旧设备，一个方案为使用新设备。

在考虑投资的现金流出量时，有两种思路可供选择：①使用旧设备不需要投资，即投资的现金流出量为零，使用新设备时会把旧设备变现，旧设备变现收入及变现损失或收益带来的所得税影响，视为新设备的现金流出量的减量。②将旧设备的变现收入及变现损益带来的所得税影响作为旧设备的投资额。由于继续使用旧设备，无法获取旧设备的变现收入及处置损益的所得税影响，这一部分丧失的收益为继续使用旧设备的机会成本，相当于用这些钱购置一台旧设备。下面的计算采用第二种思路，具体计算步骤如下：

第一步：计算新旧设备的投资额，即现金流出量。

$$旧设备的投资额=30\,000+[(100\,000-40\,000)-30\,000]\times40\%=42\,000(元)$$

$$新设备的投资额=220\,000(元)$$

第二步：计算新旧设备的年折旧额。

$$旧设备的年折旧额=100\,000\div10=10\,000(元)$$

$$新设备的年折旧额=(220\,000-40\,000)\div6=30\,000(元)$$

第三步：分别计算新旧设备各年营业活动的现金净流量，计算结果见表 7-11。

表 7-11　新旧设备各年营业现金净流量计算表　元

项目	新设备第 1 年至第 6 年	旧设备第 1 年至第 6 年
销售收入	250 000	200 000
付现成本	140 000	150 000
折旧额	30 000	10 000
税前利润	80 000	40 000
所得税	32 000	16 000
税后利润	48 000	24 000
营业净现金流量	78 000	34 000

第四步:分别计算新旧设备的净现值。

新设备的净现值$=78\ 000\times(P/A,12\%,6)+40\ 000\times(P/F,12\%,6)-220\ 000=78\ 000\times 4.111\ 4+40\ 000\times 0.5\ 066-220\ 000=120\ 953$(元)

旧设备的净现值$=34\ 000\times(P/A,12\%,6)-42\ 000=34\ 000\times 4.111\ 4-42\ 000=97\ 788$(元)

第五步:进行方案的比选。由于使用新设备的净现值大于继续使用旧设备的净现值,故企业应该更新设备。

方法二:差量净现值法

第一步:计算使用新设备取代旧设备带来的现金流量的差量。

投资额的差量$=220\ 000-(30\ 000+30\ 000\times 40\%)=178\ 000$(元)

营业现金净流量的差量$=(250\ 000-200\ 000)\times(1-40\%)-(140\ 000-150\ 000)\times(1-40\%)+(30\ 000-10\ 000)\times 40\%=44\ 000$(元)

残值的差量$=40\ 000$元

第二步:计算差量净现值。

用新设备取代旧设备的差量净现值$=44\ 000\times(P/A,12\%,6)+40\ 000\times(P/F,12\%,6)-178\ 000=44\ 000\times 4.111\ 4+40\ 000\times 0.506\ 6-178\ 000=23\ 165$(元)

第三步:进行方案的比选。

由于差量净现值大于零,故应进行设备的更新。

2.新旧设备预计使用年限不同

前面我们分析了新旧设备预计使用年限相同、使用新设备会导致销售收入的变化情况。如果新旧设备使用年限不相同,可以采用共同年限法或等额年金法作为更新决策的依据。有时更新设备不改变企业的生产能力,不增加企业的现金流入,更新决策的现金流量主要是现金流出,即使有少量的残值变现收入,可以视为支出的抵减。由于只有现金流出,而没有现金流入,这种情况下,可以采用共同年限法或等额年金法,通过比较共同寿命期内现金流出量的现值大小或寿命期内等额年金大小进行方案的比选,选择现金流出量现值小或等额年金小的方案。这种只计算现金流出量的等额年金法,用于固定资产的更新决策时又称为固定资产平均年成本法。固定资产的平均年成本是指该资产引起的现金流出量的年平均值。如果不考虑货币时间价值,是未来使用年限内的现金流出总额与使用年限的比值。如果考虑货币时间价值,是未来使用年限内现金流出总现值与年金现值系数的比值。计算公式如下:

1)不考虑货币时间价值

固定资产平均年成本=(固定资产投资+每年付现成本-残值变现收入)÷预计使用年限

2)考虑货币时间价值

固定资产平均年成本=(固定资产投资的现值+每年付现成本的现值-残值变现收入的现值)÷年金现值系数

【例7-12】某公司拟用新设备取代已使用3年的旧设备。旧设备原价14 950元,当前估计尚可使用5年,每年的操作成本2 150元,预计最终残值1 750元,目前变现价值为8 500元;购置新设备需花费13 750元,预计可使用6年,每年操作成本850元,预计最终残值2 500元。该公司预期报酬率为12%,所得税税率为30%。税法规定该类设备应采用直线法折旧,折旧年限6年,残值为原价的10%。要求:进行是否应该更新设备的分析决策,并列出计算过程。

第一步:计算继续使用旧设备的平均年成本。

每年的付现操作成本的现值=2 150×(1-30%)×(P/A,12%,5)=5 425.22(元)
年折旧额=(14 950-1 495)÷6=2 242.50(元)
每年折旧减税的现值=2 242.5×30%×(P/A,12%,3)=1 615.81(元)
残值收益的现值=[1 750-(1 750-14 950×10%)×30%]×(P/F,12%,5)=949.54(元)
旧设备变现的现金净流量=8 500-[8 500-(14 950-2 242.5×3)]×30%=8 416.75(元)
继续使用旧设备现金流出量总现值=8 416.75+5 425.22-1 615.81-949.54=11 276.62(元)
继续使用旧设备的平均年成本=11 276.62÷(P/A,12%,5)=3 128.22(元)

第二步:计算使用新设备的平均年成本。

购置成本=13 750(元)
每年付现成本的现值=850×(1-30%)×(P/A,12%,6)=2 446.28(元)
年折旧额=(13 750-1 375)÷6=2 062.5(元)
每年折旧减税的现值=2 062.5×30%×(P/A,12%,6)=2 543.93(元)
残值收益的现值=[2 500-(2 500-13 750×10%)×30%]×(P/F,12%,6)=1 095.52(元)
新设备的现金流出量的现值=13 750+2 446.28-2 543.93-1 095.52=12 556.83(元)
新设备的平均年成本=12 556.83÷(P/A,12%,6)=3 054.15(元)

第三步:进行方案的比选。由于新设备的平均年成本低于继续使用旧设备的平均年成本,故应使用新设备。

四、固定资产的经济寿命

对于固定资产来说,一般使用初期占用大量的资金,占用资金的利息较高,资产的持有成本高,但由于固定资产刚刚投入使用,维护、修理费用等运行费用较低。以后设备逐渐陈旧,运行费用逐步增加,由于损耗及技术进步等原因,导致固定资产价值减少,占用资金的利息逐步减少。随着时间的推移,运行成本与持有成本呈反向变动,使得总成本呈马鞍形,这样必然存在一个固定资产年平均成本最低的使用年限，该使用年限被称为固定资产的经济寿命。如图7-2所示。

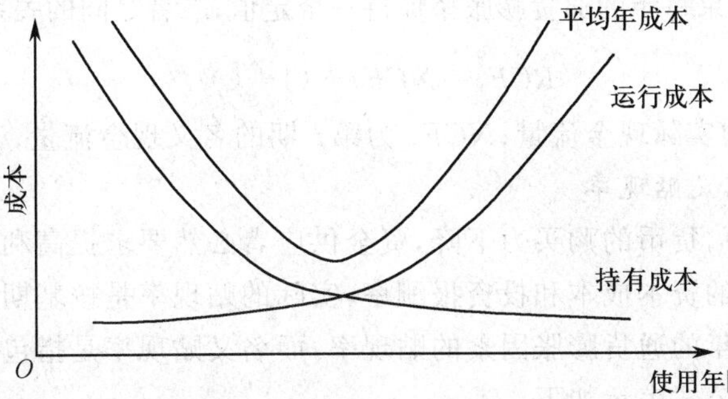

图 7-2　固定资产平均年成本图

设 C 为固定资产原值，S_n 为 n 年后固定资产余值；C_n 为第 n 年运行成本；n 为预计使用年限，i 为资本成本率；UAC 为固定资产平均年成本，固定资产平均年成本用公式表示如下：

$$UAC = [C - S_n \times (1+i)^{-n} + \sum C_n \times (1+i)^{-n}] \div (P/A, i, n)$$

【例 7-13】设某资产原值为 5 000 元，预计使用 5 年，寿命期终了时无残值，使用直线法折旧，运行成本为第一年 1 000 元，以后每年递增 10%。设备上的投资要求达到的最低收益率为 10%。要求：计算该资产的经济寿命。

计算过程如表 7-12 所示。

表 7-12　固定资产经济寿命计算表　　元

更新年限	原值①	残值②	贴现系数③ i=10%	残值现值④=②×③	运行成本⑤	运行成本现值⑥=⑤×③	更新时运行成本现值⑦=Σ⑥	总成本的现值⑧=①-④+⑦	年金现值系数⑨	平均年成本⑩=⑧÷⑨
1	5 000	4 000	0.909	3 636	1 000	909	909	2 273	0.909	2 501
2	5 000	3 000	0.826	2 478	1 100	908.6	1 817.6	4 339.6	1.736	2 500
3	5 000	2 000	0.751	1 502	1 210	908.71	2 726.31	6 224.31	2.487	2 503
4	5 000	1 000	0.683	683	1 331	909.07	3 635.38	7 952.38	3.170	2 509
5	5 000	0	0.621	0	1 464	909.14	4 544.52	9 544.52	3.791	2 518

由表 7-12 中数据可以看出，当使用两年时，每年平均成本最低，可据以确定该项固定资产的经济寿命为两年。

五、通货膨胀对投资决策的影响

在存在通货膨胀的情况下，由于各期的物价水平不同，现金流量和贴现率都会发生一些变化，因此在进行项目评估时，必须对现金流量与贴现率进行调整，以反映物价变动对投资决策的影响。

1)实际的现金流量与名义的现金流量

现金流量可以以现行价格表示,也可以以基期不变价格表示,前者称为名义现金流量,后者称为实际现金流量。如果每年的通货膨胀率保持一个定值,二者之间的关系可用下列公式表示:

$$RCF_t = NCF_t \div (1+k)^t$$

式中:RCF_t 为第 t 期的实际现金流量;NCF_t 为第 t 期的名义现金流量;k 为定率通货膨胀率。

2)实际贴现率与名义贴现率

在通货膨胀情况下,货币的购买力下降,资金供应者必然要求提高利率水平以补偿其购买力损失,从而影响企业的资本成本和投资报酬率,实际的贴现率是按基期的价格水平计算的资金成本,即没有考虑各年的通货膨胀因素的贴现率,而名义贴现率是指包含了通货膨胀补偿的贴现率,二者的关系用公式表示如下:

$$nr = (1+rr)(1+k) - 1$$

式中:nr 为名义贴现率;rr 为实际贴现率。

3)通货膨胀情况下净现值的计算

在通货情况下,进行投资决策分析应该注意以下两点:①如果项目现金流量用名义值表示,则贴现率也应该是名义贴现率。②如果项目现金流量用实际值表示,则贴现率也应该是实际贴现率。

两种方法的结果是一致的,用公式表示为:

$$NPV = \sum_{t=0}^{n} \frac{NCF_t}{(1+nr)^t} = \sum_{t=0}^{n} \frac{RCF_t(1+k)^t}{(1+rr)^t(1+k)^t} = \sum_{t=0}^{n} \frac{RCF_t}{(1+rr)^t}$$

【例 7-14】某企业有一投资项目 E,预计未来 3 年的年通货膨胀率为 5%,企业实际的资金成本率为 12%,各年预计的名义现金流量如表 7-13 所示。要求:用净值法判断该项目是否可行。

表 7-13 E 项目现金流量计算表

元

项目	第 0 年	第 1 年	第 2 年	第 3 年
投资支出	−200 000			
营业现金净流量		60 000	80 000	100 000
残值变现收入				40 000

由于各年的现金流量是名义的现金流量,故需要将实际成本率调整为名义贴现率,以计算项目的净现值。

$$nr = (1+12\%) \times (1+5\%) - 1 = 17.6\%$$

$$NPV = 60\,000 \times (1+17.6\%)^{-1} + 80\,000 \times (1+17.6\%)^{-2} + 140\,000 \times (1+17.6\%)^{-3} - 200\,000 = -5\,052.56(\text{元})$$

由于净现值为负值,故项目 E 不可行。也可以将名义的现金流量折算为实际的现金流量,按实际的贴现率 12%对实际的现金流量贴现,计算出的净现值与此结果相同。但如果用名义的现金流量,用实际的贴现率计算出的净现值就是错误的。

第六节 投资项目风险分析

对于投资项目而言，由于时间跨度较大，在未来各个时期内往往存在着许多不确定因素，因而也存在不同程度的风险。在前面几节的分析中，为了便于理解，我们假定项目无风险，本节我们专门讨论投资决策分析中的风险问题，探讨在有风险情况下，如何进行投资方案的比选。

一、项目风险的类别

由于存在种种不确定因素，任何投资项目都是有风险的，如项目未来的现金流量会发生变化；项目的寿命可能短于预测期；可能需要追加项目的投资；实际的残值可能小于预计的残值；通货膨胀可能加剧；经济、政治、金融环境发生改变等。在进行项目评估时，必须将这些风险考虑在内。投资项目风险主要分为以下3种：

1)项目特有风险

项目特有风险是指项目本身的风险，如项目现金流量、资本成本、预测期的变动，它可以用项目预期收益率的波动性来衡量。

2)项目的公司风险

项目的公司风险是指项目给公司带来的风险。项目的公司风险可以用项目对于公司未来收入不确定性影响的大小来衡量。在考察项目的公司风险时，由于新项目的特有风险可以通过与企业内部其他项目的组合分散掉一部分，因此，项目的公司风险只是新项目对现有项目组合的整体风险可能产生的增量。

3)项目的市场风险

项目的市场风险是指新项目给股东带来的风险。由于股东可以通过证券组合分散掉单个股权上的大部分风险，所以项目的市场风险是指股东通过组合也不能分散掉的系统风险。

对于项目风险处置常用的方法有：风险调整贴现率法和肯定现金流量法；实体现金流量法与股权现金流量法。

二、风险调整贴现率法

风险调整贴现率法是指对于高风险的项目，采用较高的贴现率去计算净现值，然后根据净现值法则进行方案的比选。对于风险程度不同的项目而言，由于按其风险程度的大小，调整了项目的贴现率，计算出的净现值与不考虑风险因素时会有较大的差距。问题的关键是如何衡量风险程度，如何确定风险调整贴现率。

$$NPV=\sum_{t=1}^{n}\frac{\text{期望的现金流量}}{(1+\text{风险调整贴现率})^{t}}$$

风险调整贴现率法的特点：该方法对风险大的项目采用较高的贴现率，对风险小的项目采用较低的贴现率，简单明了，便于理解。但它把时间价值和风险价值混在一起，主观地认为随着时间的推移，风险将一年比一年大，这种假定缺乏合理性。

【例 7-15】某公司有一个投资项目，预测该项目在不同情况下的股权现金流量如表 7-14 所示。无风险报酬率为 5%，市场平均报酬率为 10%，其 β 值为 1.4。

要求：用风险调整贴现率法判断方案是否可行。

表 7-14 某公司投资项目在不同经济情况下股权现金流量表 元

经济情况	发生概率	第 0 年	第 1 年	第 2 年	第 3 年
繁荣	0.5	−10 000	8 000	10 000	8 000
正常	0.3	−10 000	6 000	8 000	6 000
衰退	0.2	−10 000	4 000	2 000	2 000

(1)该项目现金流入的期望值。

$$\bar{E}_1 = 8\,000 \times 0.5 + 6\,000 \times 0.3 + 4\,000 \times 0.2 = 6\,600(\text{元})$$

$$\bar{E}_2 = 10\,000 \times 0.5 + 8\,000 \times 0.3 + 2\,000 \times 0.2 = 7\,800(\text{元})$$

$$\bar{E}_3 = 8\,000 \times 0.5 + 6\,000 \times 0.3 + 2\,000 \times 0.2 = 6\,200(\text{元})$$

(2)确定项目风险调整贴现率。

$$K = 5\% + 1.4 \times (10\% - 5\%) = 12\%$$

(3)计算项目的净现值。

$$NPV = 6\,600 \times (P/F, 12\%, 1) + 7\,800(P/F, 12\%, 2) + 6\,200(P/F, 12\%, 3) - 10\,000 = 6\,524.8(\text{元})$$

由于项目的净现值大于零，故该方案可行。

三、肯定现金流量法

1)基本原理

肯定现金流量法是按照风险程度用肯定当量系数将各年不确定的现金流量调整为确定的现金流量，然后，再用无风险的贴现率将确定的现金流量进行贴现，计算项目的净现值，据此进行投资方案比选的方法。肯定现金流量法又称为肯定当量法。

2)肯定当量系数的计算

肯定当量系数是指不肯定的一元现金流量期望值相当于使投资者满意的肯定的金额的系数，它可以把各年不肯定的现金流量换算为肯定的现金流量。一般用 a_t 表示。

$$a_t = \text{肯定的现金流量} / \text{不肯定的现金流量}$$

肯定当量系数与变化系数之间存在一定的联系，一般来说其关系见表 7-15。

表 7-15　肯定当量系数与变化系数之间的关系表

变化系数	肯定当量系数	变化系数	肯定当量系数
1	1	0.33～0.42	0.6
0.08～0.15	0.9	0.43～0.54	0.5
0.16～0.23	0.8	0.55～0.70	0.4
0.24～0.32	0.7		

3)依据肯定当量系数调整现金流量

按无风险贴现率计算方案的净现值,对方案的可行与否及优劣进行比较。

4)肯定现金流量法的特点

肯定当量法克服了风险调整贴现率夸大远期风险的缺点,将风险价值与时间价值分别调整,可以根据各年不同的风险程度,分别采用不同的肯定当量系数,对各年的现金流量进行调整。但肯定当量系数的确定较为困难,风险程度与肯定当量系数之间的对照关系并没有公认的标准,往往由分析人员凭经验主观判断确定,这样确定的系数与管理人员对风险的态度有关,带有一定的主观随意性。

四、实体现金流量法与股权现金流量法

通过前面的分析可知,进行项目评估的关键是现金流量的预测和贴现率的确定。这里的现金流量可以是实体的现金流量,也可以是股权现金流量。同样,贴现率可以是加权平均的资本成本,也可以是股权资本成本。在考虑项目系统风险的情况下,形成了计算净现值的两种方法:一种是实体现金流量法,即使用实体现金流量,以企业加权平均资本成本为折现率;另一种是股权现金流量法,即使用股权现金流量,以股权资本成本为贴现率。实体现金流量法,以企业为主体,确定项目对企业实体现金流量的影响;股权现金流量法站在股东角度,确定项目对股权现金流量的影响。采用实体现金流量法计算营业现金净流量时,用的是息前税后利润加折旧的方法,不将税后利息支出、借款本金的偿还作为现金流出量处理;而股权现金流量法计算营业现金净流量时,采用的是息税后利润加折旧的方法,需要将税后利息支出作为现金流出量处理,同时考虑债务的偿还情况,在计算现金流出量时,需要将项目总投资减去负债筹资的部分。两种方法计算的净现值没有实质区别,实体现金流量法比股权现金流量法更加简洁。

本章前面部分的讲述中,采用的是实体现金流量法,有关体现现金流量的估计我们已经做了详细的分析,在这里不再赘述。下面我们重点介绍实体现金流量法下加权平均资本成本的确定方法。实体现金流量法下,贴现率可以选择当前企业加权平均资本成本或重新计算项目的资本成本。

1)采用当前加权平均资本成本的条件

使用企业当前的资本成本作为项目的资本成本,应具备两个条件:一是项目的风险与企业当前资产的平均风险相同;二是公司继续采用相同的资本结构为新项目筹资。用当前的资本成本作为贴现率,隐含了一个重要的假设,即新项目是企业现有资产的复制品,它们的系统风

险相同，要求的报酬率相同，如固定资产更新决策、现有生产规模的扩张等。如果新项目与现有项目的风险有较大的差异，现有的资本成本就不适应了，需要对其进行调整。另外，新项目筹资时，资本结构与企业现有资本结构相同，即财务风险相同。当两个条件同时满足时，新项目可以采用当前企业加权平均资本成本作为贴现率。

2)重新计算项目资本成本

如果新项目风险与现有资产平均风险显著不同，或筹资结构与企业现有资本结构不同，就不能使用企业当前的加权平均资本成本，而应当估计项目的系统风险，重新计算项目的资本成本。项目系统风险的估计，一般采用可比公司法，即寻找一个经营业务与待评估项目类似的上市公司，以该上市公司的 β 值作为待评估项目的 β 值，作为衡量待评估项目系统风险的指标。

具体步骤如下：

(1)卸载可比公司财务杠杆。可比公司的 β 值是含有财务杠杆的 $\beta_{权益}$。由于两公司的资本结构不同，需要将可比公司的资本结构对 $\beta_{权益}$ 的影响排除掉，确定可比公司不含有财务杠杆的 β 值，通常被称为"卸载财务杠杆"，计算公式如下：

$$\beta_{资产}=\beta_{权益}\div[1+(1-所得税税率)\times(负债/权益)]$$

$\beta_{资产}$是假设全部用权益资本融资的 β 值，此时没有财务风险，或者说，此时股东权益的风险与资产的风险相同，股东只承担经营风险即资产的风险。

(2)根据目标企业的资本结构调整 β 值，加载目标企业财务杠杆。

$$\beta_{权益}=\beta_{资产}\times[1+(1-所得税税率)\times(负债/权益)]$$

(3)根据目标企业的 β 权益，计算股东要求的报酬率。此时的 $\beta_{权益}$ 既包含了项目的经营风险，也包含了目标企业的财务风险，可据以计算权益成本。

$$股东要求的报酬率=权益成本=无风险利率+\beta_{权益}\times风险溢价$$

如果使用股权现金流量计算净现值，它就是适宜的贴现率。

(4)计算项目资本成本。如果使用实体现金流量法计算净现值，还需要计算加权平均资本成本：

$$加权平均资本成本=负债成本\times(1-所得税税率)\times负债/资本+权益成本\times权益/资本$$

【例 7-16】M 公司为商业零售企业，拟投资进入家电制造业，其现有的 β 系数为 1.2。家电制造业的代表企业 N 公司的 β 系数为 1.6，资本结构为 30% 的负债，70% 的权益，假设无风险利率为 5%，市场风险溢价为 10%，M 公司新投资项目的资本结构为负债 40%，权益 60%，负债的税前成本为 6%，两公司的所得税税率为 30%，要求：计算 M 公司投资项目评估所要求的贴现率。

具体的计算步骤如下：

(1)卸载可比公司的财务杠杆。

$$\begin{aligned}\beta_{资产}&=\beta_{权益}\div[1+(1-所得税税率)\times(负债/权益)]\\&=1.6\div[1+(1-30\%)\times3/7]\\&=1.23\end{aligned}$$

(2)加载目标企业 M 公司的财务杠杆。

$$\begin{aligned}\text{目标企业的}\beta_{\text{权益}} &= \beta_{\text{资产}} \times [1+(1-\text{所得税税率}) \times (\text{负债}/\text{权益})] \\ &= 1.23 \times [1+(1-30\%) \times 4/6] \\ &= 1.80\end{aligned}$$

(3)计算目标企业 M 公司股东要求的报酬率。

$$\text{权益成本} = \text{无风险利率} + \beta_{\text{权益}} \times \text{风险溢价} = 5\% + 1.8 \times 10\% = 23\%$$

(4)计算 M 公司投资项目的资本成本。

$$\begin{aligned}\text{加权平均的资本成本} &= \text{负债成本} \times (1-\text{所得税税率}) \times \text{负债}/\text{资本} + \text{权益成本} \times \text{权益}/\text{资本} \\ &= 6\% \times (1-30\%) \times 40\% + 23\% \times 60\% \\ &= 15.48\%\end{aligned}$$

本章小结

本章我们介绍了投资项目的分类、特点及决策程序，重点分析了投资项目现金流量的作用、内容及估算。现金流量的估算是投资项目评估的重点与难点，其数值直接影响到投资方案的选择。我们详细阐述了投资项目评价的各项指标及其特点，并对贴现指标与非贴现指标之间进行了比较分析。针对不同寿命周期的投资方案的选择问题，我们剖析了共同年限法和等额年金法的运用。另外，我们还介绍了通货膨胀对投资决策的影响以及项目风险的类别及处理方法。

练习题

一、复习思考题

1. 分析进行项目评估为什么使用现金流量，而不使用会计利润？
2. 投资项目有什么特点？
3. 分析项目的现金流量时需要注意的问题主要有哪些？
4. 项目现金流量主要包括哪些内容？
5. 简述净现值法的基本原理及特点。
6. 简述内含报酬率法的基本原理及特点。
7. 对比分析贴现现金流量法与非贴现现金流量法之间的异同。
8. 对比分析净现值法与内含报酬率之间的异同。
9. 简述共同年限法的基本原理及特点。
10. 简述等额年金的基本原理及特点。

11. 什么是固定资产的经济寿命？
12. 通货膨胀情况下，如何进行项目评估？
13. 简述风险调整贴现率法的基本原理及特点。
14. 简述肯定现金流量法的基本原理及特点。

二、单项选择题

1. 下列说法错误的是（　　）。

A. 内含报酬率是方案本身的投资报酬率

B. 现值指数反映的是投资的效率，净现值反映投资的效益

C. 现值指数法可以进行独立投资机会获利能力的比较

D. 利用内含报酬率法评价投资项目时，不需要估计投资项目的资金成本或最低报酬率

2. 某企业正在讨论更新现有的生产线，有两个备选方案：甲方案的净现值为 300 万元，内含报酬率为 12%；乙方案净现值是 500 万元，内含报酬率为 10%。那么应该选择（　　）方案。

A. 甲方案　　B. 乙方案

C. 两个方案都可选　　D. 两个方案都不可选

3. 某投资项目原始投资为 5 000 万元，当年完工并投产，项目寿命期是 5 年，5 年内获得的现金净流量分别为 900 万元，1 200 万元，1 000 万元，1 200 万元，1 400 万元，那么项目的投资回收期是（　　）。

A. 4.14 年　　B. 4.17 年　　C. 4.50 年　　D. 3.98 年

4. M 公司 2019 年准备投资一项目，并且向有关机构支付了咨询费 60 000 元，后因经费紧张此项目停了下来，2020 年准备重新上马该项目。那么 2019 年支付的咨询费属于（　　）。

A. 机会成本　　B. 重置成本　　C. 未来成本　　D. 沉没成本

5. N 公司的主营业务是生产和销售钢材，目前准备投资汽车项目。在确定项目系统风险时，掌握了以下资料：汽车行业的代表企业 A 上市公司的权益 β 值为 1.1，资产负债率为 60%，投资汽车项目后，公司将继续保持目前 40% 的资产负债率。A 上市公司的所得税税率为 20%，N 公司的所得税税率为 25%。则本项目含财务风险的 β 值是（　　）。

A. 1.31　　B. 1.26　　C. 0.75　　D. 0.33

6. 计算项目的净现值有两种方法：实体现金流量法和股权现金流量法，关于这两种方法的说法正确的是（　　）。

A. 实体现金流量不受项目筹资结构的影响，股权现金流量受到项目筹资结构的影响

B. 实体现金流量的风险大于股权现金流量的风险

C. 计算实体现金流量和股权现金流量的净现值，应当采用相同的折现率

D. 以企业实体为背景，确定项目对企业现金流量的影响，以股东要求的报酬率为折现率

7. 下列说法不正确的是（　　）。

A. 如果两个方案是相互排斥的，则意味着两个方案不能同时选择，只能选择其中的一个

B. 如果两个方案是相互独立的，则可以根据净现值来排定优先次序

C. 对于相互独立的方案，应该优先安排内含报酬率较高的

D. 对于相互独立的方案，折现率的高低会影响现值指数法的评价结论

8. 某公司拟新建一车间用于生产A产品，据预测A产品投产后每年可创造200万元的收入；但该公司生产的B产品会因此受到影响，使其年收入由原来的180万元降低到150万元。则与新建车间生产甲产品项目相关的收入为(　　)万元。

A. 170　　B. 200　　C. 50　　D. 350

9. 当折现率为8%时，某项目的净现值为500万元，那么可以判断该项目的内含报酬率(　　)。

A. 高于8%　　B. 低于8%　　C. 等于8%　　D. 无法确定

10. 当贴现率与内部收益率相等时，(　　)。

A. 净现值小于零　　B. 净现值等于零

C. 净现值大于零　　D. 净现值不一定

三、多项选择题

1. 企业的生产性资本投资与其他类型的投资相比，具有的特点包括(　　)。

A. 投资的主体是企业

B. 投资的主体是个人

C. 资本投资的对象是生产性资本资产

D. 资本投资的对象是生产性资产

2. 下列指标受到折现率影响的有(　　)。

A. 净现值　　B. 会计收益率

C. 现值指数　　D. 投资回收期

3. 一台旧设备，原值100万元，税法规定的折旧年限为5年，残值率为10%；企业预计的使用寿命为4年，残值率为20%，税法和企业都按照直线法计提折旧。目前已经使用了一年，目前的变现价值为40万元，企业适用的所得税税率为25%，则在计算继续使用旧设备的相关现金流量时，下列说法中正确的有(　　)。

A. 继续使用旧设备最终报废的相关现金流量为22万元

B. 折旧抵税的年限为3年

C. 年折旧额为20万元

D. 投资额为40万元

4. 对于投资项目风险的处置方法，下列说法正确的有(　　)。

A. 风险调整折现率法的基本思路是对高风险的项目，应当采用较高的折现率计算净现值

B. 风险调整折现率法，可能夸大远期现金流量的风险

C. 调整现金流量法，需要把不确定的现金流量调整为确定的现金流量，因为系统风险无法消除，所以，需要去掉的是非系统风险

D. 风险调整折现率法下，对预期现金流量用风险调整折现率折现

5. 公司拟投资一个项目，投资额是25万元(全部是固定资产投资额)，投产后年均收入100 000元，付现成本30 000元，税法规定和企业规定的折旧年限均为10年，均按直线法提折旧，期末均无残值。所得税税率为25%，则该项目(　　)。

A. 回收期为4.26年

B. 年现金净流量为58 750元

C. 会计收益率为13.5%

D. 年现金净流量为77 500元

6. 进行设备更新决策时,采用固定资产平均年成本法作为标准的原因包括(　　)。

A. 设备更换不改变企业现有生产能力

B. 使用新旧设备给企业带来的年成本不同

C. 新旧设备的未来使用年限不同

D. 使用新旧设备给企业带来的年收入不同

7. 下列关于营业现金流量的计算公式正确的有(　　)。

A. 营业现金流量=收入×(1-所得税税率)-付现成本×(1-所得税税率)+折旧

B. 营业现金流量=税后净利润+折旧

C. 营业现金流量=税后收入-税后付现成本+折旧抵税

D. 营业现金流量=营业收入-付现成本-所得税

8. 在实体现金流量法下,计算现金流出量时,不需要考虑的有(　　)。

A. 归还的借款

B. 利息支出

C. 付现的营业成本

D. 所得税

9. 对于调整现金流量法,下列说法不正确的有(　　)。

A. 对时间价值和风险价值同时进行调整

B. 对时间价值和风险价值分别进行调整

C. 会夸大远期现金流量的风险

D. 折现率中考虑了风险

10. 下列指标的计算中,直接利用净现金流量的是(　　)。

A. 内含报酬率

B. 平均报酬率

C. 现值指数

D. 投资回收期

四、判断题

1. 投资人要求的收益率,可以用资本成本率来代替。这里的"成本"是一种实际成本。(　　)

2. 所谓净营运资金的需要,指的是经营性流动资产与经营性流动负债之间的差额。(　　)

3. 如果市场是完善的,则只要项目的风险与企业当前资产的平均风险相同,就可以使用企业当前的资本成本作为项目折现率。(　　)

4. 根据$\beta_{权益}=\beta_{资产}\times[1+(1-所得税税率)\times 负债/权益]$可知,如果存在负债,则$\beta_{权益}$一定大于$\beta_{资产}$。(　　)

5. 如果某项目全部投资均于建设期一次投入,建设期为零,投产后每年的净现金流量均相等,已知该项目的投资回收期为6年,则计算内含报酬率时采用的年金现值系数等于6。(　　)

6. 平均年成本法是把继续使用旧设备和购置新设备看成是一个更换设备的特定方案。(　　)

7. 净现值法所依据的原理是:假设预计的现金流入在年末肯定可以实现,并把原始投资看成是按预定折现率借入的。净现值法的经济意义是投资方案的折现后净收益。(　　)

8. 当利用逐步测试法计算内含报酬率时,如果按照当前折现率计算的净现值大于零,那么

应降低折现率后进一步测试。( )

9. 当贴现率与内含报酬率相等时,则净现值一定等于零。( )

10. 投资回收期法没有考虑回收期以后的现金流量,容易导致短期行为。( )

五、计算题

1. 某公司有一投资项目,需要购买一设备,买价是6 000元,需要追加600元的流动资金,该项目寿命期是3年。预计投产后,该项目可以使企业的销售收入增加,第一年是5 000元,第二年是6 500元,第三年是8 000元,与此同时付现成本也增加,第一年是2 000元,第二年是3 200元,第三年是4 000元。项目结束时收回流动资金600元。假设公司所得税率为25%,税法规定该种设备按直线法计提折旧,计提折旧年限为3年,不计残值。公司要求的报酬率是8%。

要求:

(1)用净现值法判断该项目是否可行。

(2)计算该项目的回收期。

2. 某企业使用现有生产设备每年实现的销售收入为3 700万元,每年付现成本为2 900万元。该企业准备从美国引进一台设备,买价为800万元。购得此项设备后本企业扩大了生产规模,每年销售收入预计增加到4 800万元,每年付现成本增加到3 500万元。根据市场趋势调查,企业所产产品尚可在市场销售10年,10年后拟转产。转产时进口设备残值预计可以50万元在国内售出。如现决定实施此项技术改造方案,现有设备可以424万元作价售出,如果10年后出售,则售价为20万元。

按照税法规定,新设备的年折旧额为120万元,折旧年限为6年,残值为80万元;旧设备的折旧年限为15年,目前已经使用了3年,年折旧额为50万元,旧设备原值为774万元。

企业要求的投资报酬率为8%,企业适用的所得税税率为25%。

要求:

(1)计算继续使用旧设备的项目净现值。

(2)计算使用新设备的项目净现值。

(3)分析评价此项技术改造方案是否有利。

3. 永成公司正在研究是否更新现有的计算机系统。现有系统是5年前购置的,目前仍可使用,但功能已显落后。如果想长期使用,需要在未来第2年年末进行一次升级,估计需要支出3 000元,升级后可再使用4年。报废时残值收入为零。若目前出售可以取得收入1 200元。

预计新系统购置成本为60 000元,可使用6年,6年后残值变现收入为1 000元。为了使现有人员能够顺利使用新系统,在购置时需要进行一次培训,预计支出5 000元,新系统不但可以完成现有系统的全部工作,还可以增加处理市场信息的功能,可使公司每年增加销售收入40 000元,节约营运成本15 000元,该系统的运行需要增加一名计算机专业人员,预计工资支出每年30 000元;市场信息处理费每年4 500元。专业人员估计该系统第3年末需要更新软件,预计支出4 000元。

假设按照税法规定,对计算机系统可采用双倍余额递减法计提折旧,折旧年限为5年,期末残值为零。该公司适用的所得税率为40%，预计公司每年有足够的盈利，可以获得折旧等成本抵税的利益，公司风险投资的必要报酬率为10%（税后）。

为简化计算，假设折旧费按年计提，每年收入、支出在年底发生。

要求：

(1)计算更新方案的零时点现金流量合计。

(2)计算折旧抵税的现值。

(3)使用贴现现金流量法进行分析，并回答更新系统是否可行。

（每一问题的最终计算结果保留整数，金额以“元”为单位）

4. ABC公司研制成功一台新产品，现在需要决定是否大规模投产，有关资料如下：

(1)公司的销售部门预计，如果每台定价3万元，销售量每年可以达到10 000台；销售量不会逐年上升，但价格可以每年提高2%。生产部门预计，变动制造成本每台2.1万元，每年增加2%；不含折旧费的固定制造成本每年4 000万元，每年增加1%。新业务将在2007年1月1日开始，假设经营现金流发生在每年年底。

(2)为生产该产品，需要添置一台生产设备，预计其购置成本为4 000万元。该设备可以在2006年年底以前安装完毕，并在2006年年底支付设备购置款。该设备按税法规定折旧年限为5年，净残值率为5%；经济寿命为4年，4年后即2010年底该项设备的市场价值预计为500万元。如果决定投产该产品，公司将可以连续经营4年，预计不会出现提前中止的情况。

(3)生产该产品所需的厂房可以用8 000万元购买，在2006年年底付款并交付使用。该厂房按税法规定折旧年限为20年，净残值率5%。4年后该厂房的市场价值预计为7 000万元。

(4)生产该产品需要的净营运资本随销售额而变化，预计为销售额的10%。假设这些净营运资本在年初投入，项目结束时收回。

(5)公司的所得税率为40%。

(6)该项目的成功概率很大，风险水平与企业平均风险相同，可以使用公司的加权平均资本成本10%作为折现率。新项目的销售额与公司当前的销售额相比只占较小份额，并且公司每年有若干新项目投入生产，因此该项目万一失败不会危及整个公司的生存。

要求：

(1)计算项目的初始投资总额，包括与项目有关的固定资产购置支出以及净营运资本增加额。

(2)分别计算厂房和设备的年折旧额以及第4年末的账面价值（提示：折旧按年提取，投入使用当年提取全年折旧）。

(3)分别计算第4年末处置厂房和设备引起的税后净现金流量。

(4)计算各年项目现金净流量以及项目的净现值和回收期。

5. 甲公司是一家制药企业。2008年，甲公司在现有产品P-Ⅰ的基础上成功研制出第二代产品P-Ⅱ。如果第二代产品投产，需要新购置成本为10 000 000元的设备一台，税法规定该设备使用期为5年，采用直线法计提折旧，预计残值率为5%。第5年年末，该设备预计市场价值为1 000 000元（假定第5年年末P-Ⅱ停产）。财务部门估计每年固定成本为600 000元（不含折旧费），变动成本为200元/盒。另，新设备投产初期需要投入净营运资金3 000 000元。净营运资金于第5年年末全额收回。

新产品 P-Ⅱ投产后，预计年销售量为 50 000 盒，销售价格为 300 元/盒。同时，由于产品 P-Ⅰ与新产品 P-Ⅱ存在竞争关系，新产品 P-Ⅱ投产后会使产品 P-Ⅰ的每年经营现金净流量减少 545 000 元。

新产品 P-Ⅱ项目的 β 系数为 1.4。甲公司的债务权益比为 4∶6(假设资本结构保持不变)，债务融资成本为 8%(税前)。甲公司适用的公司所得税税率为 25%。资本市场中的无风险利率为 4%，市场组合的预期报酬率为 9%。假定经营现金流入在每年年末取得。

要求：

(1)计算产品 P-Ⅱ投资决策分析时适用的折现率。

(2)计算产品 P-Ⅱ投资的初始现金流量、第 5 年年末现金流量净额。

(3)计算产品 P-Ⅱ投资的净现值。

六、案例分析题

案例 1：

北京津同利华科技有限公司是一家专业从事畜禽类疫情处理技术、红外热成像技术等研发与销售的中关村高新技术企业。该公司正在考虑投资“畜禽疾病防控暨移动式畜禽尸体处理技术转化”项目，项目主要内容为量产“车载移动式病死畜禽无害化处理设备”，以高温高压方式对病死畜禽等进行无害化处理。

北京津同利华科技有限公司曾在北京以 500 万元购买了一块土地，原打算建立配送中心，后来由于收购了一个物流企业，解决了北方地区产品配送问题，便取消了配送中心的建设项目。公司现计划在这块土地上兴建新的工厂，目前该土地的评估价值为 800 万元。

预计建设生产车间的固定资产投资成本为 1 000 万元。该工程将承包给另外的公司，工程款在完工投产时一次付清，即可以将建设期视为零。另外，车间投产时需要营运资本 750 万元(样机生产、调试；产品小试)。

该工厂投入运营后，每年生产和销售 30 台产品，售价为 200 万元/台，单位产品变动成本 160 万元；预计每年发生固定成本(含制造费用、经营费用和管理费用)400 万元。

由于该项目的风险比目前公司的平均风险高，管理当局要求项目的报酬率比公司当前的加权平均税后资本成本高出 2 个百分点。

该公司目前的资本来源状况如下：负债的主要项目是公司债券，该债券的票面利率为 6%，每年付息，5 年后到期，面值 1 000 元/张，共 100 万张，每张债券的当前市价 959 元；所有者权益的主要项目是普通股，流通在外的普通股共 10 000 万股，市价 22.38 元/股，贝他系数为 0.875，其他资本来源项目可以忽略不计。

当前的无风险收益率 5%，预期市场风险溢价为 8%。该项目所需资金按公司当前的资本结构筹集，并可以忽略债券和股票的发行费用。公司平均所得税率为 24%，车间固定资产折旧年限平均为 8 年(净残值为零)。

车间(包括土地)在运营 5 年后将整体出售，预计出售价格为 600 万元。假设投入的营运资本在工厂出售时可全部收回。

要求：

(1)计算该公司当前的加权平均税后资本成本(资本结构权数按市价计算)。

(2)计算项目评价使用的含有风险的折现率。

(3)计算项目的初始投资(零时点现金流出)。

(4)计算项目的年经营现金净流量。

(5)计算该工厂在5年后处置时的税后现金净流量。

(6)计算项目的净现值。

案例2:

(1)天津金海城环境科技有限公司所属行业为科技推广和应用服务业,现找到一个投资机会,利用北京天翔昌运节能科技股份有限公司的技术生产畜禽饮用水功能化处理器,并将产品出售给北京天翔昌运节能科技股份有限公司。北京天翔昌运节能科技股份有限公司是一个有代表性的涉农科技型企业。预计该项目需固定资产投资750万元,可以持续5年。会计部门估计每年固定成本为(不含折旧)40万元,变动成本是每件18万元。固定资产折旧采用直线法,折旧年限为5年,估计净残值为50万元。营销部门估计各年销售量均为40件。北京天翔昌运节能科技股份有限公司可以接受25万元/件的价格。生产部门估计需要250万元的净营运资本投资。

(2)天津金海城环境科技有限公司和北京天翔昌运节能科技股份有限公司均为上市公司,天津金海城环境科技有限公司的贝他系数为0.8,资产负债率为50%;北京天翔昌运节能科技股份有限公司的贝它系数为1.1,资产负债率为30%。

(3)天津金海城环境科技有限公司不打算改变当前的资本结构。目前的借款利率为8%。

(4)无风险资产报酬率为4.3%,市场组合的预期报酬率为9.3%。

(5)为简化计算,假设没有所得税。

要求:

(1)计算评价该项目使用的折现率。

(2)计算项目的净现值。

(3)假如预计的固定成本和变动成本、固定资产残值、净营运资本和单价只在±10%以内是准确的,这个项目最差情景下的净现值是多少?

(4)分别计算利润为零、营业现金流量为零、净现值为零的年销售量。

第八章 流动资金管理

【学习目的与要求】

本章旨在让学生了解流动资金的概念、熟悉流动资金管理的内容、了解企业持有现金的动机、现金管理的目的、现金管理的内容和持有现金的成本、熟练掌握最佳资金持有量的确定方法、理解应收账款管理的目标、熟练掌握应收账款的成本及信用政策的制定、了解存货的功能、熟练掌握存货成本和存货决策的基本内容。

【引导案例】①

万科集团是我国房地产行业当之无愧的老大哥，无论是在历史战绩上、行业规模上，还是市场排行上，其优秀业绩是其他房地产公司所无法比拟的。万科集团现已在国内66个城市占有份额，其主要战场有北上广及周边主要城市，现在向中西部大城市开辟疆土。万科集团逐渐向海外进行扩张，四年多的发展时间已在五个海外主要城市开发超过十个房地产项目，未来将有更大动作的房地产开发计划。

万科集团的资金管理中心对于万科的贡献是巨大和深远的。资金管理中心在内部承担着项目资金的控制与监督，在外部承担集团的融资任务，并承担着在集团整体内资金的监督与控制。万科地产的资金管理中心并不是一开始就有，而是在企业成立十四年后，即1996年建立的。成立资金管理中心的目的是更好更有效地使用和运营资金，提升资金的效益和收益，另外为企业的扩充和壮大提供财力支持。

本案例选用万科集团的财务数据以及保利集团的财务数据进行对比分析，进一步分析万科集团在资金管理上的优势及发展方向。

1. 基于要素对万科地产营运资金的分析②

万科集团营运资金相关数据如下　　天

项目	2016年	2017年	2018年
存货周转期	885.97	1 198.03	1 304.16
应收账款周转期	3.43	2.60	1.83
应付账款周转期	246.72	355.11	170.08
营运资金周转期	203.58	234.04	210.50

① 武莉. 万科地产营运资金管理的案例研究[D]. 吉林财经大学，2017.

② 数据来源：国泰安数据库 http://www.gtarsc.com/SingleTable/DataBaseInfo? nodeid=16696＃。

可以看出，万科集团的应收账款周转期呈逐年下降趋势，说明企业的运营良好；存货的周转期增加不利于资金的回笼，营运资金未能得到保障；应付账款周转期先上升后下降，如果应付账款的周转期增加，就可以更加充分的利用应付账款来增加企业的营运资金，进而帮助企业更好地利用资金创造收益。

保利集团营运资金相关数据 天

项目	2016 年	2017 年	2018 年
存货周转期	982	1 343	1 269.4
应收账款周转期	5	4	3.62
应付账款周转期	87	107	127.12
营运资金周转期	900	1 240	567.44

通过对比可以看出，应收账款周转期、营运资金周转期方面，万科集团均低于保利集团；应付账款周转期方面，万科集团高于保利集团。由此分析，万科集团的营运资金的有效利用率更高。美中不足的是，万科集团存货周转期近年来不断攀升甚至超过保利集团，资金回笼变缓，不利于企业正常营运。

2.基于渠道对万科地产营运资金的分析

万科集团基于渠道的营运资金相关数据 天

项目	2016 年	2017 年	2018 年
采购渠道资金周转期	137	154	186
生产渠道资金周转期	420	453	629
营销渠道资金周转期	357	544	56

可以看出，在基于渠道的营运资金管理理论下，万科集团的采购渠道资金周转期、生产渠道资金周转期均呈逐年上升趋势，说明万科集团的营运资金利用率逐年下降。对于万科集团来说，要想提升企业的运营资金效率就要对采购渠道进行有效提升，在生产渠道加快时间生产，缩短资金运行周期，在营销渠道方面加强销售力度，迅速回笼资金，并且在金融方面不断加大融资能力，提高投资收益，通过金融转型加快企业转型。

第一节 现金管理

流动资金指企业在日常生产经营过程中被流动资产占用的资金。流动资金的主要项目是现金、应收账款和存货。因此，本章主要介绍企业对现金、应收账款和存货的管理。

现金是可以立即投入使用的交换媒介，可以立即用来购买商品、货物、劳务或偿还债务。现金的定义有广义和狭义之分。狭义的现金只包括库存现金，而广义的现金则包括库存现金、在途现金、业务周转金、支票和汇票、各种银行存款等所有可以即时使用的支付手段。本章所涉及的现金概念是广义的现金。

一、现金管理的目的

现金是企业中流动性最强的资产，是满足企业正常经营支出、清偿债务、履行纳税义务的重要保证。因此，企业保持足够的现金余额，对于增加企业资产的流动性，降低或避免经营风险和财务风险都具有十分重要的意义。

(1)提高现金使用效率。一般说来，流动性强的资产，其收益性较低，这意味着企业应尽可能少地持有现金，即使不将其投入到本企业的经营周转，也应尽可能多地投资于能产生高收益的其他资产，从而避免由于资金闲置或用于低收益资产而带来的损失。通常，企业面临现金不足和现金过量两方面的威胁。

(2)在资产的流动性和盈利能力之间做出抉择。企业在力求保证企业生产经营所需现金的同时，合理利用资金，以获得最大的长期利润；通过确定企业的最佳现金持有量，降低企业风险，增加企业收益。

二、企业持有现金的动机

企业持有一定数量的现金，主要是满足对现金的交易性需要、预防性需要和投机性需要，因此持有现金主要出于以下 3 种动机。

1. 交易动机

交易动机是指企业持有现金以满足日常业务的现金支付需要，也可称之为支付性需要。如购买原材料、支付工资、缴纳税款、偿付到期债务、派发现金股利等。企业为满足交易动机所持有的现金余额主要取决于企业销售水平。企业在生产经营中，经常得到收入，也经常发生支出，两者很少同时等额发生。当收入多于支出时，现金置存；当收入少于支出时，会产生现金缺口，此时企业需要补充现金的不足。因此，要维持企业的正常业务活动，企业必须维持适当的现金余额。

2. 预防动机

预防动机是指企业持有现金以满足发生意外的支付需要。如生产事故、坏账、自然灾害等。预防性现金数额的多少，取决于企业对未来现金流量预测的准确程度和企业的借款能力。企业预计的现金余额一般是企业正常生产经营活动的现金需要。但由于意外事件的发生，影响企业现金的收入与支出，使得企业的现金流具有一定的不确定性。现金流量的不确定性越大，预防性现金的数额也就越大；反之，企业现金流量的可预测性强，预防性现金数额则可小些。此外，预防性现金数额还与企业的借款能力有关，如果企业能够很容易地随时借到短期资金，也可以减少预防性现金的数额；否则，应扩大预防性现金额。

3. 投机动机

投机动机是指企业持有现金满足不寻常的购买机会的需要，比如遇有廉价原材料或其他资产供应的机会,便可用手头现金大量购入;此外,在证券价格发生剧烈波动时,企业也可从事投机活动,从中获得收益。

企业在进行与现金相关的决策时,应考虑以上 3 方面的需要。但是,在使用现金上,3 种需求的现金是可以互相调用的。例如,预防性需要的现金可以暂时用于交易性需要。此外,企业在确定现金持有量时,也要考虑到有价证券的持有情况,二者要相互配合。有价证券是企业现金的一种转换形式。随着我国证券市场的不断完善,有价证券的变现能力会越来越强,可以随时兑换成现金。企业有大量多余现金时,可将现金兑换成有价证券,以获得更高的回报。而当现金流出量大于流入量,需要补充现金时,再出让有价证券换回现金。在这种情况下,有价证券就成了现金的替代品。

三、持有现金的成本

持有现金的成本是指企业为了持有一定数量的现金而发生的费用,或企业因现金短缺所付出的代价。持有现金的成本主要由以下 4 部分构成。

(1)管理成本。企业因保留现金余额而发生的管理费用,如支付给现金管理人员的工资和安全措施费用等,在一定范围内与现金持有量的多少关系不大,具有固定成本的性质,属于决策无关成本。

(2)机会成本。因持有现金而丧失的再投资收益,具有变动成本性质,与现金持有量的多少密切相关。

(3)转换成本。企业现金与有价证券转换过程中所发生的成本。如委托买卖佣金、委托手续费、债券过户费、实物交割手续费等。

(4)短缺成本。由于企业现金持有量不足而又无法及时得到补充而给企业造成的损失,如不能及时支付材料款而停工待料给企业造成的经济损失。现金短缺成本与现金持有量成负相关关系。

四、最佳现金持有量的确定

确定最佳现金持有量的方法有成本分析模式、现金周转模式、存货模式和随机模式。企业应根据自身经营范围和现金管理的特点,选择适当的方法。

(一)成本分析模式

成本分析模式是根据现金有关成本,分析预测其总成本最低时现金持有量的一种方法。企业在进行决策时,能够使机会成本、管理成本和短缺成本之和达到最小的现金持有量,就是最佳现金持有量。此方法不考虑转换成本。

机会成本与现金持有量成正比例变动关系;短缺成本与现金持有量成反比例变动关系。从图 8-1 可以看出,横轴表示现金持有量,纵轴表示总成本。在坐标平面图上绘出成本线,机会成本线向右上方倾斜,短缺成本线向右下方倾斜,管理成本线为平行于横轴的平行线,总成本线是一条抛物线。该抛物线的最低点为持有现金的最低总成本,从而找出最佳现金持有量。

现金持有量超过这一点时，机会成本上升的代价会大于短缺成本下降的好处；而在这一点之前，短缺成本上升的代价大于机会成本下降的好处。因此，这一点所对应横轴上的量，即是该企业的最佳现金持有量。

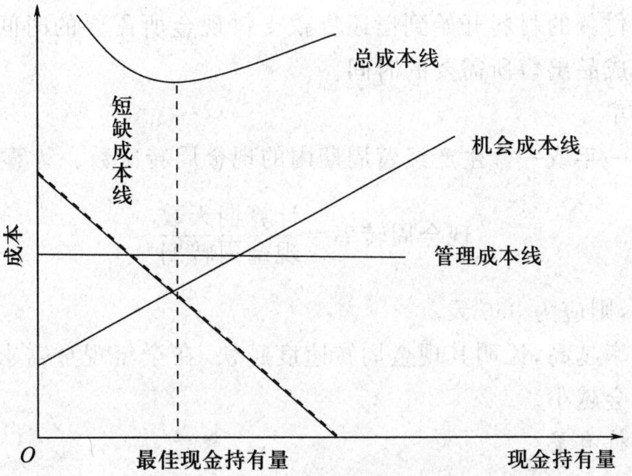

图 8-1 持有现金的总成本

【例 8-1】某企业有 4 种现金持有方案，4 种方案的机会成本、管理成本、短缺成本见表 8-1，进一步分析企业的最佳现金持有量。

表 8-1 4 种现金持有方案 元

项目	现金持有方案			
	甲	乙	丙	丁
现金持有量	25 000	50 000	75 000	100 000
机会成本	3 000	6 000	9 000	12 000
管理成本	20 000	20 000	20 000	20 000
短缺成本	12 000	6 750	2 500	0
现金持有总成本	35 000	32 750	31 500	32 000

将以上各方案的总成本加以比较可知，丙方案的总成本最低，即当企业持有 75 000 元现金时，总成本最低，对企业来说最合算，故 75 000 元是该企业的最佳现金持有量。

运用成本分析模式确定最佳现金持有量的优点是适用范围广泛，尤其适用于现金收支波动较大的企业。缺点是企业持有现金的短缺成本较难预测。

（二）现金周转模式

现金周转模式是根据现金周转期来确定最佳现金持有量的方法。该方法在运用时一般分为以下几个步骤。

1）计算现金周转期

现金周转期是指从现金投入生产经营活动开始，经过生产循环，直至又转化为现金并收回所需要的时间。简言之，就是企业的现金周转一次所需要的天数。在企业全年现金需求总量一定的情况下，现金周转期越短，则企业所需的现金持有量越小。现金周转期的计算公式为：

$$现金周转期=应收账款周转期-应付账款周转期+存货周转期$$

上式中，应收账款周转期是从应收账款发生开始到收回应收账款所需要的时间；应付账款周转期是从收到尚未付款的材料开始到偿还货款支付现金所需要的时间；存货周转期是从生产投入材料开始到产成品出售所需要的时间。

2)计算现金周转率

现金周转率是在一年或一个生产经营周期内的现金周转次数。计算公式如下：

$$现金周转率=\frac{计算期天数}{现金周转期}$$

若以年为计算期，则应为 360 天。

企业的现金周转率越高，说明其现金周转速度越快，在全年现金需求一定的情况下，企业所需的现金持有量就会越小。

3)计算最佳现金持有量

计算公式如下：

$$最佳现金持有量=\frac{年现金需求总量}{现金周转率}$$

【例 8-2】某企业年现金需求量为 750 万元，应收账款平均周转期为 60 天，应付账款的平均周转期为 40 天，存货平均周转期为 100 天，分析企业的最佳现金持有量。

$$\begin{aligned}现金周转期&=应收账款周转期-应付账款周转期+存货周转期\\&=60-40+100=120(天)\end{aligned}$$

$$现金周转率=\frac{计算期天数}{现金周转期}=\frac{360}{120}=3(次)$$

$$最佳现金持有量=\frac{年现金需求总量}{现金周转率}=\frac{750}{3}=250(万元)$$

运用现金周转模式确定最佳现金持有量的优点是简单明了，易于计算。但是这种方法假设企业材料采购与产品销售产生的现金流量在数量上是一致的，即其适用的前提条件为：①企业预计期内现金总需要量可以预计；②现金周转天数与次数可以测算，测算结果应与实际相符合，具有科学性与准确性。若以上条件不存在，则求得的最佳现金持有量将存在偏差。

(三)存货模式

存货模式也称鲍莫模式，是 1952 年由美国经济学家威廉·鲍莫首先提出的用以确定最佳现金持有量的方法。

企业平时持有较多的现金，会降低现金的短缺成本，但也会增加现金占用的机会成本；而企业平时持有较少的现金，会增加现金的短缺成本，却能减少现金占用的机会成本。如果企业平时只持有较少的现金，在有现金需要时(如手头的现金用尽)，通过出售有价证券换回现金(或从银行借入现金)，便能既满足现金的需要，避免短缺成本，又能减少机会成本，因此，适当的现金与有价证券之间的转换，是企业提高资金使用效率的有效途径。这与企业奉行的营运资金政策有关。采用宽松的投资政策,保留较多的现金则转换次数少。如果经常进行大量的有价证券与现金的转换,则会加大转换交易成本。企业每次以有价证券换回现金是要付出代价的(如支付经纪费用),这被称为现金的交易成本。现金的交易成本与现金转换次数、每次的转换量有关。假定现金每次的交易成本是固定的,企业在一定时期,现金使用量确定的前提下,每次以有价证券转换回现金的金额越大,企业平时持有的现金量便越高,转换的次数便越少,现金的交易成本就越低;反之,每次转换回现金的金额越低,企业平时持有的现金量便越低,转换的次数会越多,现金的交易成本就越高,现金交易成本与持有量成反比。在现金成本构成图上,可以将现金的交易成本与现金的短缺成本合并为同一条曲线,反映与现金持有量相关的总成本。这样,现金的成本构成可重新表现,见图 8-2。现金的机会成本和交易成本是两条随现金持有量呈不同方向发展的曲线,两条曲线交叉点相应的现金持有量,即是总成本最低的现金持有量。确定总成本的方法如下:

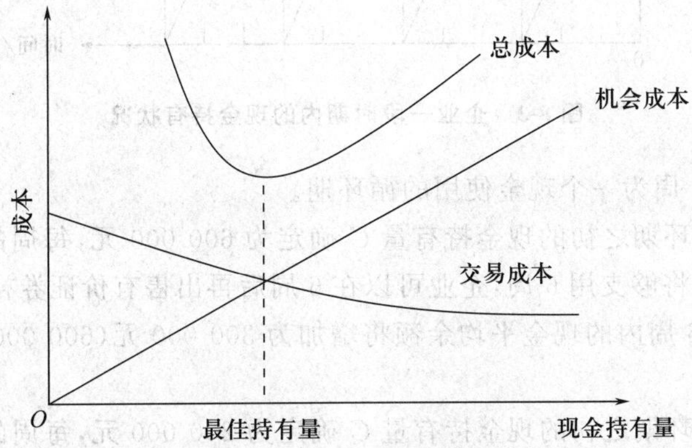

图 8-2　现金的成本构成

确定一定时期内出售有价证券的总交易成本:

$$交易成本=\frac{T}{C}\times F$$

式中:T 为企业一定期间内的现金需求量;F 为每次出售有价证券以补充现金所需的交易成本;C 为各循环期之初的现金持有量。

确定一定时期内持有现金的总机会成本:

$$机会成本=\frac{C}{2}\times K$$

式中:$\frac{C}{2}$为各循环期内的现金平均持有量;K 为持有现金的机会成本率。

$$总成本=机会成本+交易成本=\frac{C}{2}\times K+\frac{T}{C}\times F$$

企业需要合理确定 C,促使现金的相关总成本最低。

【例 8-3】某企业第 0 周开始时持有现金 300 000 元。假设现金使用量是均衡的,每周的现金净流出量为 100 000 元,那么该企业这些现金够企业支用 3 周,在第 3 周结束时现金持有量将降为0,其3周内的平均现金持有量为150 000元(300 000÷2)。第4周开始时,企业需将300 000元的有价证券转换为现金以备支用;待第6周结束时,现金持有量再次降为0,这3周内的现金平均余额仍为150 000元。如此循环,企业一段时期内的现金持有状况如图8-3所示。

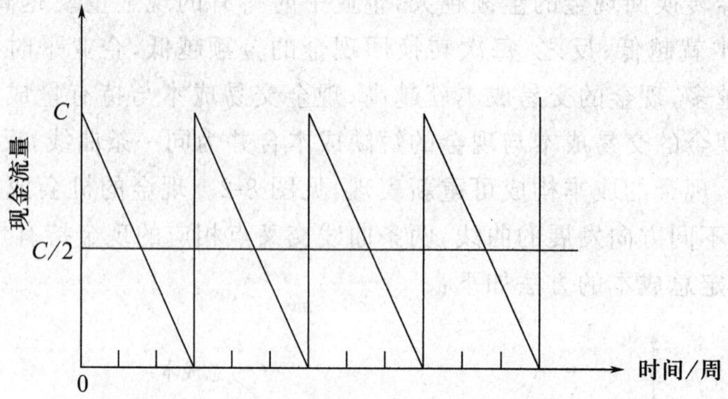

图8-3 企业一段时期内的现金持有状况

在图8-3中,每3周为一个现金使用的循环期。

如果企业将各循环期之初的现金持有量C确定为600 000元,每周的现金净流出量仍为100 000元,这些现金将够支用6周,企业可以在6周后再出售有价证券补充现金,这能够减少现金的交易成本;但6周内的现金平均余额将增加为300 000元(600 000÷2),这将会增加现金的机会成本。

如果企业将各循环期之初的现金持有量C确定为200 000元,每周的现金净流出量仍为100 000元,这些现金将够支用2周,企业必须频繁地每2周就出售有价证券补充现金,这必然会增加现金的交易成本;但2周内的现金平均余额可降为100 000元(200 000÷2),这降低了现金的机会成本。

企业一年的现金需求量为100 000×52=5 200 000(元)。

该企业有几种确定C的方案,各种初始现金持有量方案对应的机会成本和交易成本,如表8-2和表8-3所示。

表8-2 各种初始现金持有量方案的机会成本表 元

初始现金持有量C	平均现金持有量$C/2$	机会成本$\frac{C}{2}\times K(K=0.1)$
600 000	300 000	30 000
400 000	200 000	20 000
300 000	150 000	15 000
200 000	100 000	10 000
100 000	50 000	5 000

表 8-3　各种初始现金持有量方案的交易成本表　元

现金总需求 T	初始现金持有量 C	交易成本 $\frac{T}{C}\times F(F=1\ 000)$
5 200 000	600 000	8 667
5 200 000	400 000	13 000
5 200 000	300 000	17 333
5 200 000	200 000	26 000
5 200 000	100 000	52 000

根据表 8-2 和表 8-3,计算出各种初始现金持有量方案的总成本表,如表 8-4 所示。从表 8-4 可以看出:企业的初始现金持有量为 300 000 元时,现金总成本最低。300 000 元即为最佳现金持有量。

表 8-4　各种初始现金持有量方案的总成本表　元

初始现金持有量 C	机会成本	交易成本	总成本
600 000	30 000	8 667	38 667
400 000	20 000	13 000	33 000
300 000	15 000	17 333	32 333
200 000	10 000	26 000	36 000
100 000	5 000	52 000	57 000

运用存货模型确定最佳现金持有量的优点在于简单和直观,但由于假定现金流出量不变,其使用条件存在局限性,使该方法的使用受到一定的限制。

(四)随机模式

随机模式(米勒—奥尔模型)是在现金需求量难以预知的情况下对现金持有量进行控制的方法。其应用前提条件包括:①每天现金流入和现金流出的变化是随机的和不稳定的;②现金净流量即现金余额的变化接近于正态分布;③最佳现金持有金额处于正态分布中间。其计算公式如下:

$$Z=\sqrt[3]{\frac{3b\delta^2}{4i}}+L$$

$$H=3Z-2L$$

$$平均现金持有金额=\frac{4Z-L}{3}$$

式中:Z 为现金持有金额;b 为有价证券的交易成本;δ^2 为日现金净流量的方差;i 为持有现金的日机会成本(证券日利率);L 为现金控制下限;H 为现金控制上限。

企业应将现金余额控制在 $L-H$ 的区域之内,L 为下限,H 为上限,Z 为目标控制金额。当现金余额升至 H 时,则购进$(H-Z)$的有价证券,使之回落到 Z;当现金余额降至 L 时,则出售$(Z-L)$的有价证券,使之恢复到 Z;当现金余额在 $L-H$ 之间波动时,则无须变现或进行短期投资，现金持有量的随机模式图如图 8-4 所示。

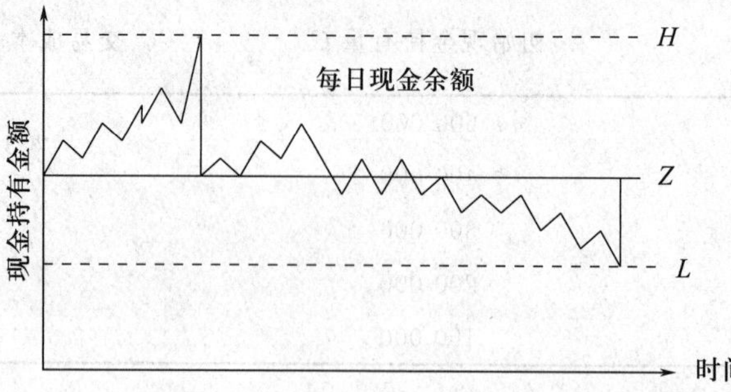

图 8-4　现金持有量的随机模式图

【例 8-4】假设某公司有价证券的年利率为 9%，每次转换有价证券的固定成本为 50 元，公司认为任何时候其银行活期存款及现金余额不能低于 1 000 元，根据以往经验测算出日现金净流量的标准差为 800 元。求最佳现金持有金额 Z 和现金控制上限。

$$证券日利率\ i=9\%\div360=0.025\%$$

$$Z=\sqrt[3]{\frac{3b\delta^2}{4i}}+L=\sqrt[3]{\frac{3\times50\times800^2}{4\times0.025\%}}+1\ 000=5\ 579(元)$$

$$H=3Z-2L=3\times5\ 579-2\times1\ 000=14\ 737(元)$$

运用现金持有量的随机模式确定最佳现金持有量是在企业的现金未来需求总量和收支不可预测的前提下进行的，因此计算确定出来的现金持有量比较保守。

五、现金日常管理

企业在确定了最佳现金持有量后，还需要加强现金日常管理，以保证现金的安全、完整，以最大程度地发挥其效用。

(一)现金回收管理

为了提高现金的使用效率，加速资金周转，企业应尽量加快账款的收回。企业账款的收回需要经过客户开出付款票据、企业收到票据、票据交存银行和企业收到现金等环节。

企业账款收回的时间包括票据邮寄时间、票据在企业停留时间以及票据结算的时间。前两个阶段所需时间的长短不但与客户、企业、银行之间的距离有关，而且与收款的效率有关。在实际工作中，缩短这两段时间的方法一般有邮政信箱法、银行业务集中法等。

1.邮政信箱法

邮政信箱法(锁箱法)是西方企业加速现金流转的一种常用方法。企业可以在各主要城市租用专门的邮政信箱，并开立分行存款户，授权当地银行每日开启信箱，在取得客户票据后立即予以结算，并通过电汇再将货款拨给企业所在地银行。在锁箱法下，客户将票据直接寄给客户所在地的邮箱而不是企业总部，不但缩短了票据邮寄时间，还免除了公司办理收款、货款存入银行等手续，因而缩短了票据邮寄以及在企业的停留时间。但采用这种方法成本较高，因为被授权开启邮政信箱的当地银行除了要求扣除相应的补偿性余额外，还要收取办理额外服务的劳务费，导致现金管理成本增加。

2.银行业务集中法

银行业务集中法是企业指定一个主要开户行（通常是总部所在地）为集中银行，并在收款额较集中的若干地区设立若干个收款中心；客户收到账单后直接汇给当地收款中心，中心收款后立即存入当地银行；当地银行在进行票据交换后立即转给企业总部所在银行。银行业务集中法可以缩短客户邮寄票据所需时间和票据托收所需时间，也就缩短了现金从客户到企业的周转时间。

（二）现金支出管理

现金支出管理的主要任务是尽可能延缓现金的支出时间。延缓支付账款的方法有以下几种方法。

1.合理利用“浮游量”

运用企业账户上的现金余额和银行账户上所示的企业存款余额之间的差额。在使用现金浮游量时，一定要控制好使用时间，否则会发生银行存款的透支。一般来说，企业所能使用的现金浮游量的多少主要取决于企业收到客户交来票据后，加速收款的能力；企业在开出票据后，延迟付款的能力。

2.充分利用商业信用

为了最大限度地利用现金，应安排好付款时间，尽量推迟现金的支付，充分利用供货方所提供的信用优惠。

3.采用汇款付款

在使用支票付款时，只要受票人将支票存入银行，付款人就要无条件地付款。但汇票不是“见票即付”的付款方式，在受票人将汇票送达银行后，银行要将汇票送交付款人承兑，并由付款人将一笔相当于汇票金额的资金存入银行，银行才会付款给受票人。

4.力争现金流量同步

企业现金流入与现金流出发生的时间应趋于一致。企业如果能够保持现金流量同步，就可以使其所持有的交易性现金余额降到较低水平。企业在安排现金支出时，应考虑现金流入的时间，尽量使二者同步，这样不仅可以减少交易性现金余额，而且能减少有价证券转换为现金的次数，从而节约转换成本。

（三）闲置现金投资管理

企业在筹资和经营时，会取得大量的现金，这些现金在用于资本投资或其他业务活动之前，通常会闲置一段时间。这些现金可用于短期证券投资以获取利息收入或资本利得，如果管理得当，可为企业增加相当可观的净收益。

第二节 应收账款管理

在日趋激烈的市场竞争中，企业为了占领市场，扩大销售，往往需要采取赊销的方式。应收账款是企业因对外销售产品、材料、供应劳务或其他原因，应向购货单位或接受劳务的单位及其他单位收取的款项，包括应收销售款、其他应收款、应收票据等，是企业流动资产中的一个重要项目。

一、应收账款管理的目标

企业采取信用销售的形式虽然可以扩大销售，增加利润，但由于应收账款的增加，也会造成企业资金周转速度减缓，以及资金成本、坏账损失等费用的增加。因此，应收账款管理的目的，就是在应收账款信用政策所增加的盈利和这种政策的成本之间做出权衡，正确衡量信用成本和信用风险，合理确定信用政策，及时收回账款，尽可能降低应收账款的成本，最大限度地发挥应收账款的投资效益。

(一)应收账款的功能

应收账款在企业生产经营活动中的功能主要表现在以下 2 个方面。

1)促进销售

与现销方式相比，采用信用销售的方式等于为购货方提供一笔无息贷款，因此，客户更愿意购买采用赊销方式的企业的产品。

2)减少企业存货

赊销促进了产品销售，从而减少了企业库存产品的数量，加快了企业存货周转的速度。通常情况下，企业花费在应收账款上的管理费用是远远少于由于大量存货而产生的仓储、保管等费用。因此，无论是季节性生产还是非季节性生产企业，当其产成品存货较多时，大都可以通过采用较为优惠的信用条件进行赊销，把存货转化为应收账款，节约企业的费用支出。

(二)应收账款的成本

企业持有应收账款也要付出一定的代价，这种代价就是应收账款的成本，其主要内容如下。

(1)应收账款的机会成本。应收账款的机会成本是企业的资金因占用在应收账款上而丧失的可能获得的其他投资收益。机会成本的大小与企业维持赊销业务所需要的资金数量和资金成本率有着密切的关系。企业维持赊销业务所需要的资金数量越大，则应收账款的机会成本就越高。资金成本率一般按有价证券的利息率来计算。应收账款的机会成本计算公式如下：

$$\text{应收账款机会成本}=\text{维持赊销业务所需要的资金}\times\text{资金成本率}$$

$$\text{应收账款平均余额}=\text{平均每日赊销额}\times\text{平均收账天数}=\frac{\text{年赊销额}}{360}\times\text{平均收账天数}$$

$$\begin{aligned}\text{维持赊销业务所需要的资金}&=\text{应收账款平均余额}\times\text{变动成本率}\\&=\text{应收账款平均余额}\times\frac{\text{变动成本}}{\text{销售收入}}\end{aligned}$$

【例 8-5】某公司年赊销额 3 000 000 元，应收账款平均收账天数为 60 天，变动成本率为 40%；资金成本率为 10%，应收账款机会成本计算如下：

$$应收账款平均余额=平均每日赊销额\times平均收账天数=\frac{3000\ 000}{360}\times 60=500\ 000(元)$$

$$维持赊销业务所需要的资金=应收账款平均余额\times变动成本率$$
$$=500\ 000\times 40\%=200\ 000(元)$$

$$应收账款的机会成本=维持赊销业务所需要的资金\times机会成本率$$
$$=200\ 000\times 10\%=20\ 000(元)$$

(2)应收账款的管理成本。应收账款管理成本是企业对应收账款进行管理所耗费的各种费用，主要包括：对客户的资信调查费用、应收账款账簿记录费用、收账费用、收集相关信息的费用和其他费用等。

(3)应收账款的坏账成本。应收账款的坏账成本是企业由于无法收回应收账款而遭受的经济损失。应收账款的坏账成本与企业的信用政策有关，严格的信用政策条件下产生坏账的概率要小于宽松的政策环境下的坏账概率；应收账款的坏账成本也与企业应收账款的总额密切相关，坏账成本与应收账款总额成正比。

二、信用政策的确定

应收账款赊销的效果好坏，依赖于企业的信用政策。企业的信用政策又称应收账款政策，是指企业在采用信用销售方式时，对应收账款进行规划和控制所确定的基本原则和规范。信用政策是企业财务政策的一部分。企业制定的信用政策包括信用期间、信用标准和现金折扣政策 3 部分。

(一)信用期间

信用期间是企业允许顾客从购货到付款之间的时间，或者说是企业给予顾客的付款期间。例如，若某企业允许顾客在购货后的 50 天内付款，则信用期为 50 天。信用期过短，不足以吸引顾客，在竞争中会使销售额下降；信用期过长，对销售额增加固然有利，但只顾及销售增长而盲目放宽信用期，所得的收益有时会被增长的费用抵消，甚至造成利润减少。因此，企业必须慎重研究，确定出恰当的信用期。

信用期的确定，主要是分析改变现行信用期对收入和成本的影响。延长信用期，会使销售额增加，产生有利影响；与此同时，应收账款、收账费用和坏账损失增加，会产生不利影响。当前者大于后者时，可以延长信用期，否则不宜延长。如果缩短信用期，情况与此相反。

【例 8-6】某公司现在采用 30 天按发票金额付款的信用政策，拟将信用期放宽至 60 天，仍按发票金额付款即不给折扣。假设等风险投资的最低报酬率为 15%，其他有关的数据如表 8-5 所示。根据资料，分析信用期是否需要放宽至 60 天？

表 8-5 某公司信用期放宽的有关资料表

项 目	30 天信用期	60 天信用期
销售量/件	100 000	120 000
销售额/元(单价 5 元/件)	500 000	600 000
销售成本/元	400 000	480 000
单位变动成本(4 元/件)	4	4
固定成本/元	50 000	50 000
毛利/元	50 000	70 000
可能发生的收账费用/元	3 000	4 000
可能发生的坏账损失/元	5 000	9 000

(1)收益的增加：

收益的增加＝销售量的增加×单位边际贡献

＝(120 000－100 000)×(5－4)＝20 000(元)

(2)应收账款占用资金的应计利息增加：

应收账款应计利息＝应收账款占用资金×资本成本

应收账款占用资金＝应收账款平均余额×变动成本率

应收账款平均余额＝日销售额×平均收现期

$$30\text{天信用期应计利息}=\frac{500\,000}{360}\times 30\times\frac{400\,000}{500\,000}\times 15\%=5\,000(\text{元})$$

$$60\text{天信用期应计利息}=\frac{600\,000}{360}\times 60\times\frac{480\,000}{600\,000}\times 15\%=12\,000(\text{元})$$

应计利息增加＝12 000－5 000＝7 000(元)

(3)收账费用和坏账损失增加：

收账费用增加＝4 000－3 000＝1 000(元)

坏账损失增加＝9 000－5 000＝4 000(元)

(4)改变信用期的损益计算：

收益的增加－成本费用增加＝20 000－(7 000＋1 000＋4 000)＝8 000(元)

由于收益的增加大于成本费用的增加，信用期可以放宽至 60 天。

(二)信用标准

信用标准是指客户获得企业所提供的商业信用而必须具备的基本条件，通常是对客户财务能力的限制。若客户的财务能力不能达到企业规定的信用标准，则不能享受企业所提供的商业信用。企业信用标准的高低会直接影响企业的销售收入和利润。如果企业的信用标准较为严格，只针对信誉好的客户，则可以减少企业的坏账损失等其他应收账款成本，但同时也会减少企业的销售量；如果企业制定较为宽松的信用标准则会在增加销售额，扩大市场的同时，增加企业的应收账款成本和信用风险。因此，企业在制定信用政策时，必须在扩大销售额和增加成本之间进行抉择，力求制定合理的信用标准。

企业在确定某一客户的信用标准时，往往先要对其资信状况进行了解和评估。一般用"5C"评估法或信用评分法来进行评估。"5C"评估法又称5C评估系统，是评估顾客信用品质的5个方面，即：品质（character）、能力（capacity）、资本（capital）、抵押（collateral）和条件（conditions）。

(1)品质。品质指顾客的信誉，即履行偿债义务的可能性。企业必须设法了解顾客过去的付款记录，看其是否有按期如数付款的一贯做法，以及与其他供货企业的关系是否良好。这点是衡量客户是否信守契约的重要标准，也经常被视为评价客户信用的首要因素。

(2)能力。能力指顾客的偿债能力，即其流动资产的数量和质量以及与流动负债的比例关系等。顾客的流动资产越多，流动比率越高，其转换为现金支付款项的能力越强。同时，还应注意顾客流动资产的质量，看是否有存货积压或过多的不良债权，以及影响其变现和支付能力的其他情况。

(3)资本。资本指顾客的财务实力和财务状况，表明顾客可能偿还债务的背景。

(4)抵押。抵押指顾客拒付款项或无力支付款项时能被用作抵押的资产，这对于不知底细或信用状况有争议的顾客尤为重要。一旦不能收回这些顾客的款项，便以抵押品抵补。如果这些顾客能提供足够的抵押，就可以考虑向他们提供相应的信用。

(5)条件。条件指可能影响顾客付款能力的经济环境。如果出现经济不景气等因素，会对顾客的付款产生什么影响，顾客会如何处理，等等，这需要了解顾客在过去困难时期的付款历史。

(三)现金折扣政策

现金折扣是企业对顾客在商品价格上所做的扣减。向顾客提供这种价格上的优惠，主要目的在于吸引顾客为享受优惠而提前付款，缩短企业的平均收款期。另外，现金折扣也能招揽一些视折扣为减价出售的顾客前来购货，借此扩大销售量。折扣的表示常采用如5/10、3/20、$n/30$这样一些符号形式。这些符号的含义为：5/10表示10天内付款，可享受5%的价格优惠；3/20表示20天内付款，可享受3%的价格优惠；$n/30$表示付款的最后期限为30天，此时付款无优惠。

企业采用什么程度的现金折扣，要与信用期间结合起来考虑。比如，要求顾客最迟不超过30天付款，若希望顾客20天、10天付款，能给予多大折扣？或者给予5%、3%的折扣，能吸引顾客在多少天内付款？不论是信用期间还是现金折扣，都可能给企业带来收益，但也会增加成本。现金折扣会给企业带来好处，但它也会使企业增加成本（价格折扣损失）。企业给予顾客某种现金折扣时，应当考虑折扣所能带来的收益与成本孰高孰低，权衡利弊，抉择决断。

一般情况下，现金折扣是与信用期间结合使用而确定最佳方案。

【例8-7】续【例8-6】，假定该公司在放宽信用期的同时，为了吸引顾客尽早付款，提出0.8/30、$n/60$的现金折扣条件，估计会有一半的顾客（按60天信用期所能实现的销售量计）将享受现金折扣优惠。

(1)收益的增加：

$$收益的增加=销售量的增加\times单位边际贡献=(120\ 000-100\ 000)\times(5-4)=20\ 000(元)$$

(2)应收账款占用资金的应计利息增加：

$$30天信用期应计利息=\frac{500\ 000}{360}\times30\times\frac{400\ 000}{500\ 000}\times15\%=5\ 000(元)$$

$$提供现金折扣的应计利息=\frac{600\ 000\times50\%}{360}\times60\times\frac{480\ 000\times50\%}{600\ 000\times50\%}\times15\%+\frac{600\ 000\times50\%}{360}\times30\times\frac{480\ 000\times50\%}{600\ 000\times50\%}\times15\%=6\ 000+3\ 000=9\ 000(元)$$

$$应计利息增加=9\ 000-5\ 000=4\ 000(元)$$

(3)收账费用和坏账损失增加：

$$收账费用增加=4\ 000-3\ 000=1\ 000(元)$$

$$坏账损失增加=9\ 000-5\ 000=4\ 000(元)$$

(4)估计现金折扣成本的变化：

$$现金折扣成本增加=新的销售水平\times新的现金折扣率\times享受现金折扣的顾客比例-旧的销售水平\times旧的现金折扣率\times享受现金折扣的顾客比例=600\ 000\times0.8\%\times50\%-500\ 000\times0\times0=2\ 400(元)$$

(5)提供现金折扣后的税前损益：

$$收益的增加-成本费用增加=20\ 000-(4\ 000+1\ 000+4\ 000+2\ 400)=8\ 600(元)$$

因为可获得税前收益，所以应当放宽信用期，提供现金折扣。

三、应收账款的收账

应收账款发生后，企业应采取各种措施，尽量争取按期收回款项，否则会因拖欠时间过长而发生坏账，使企业蒙受损失。这些措施包括对应收账款回收情况的监督、对坏账损失的事先准备和制定适当的收账政策。

(一)应收账款回收情况的监督

企业已发生的应收账款时间有长有短，有的尚未超过收款期，有的则超过了收款期。一般来讲，拖欠时间越长，款项收回的可能性越小，形成坏账的可能性越大。对此，企业应实施严密的监督，随时掌握回收情况。实施对应收账款回收情况的监督，可以通过编制账龄分析表进行。

账龄分析表是一张能显示应收账款在外天数(账龄)长短的报告，其基本内容见表 8-6 所示。

企业根据账龄分析表,可以了解以下情况:

(1)有多少欠款尚在信用期。从表中可以看出,该企业有价值 80 000 元的应收账款处在信用期内,占全部应收账款的 40%,这些款项未到偿付期,欠款是正常的;但到期后能否收回,还要待时再定,故及时的监督仍是必要的。

(2)有多少欠款超过了信用期,超过信用期时间长短的款项各占多少,有多少欠款会因拖欠时间太久而可能成为坏账。从表中可以看出,该企业有价值 120 000 元的应收账款已超过了信用期,占全部应收账款的 60%。其中拖欠时间较短的(20 天)有 40 000 元,占全部应收账款的 20%,这部分欠款收回的可能性很大;拖欠时间较长的(21~100 天)有 70 000 元,占全部应收账款的 35%,这部分欠款的回收有一定难度;拖欠时间很长的(100 天以上)有 10 000 元,占全部应收账款的 5%,这部分欠款有可能成为坏账。

对不同拖欠时间的欠款,企业应采取不同的收账方法,制定出经济、可行的收账政策;对可能发生的坏账损失,则应提前做好准备,充分估计这一因素对损益的影响。

表 8-6 账龄分析表

××××年 12 月 31 日

应收账款账龄	账户数量	金额/万元	百分率/%
信用期内	200	8	40
超过信用期 1~20 天	100	4	20
超过信用期 21~40 天	50	2	10
超过信用期 41~60 天	30	2	10
超过信用期 61~80 天	20	2	10
超过信用期 81~100 天	15	1	5
超过信用期 100 天以上	5	1	5
合计	420	20	100

(二)收账政策的制定

企业对各种过期账款不同的催收方式,包括准备为此付出的代价,就是它的收账政策。比如,对过期较短的顾客,不过多地打扰,以免将来失去这一市场;对过期稍长的顾客,可措辞婉转地写信催款;对过期较长的顾客,可频繁的信件催款并电话催询;对过期很长的顾客,可在催款时措辞严厉,必要时提请有关部门仲裁或提起诉讼。

催收账款要发生费用,某些催款方式的费用还可能很高(如诉讼费)。一般情况下,收账的花费越大,收账措施越有力,可收回的账款应该越多,坏账损失也就越小。因此制定收账政策,要在收账费用和所减少坏账损失之间做出权衡。制定有效、得当的收账政策很大程度上靠有关人员的经验;从财务管理角度讲,也有一些数量化的方法可以参照。根据收账政策的优劣在于应收账款总成本最小化的道理,可以通过比较各收账方案成本的大小对其加以选择。

第三节 存货管理

存货是指企业在生产经营过程中为销售或者耗用而储存的物资,包括材料、燃料、低值易耗品、在产品、半成品、产成品、协作件、商品等。它是企业流动资产的重要组成部分。由于大多数企业的存货数量和种类都很多，因此，必须加强对存货的管理，合理地控制企业的存货水平，尽量降低存货成本，充分发挥存货在生产经营中的作用，加速企业资金的周转。

一、存货的功能与存货成本

(一)存货的功能

1)保证生产或销售的顺利进行

企业很少能做到随时购入生产或销售所需的各种物资，即使是市场供应量充足的物资也如此。这不仅因为不时会出现某种材料的市场断档，还因为企业距供货点较远而需要必要的途中运输及可能出现的运输故障。一旦生产或销售所需物资短缺，生产经营将被迫停顿，造成损失。为避免或减少出现停工待料、停业待货等事故，企业需要储存存货。

2)节约企业购货成本

零购物资的价格往往较高，而整批购买在价格上常有优惠。另外，每次购入存货，企业还需支付采购人员差旅费等其他固定成本，这些成本随着购货次数的增加而增加，而与每次的购货量无关。

(二)存货的成本

存货占用资金是有成本的，存货成本一般有以下 3 项。

1)存货的取得成本

存货的取得成本是指企业为取得某种存货而支出的成本，通常用 TC_a 来表示，它可以分为订货成本和购置成本两部分。

订货成本是企业为取得所购物资订单的成本，如办公费、差旅费、邮寄费、电话费等支出。订货成本中有一部分与订货次数无关，如常设采购机构的基本开支等，称为订货的固定成本，用 F_1 表示；另一部分与订货次数有关，如差旅费、邮电费等，称为订货的变动成本，用 K 表示。订货次数等于存货年需要量 D 与每次进货量 Q 之商。订货成本的计算公式为：

$$订货成本=订货的固定成本+订货的变动成本=F_1+\frac{D}{Q}K$$

购置成本是存货本身的价值，经常用数量与单价的乘积来确定。年需要量用 D 表示，单价用 U 表示，购置成本的计算公式为：

$$购置成本=年需要量\times单价=DU$$

存货的取得成本=订货成本+购置成本=订货固定成本+订货变动成本+购置成本

$$TC_a=F_1+\frac{D}{Q}K+DU$$

2)存货的储存成本

存货的储存成本是企业为保持存货而发生的成本，包括存货占用资金所应计的利息(若企业用现有现金购买存货，便失去了现金存放银行或投资于证券本应取得的利息，称为“放弃利息”；若企业借款购买存货，便要支付利息费用，称为“付出利息”）、仓储费用、保险费用、存货破损和变质损失等，通常用 TC_c 来表示，它可以分为固定成本和变动成本两部分。

固定成本与存货数量的多少无关，如仓库折旧、仓库职工的固定月工资等，常用 F_2 表示；变动成本与存货数量的多少有关，如存货占用资金的利息费用、存货残损和变质损失、存货的保险费用等，单位储存变动成本用 K_c 来表示。

$$存货的储存成本\ TC_c = 储存固定成本 + 储存变动成本 = F_2 + K_c\frac{Q}{2}$$

3）存货的缺货成本

缺货成本是由于存货供应中断而给企业造成的经济损失，包括材料供应中断造成的停工损失、产成品库存缺货造成的拖欠发货损失和丧失销售机会的损失（还应包括需要主观估计的商誉损失）。存货的缺货成本用 TC_s 表示。如果生产企业以紧急采购代用材料解决库存材料中断的问题，那么缺货成本就表现为紧急额外购入成本（紧急额外购入的开支会大于正常采购的开支）。

用 TC 表示存货的总成本，计算公式为：

$$TC = TC_a + TC_c + TC_s = F_1 + \frac{D}{Q}K + DU + F_2 + K_c\frac{Q}{2} + TC_s$$

当存货的总成本 TC 最小时，表明企业存货的最优化。

二、存货的日常管理

存货的日常管理是在日常的生产经营过程中，按照存货计划的要求，对存货的使用和周转情况进行的组织、调节和监督。包括存货的归口分级管理和存货决策两个方面。

（一）存货的归口分级管理

存货的归口分级管理是在财务部门集中管理的前提下，企业的各个职能部门既相互配合又相对独立地对存货进行管理的方法，是企业实行存货资金管理责任制的一项重要内容。企业的存货以多种形态分布在企业生产经营的各个部门，由各部门和职工共同掌握和使用，这就要求企业各个部门及有关人员相互配合，真正管理好存货。存货的归口分级管理主要包括以下内容。

（1）财务部门在厂长或经理的领导下，对存货资金进行集中统一管理。财务部门的职能决定了它可以掌握整个企业存货资金的占用、耗费和周转情况。因此，企业的财务部门应集中管理企业的存货资金，促进企业生产经营各个环节相互协调，实现企业资金使用的综合平衡，加速企业资金的周转。具体有以下几个方面：

① 根据国家财务制度和本企业的具体情况制定企业资金管理的各种制度；

② 核定及平衡企业各项存货资金定额，编制存货资金计划；

③ 将各项存货资金计划指标进行分解，落实到相关的单位和个人；

④ 统筹各项资金的使用，实现资金收支平衡；

⑤ 对资金的具体使用情况进行分析，统一考核资金的使用情况。

(2)实行资金的归口管理。根据使用资金与管理资金相结合，物资管理和资金管理相结合的原则，将存货管理落实到各个部门。一般分工如下：

① 原材料、辅助材料及包装物等占用资金归企业的供应部门管理；

② 在产品以及自制半成品等资金由生产部门管理；

③ 办公用品占用资金归行政部门管理；

④ 产成品和外购商品占用资金归销售部门管理；

⑤ 修理用备件占用资金归设备动力部门管理；

⑥ 低值易耗品占用资金归工具部门管理。

(3)存货资金的分级管理。各归口管理部门应根据本部门的实际情况，将存货资金定额分配给所属单位和个人，实行资金的分级管理。

(二)存货决策

存货的决策主要涉及4项内容：决定进货项目、选择供应单位、决定进货时间和决定进货批量。决定进货项目和选择供应单位是销售部门、采购部门和生产部门的职责。财务部门要做的是决定进货时间和决定进货批量(分别用 T 和 Q 表示)。按照存货管理的目的，需要通过安排合理的进货批量和进货时间，使存货的总成本最低，这个批量叫作经济订货量或经济批量。根据经济订货量，可以很容易地找出最适宜的进货时间。

与存货总成本有关的变量(即影响总成本的因素)很多，为了解决比较复杂的问题，有必要简化或舍弃一些变量，先研究解决简单的问题，然后再扩展到复杂的问题。这需要设立一些假设，在此基础上建立经济订货量的基本模型。

(1)存货经济订货批量基本模型。存货经济订货批量基本模型需要设立的假设条件为：

① 企业能够及时补充存货，即需要订货时便可立即取得存货；

② 能集中到货，而不是陆续入库；

③ 不允许缺货，即缺货成本 TC_s 为零；

④ 存货需求量稳定，并能较准确地预测，即 D 为已知的常量；

⑤ 存货单价不变，不考虑现金折扣，即 U 为已知的常量；

⑥ 企业现金充足，不会因现金短缺而影响进货；

⑦ 企业所需存货市场供应充足，不会因买不到需要的存货而影响生产。

根据上述假设，存货总成本的公式可以简化为：

$$TC=TC_a+TC_c+TC_s=F_1+\frac{D}{Q}K+DU+F_2+K_c\frac{Q}{2}$$

当 F_1、K、D、U、F_2、K_c 为常数量时，TC 的大小取决于 Q。为了求出 TC 的极小值，对其进行求导，可得出下列公式：

经济订货量基本模型：

$$Q^*=\sqrt{\frac{2KD}{K_c}}\text{（}Q^*\text{为每次订货批量）}$$

每年最佳订货次数：

$$N^*=\frac{D}{Q^*}=\frac{D}{\sqrt{\frac{2KD}{K_c}}}=\sqrt{\frac{DK_c}{2K}}$$

与批量有关的存货总成本：

$$TC(Q^*)=\frac{KD}{\sqrt{\frac{2KD}{K_c}}}+\frac{\sqrt{\frac{2KD}{K_c}}}{2}\times K_c=\sqrt{2KDK_c}$$

最佳订货周期公式：

$$t^*=\frac{1}{N^*}=\frac{1}{\sqrt{\frac{DK_c}{2K}}}$$

经济订货量占用资金：

$$I^*=\frac{Q^*}{2}U=\frac{\sqrt{\frac{2KD}{K_c}}}{2}U=\sqrt{\frac{KD}{2K_c}}U$$

【例 8-8】某企业每年耗用某种原材料 3 600 千克，该原材料单位成本为 10 元，单位储存成本为 2 元，一次订货成本为 25 元。

①$Q^*=\sqrt{\frac{2KD}{K_c}}=\sqrt{\frac{2\times25\times3\ 600}{2}}=300$(千克)

②$N^*=\frac{D}{Q^*}=\frac{3\ 600}{300}=12$(次)

③$TC(Q^*)=\sqrt{2KDK_c}=\sqrt{2\times25\times3\ 600\times2}=600$(元)

④$t^*=\frac{1}{N^*}=\frac{1}{12}$(年)$=1$(月)

⑤$I^*=\frac{Q^*}{2}U=\frac{300}{2}\times10=1\ 500$(元)

经济订货量也可以用图解法求得：先计算出一系列不同批量的各有关成本，然后在坐标图上描出由各有关成本构成的订货成本线、储存成本线和总成本线，总成本线的最低点(或者订货成本线和储存成本线的交接点)相对应的批量，即经济订货量。

根据表 8-7 不同批量下的有关成本指标和图 8-5 可以看出，当订货批量为 300 千克时总成本最低，小于或大于这一批量都是不合算的。

表 8-7 不同订货批量下的有关成本指标

项目		订货批量①/kg					
		100	200	300	400	500	600
平均存量/kg	②＝①÷2	50	100	150	200	250	300
储存成本/元	③＝②×2	100	200	300	400	500	600
订货次数	④＝3600÷①	36	18	12	9	7.2	6
订货成本/元	⑤＝④×25	900	450	300	225	180	150
总成本/元	⑥＝③＋⑤	1 000	650	600	625	680	750

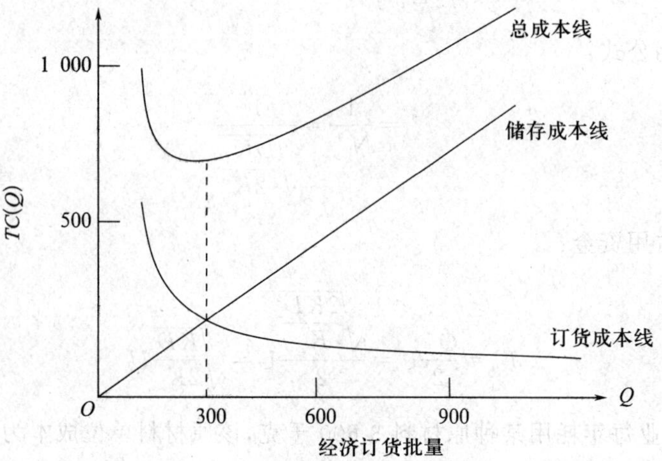

图 8-5 不同批量的成本变动情况

(2)存货基本模型的扩展。经济订货量的基本模型是在前述各假设条件下建立的，但现实生活中能够满足这些假设条件的情况十分罕见。为使模型更接近于实际情况，具有较高的可用性，需逐一放宽假设，同时改进模型。

① 订货提前期。一般情况下，企业的存货不能做到随用随时补充，因此不能等存货用完再去订货，而需要在没有用完时提前订货。在提前订货的情况下，企业再次发出存货单时，尚有存货的库存量，称为再订货点，用 R 来表示。它的数量等于交货时间(L)和每日平均需用量(d)乘积：

$$R=L\times d$$

【例 8-9】续【例 8-8】企业订货日至到货期时间为 10 天，每日存货需要量为 10 千克，$R=L\times d=10\times10=100$(千克)

说明企业在尚存 100 千克存货时，就应当再次订货，等到下批订货到达时(再次发出订货单 10 天后)，原有库存刚好用完。此时，有关存货的每次订货批量、订货次数、订货间隔时间等并无变化，与瞬时补充相同。订货提前期的情形如图 8-6 所示。这就是说，订货提前期对经济订货量并无影响，可仍以原有瞬时补充情况下的 300 千克为订货批量，只不过在达到再订货点(库存 100 千克)时即发出订货单罢了。

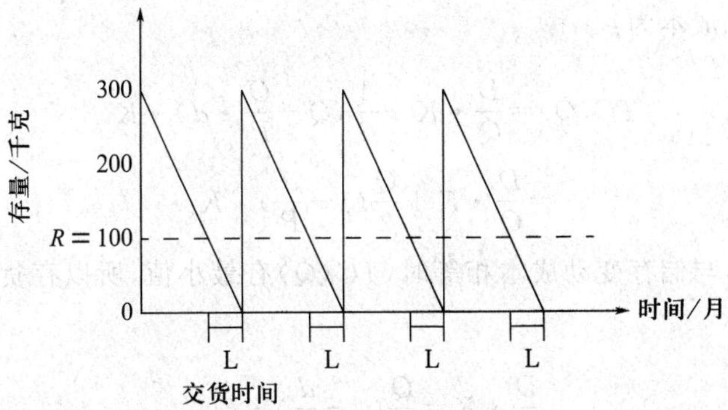

图 8-6　订货提前期

② 存货陆续供应和使用。在建立基本模型时，是假设存货一次全部入库，因此存货增加时存量变化为一条垂直的直线。事实上，各批存货可能陆续入库，使存货陆续增加。尤其是产成品入库和在产品转移，几乎总是陆续供应和陆续耗用的。那么，需要对基本模型做一些修改。存货数量的变动如图 8-7 所示。

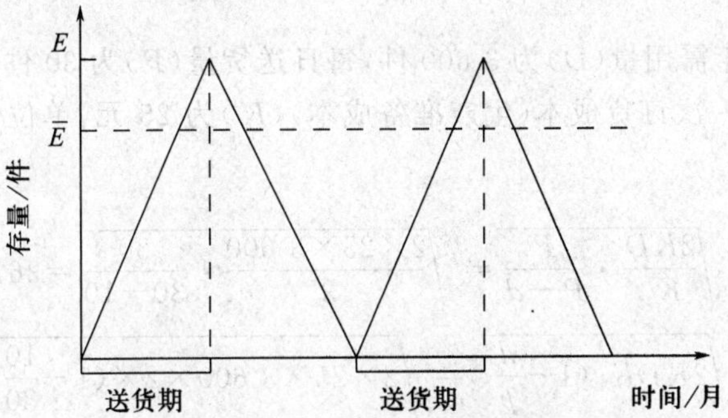

图 8-7　陆续供货时存货数量的变动

设每批订货数为 Q，由于每日送货量为 P，所以该批货全部送达所需日数为 Q/P，称之为送货期。

因零件每日耗用量为 d，所以送货期内的全部耗用量为：

$$\frac{Q}{P}\cdot d$$

由于零件边送边用，所以每批送完时，最高库存量(E)为：

$$Q-\frac{Q}{P}\cdot d$$

平均存量为：

$$\frac{1}{2}\left(Q-\frac{Q}{P}\cdot d\right)$$

与批量有关的总成本为：

$$TC(Q)=\frac{D}{Q}\cdot K+\frac{1}{2}(Q-\frac{Q}{P}\cdot d)\cdot K_c$$
$$=\frac{D}{Q}\cdot K+\frac{Q}{2}(1-\frac{d}{P})\cdot K_c$$

当订货变动成本与储存变动成本相等时，$TC(Q)$有最小值，所以存货陆续供应和使用的经济订货量公式为：

$$\frac{D}{Q}\cdot K=\frac{Q}{2}(1-\frac{d}{P})\cdot K_c$$
$$Q^*=\sqrt{\frac{2KD}{K_c}\cdot\frac{P}{P-d}}$$

将这一公式代入$TC(Q)$，可以得出存货陆续供应和使用的经济订货量总成本公式：

$$TC(Q^*)=\sqrt{2KDK_c(1-\frac{d}{P})}$$

【例 8-10】某零件年需用量(D)为 3 600 件，每日送货量(P)为 30 件，每日耗用量(d)为 10 件，单价(U)为 10 元，一次订货成本（生产准备成本）(K)为 25 元，单位储存变动成本(K_c)为 2 元。

$$Q^*=\sqrt{\frac{2KD}{K_c}\cdot\frac{P}{P-d}}=\sqrt{\frac{2\times25\times3\ 600}{2}\cdot\frac{30}{30-10}}=367(\text{件})$$

$$TC(Q^*)=\sqrt{2KDK_c(1-\frac{d}{p})}=\sqrt{2\times25\times3\ 600\times2\times(1-\frac{10}{30})}=490(\text{元})$$

③ 保险储备。上述讨论假定存货供需稳定且确知，即每日需求量不变，交货时间也是固定不变的。实际上，每日需求量可能变化，交货时间也可能变化。按照某一订货批量和再订货点发出订单后，如果需求增大或送货延迟，就会发生缺货或供货中断。为防止由此造成的损失，就需要多储备一些存货以备应急之需，称为保险储备（安全存量）。这些存货在正常情况下不动用，只有当存货过量使用或送货延迟时才动用。如图 8-8 所示。

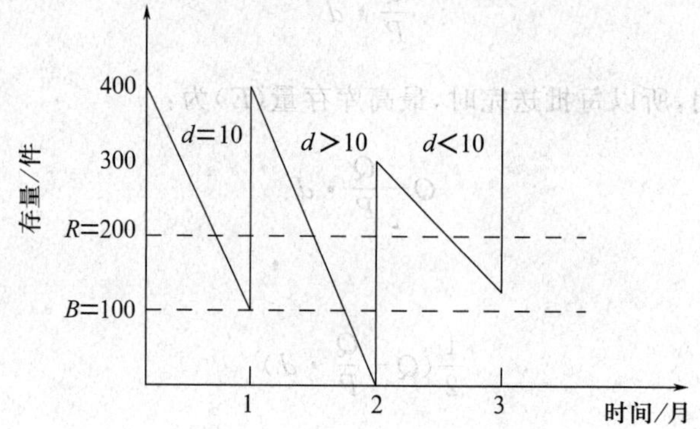

图 8-8　存货的保险储备

在图 8-8 中，年需用量(D)为 3 600 件，已计算出经济订货量为 300 件，每年订货 12 次。又知全年平均日需求量(d)为 10 件，平均每次交货时间(L)为 10 天。为防止需求变化引起缺货损失，假设保险储备量(B)为 100 件，再订货点 R 由此而相应提高为：

$$R = 交货时间 \times 平均日需求 + 保险储备 = L \cdot d + B = 10 \times 10 + 100 = 200(件)$$

在第一个订货周期里，$d=10$，不需要动用保险储备；在第二个订货周期内，$d>10$，需求量大于供货量，需要动用保险储备；在第三个订货周期内，$d<10$，不仅不需动用保险储备，正常储备亦未用完，下次存货即已送到。

建立保险储备，固然可以使企业避免缺货或供应中断造成的损失，但存货平均储备量加大却会使储备成本升高。研究保险储备的目的，就是要找出合理的保险储备量，使缺货或供应中断损失和储备成本之和最小。

假设缺货成本为 C_S，保险储备成本为 C_B，其总成本为 $TC(S,B)$。

$$TC(S,B) = C_S + C_B$$

假设单位缺货成本为 K_U，一次订货缺货量为 S，年订货次数为 N，保险储备量为 B，单位储存成本为 K_C。

$$C_S = K_U \cdot S \cdot N$$

$$C_B = B \cdot K_C$$

$$TC(S,B) = C_S + C_B = K_U \cdot S \cdot N + B \cdot K_C$$

现实中，缺货量 S 具有概率性，其概率可根据历史经验估计得出；保险储备量 B 可选择而定。

【例 8-11】假定某存货的年需要量 $D=3\ 600$ 件，单位储存变动成本 $K_C=2$ 元，单位缺货成本 $K_U=4$ 元，交货时间 $L=10$ 天；已经计算出经济订货量 $Q=300$ 件，每年订货次数 $N=12$ 次。交货期内的存货需要量及其概率分布如表 8-8 所示。

表 8-8　某种存货交货期内的需要量及其概率分布表

需要量(10×d)	概率(P)	需要量(10×d)	概率(P)
70	0.01	110	0.20
80	0.04	120	0.04
90	0.20	130	0.01
100	0.50		

(1)不设置保险储备量。$B=0$，以 100 件为再订货点。在这种情况下，当需求量为 100 件或小于 100 件时，不会发生缺货，其概率为 0.75(0.01+0.04+0.20+0.50)；当需求量为 110 件时，缺货 10(110−100)件，其概率为 0.20；当需求量为 120 件时，缺货 20(120−100)件，其概率为 0.04；当需求量为 130 件时，缺货 30(130−100)件，其概率为 0.01。因此，$B=0$ 时缺货的期望值 S_0、总成本 TC(S,B)计算如下：

$$S_0 = (110-100) \times 0.2 + (120-100) \times 0.04 + (130-100) \times 0.01 = 3.1(件)$$

$$TC(S,B) = K_U \cdot S_0 \cdot N + B \cdot K_C = 4 \times 3.1 \times 12 + 0 \times 2 = 148.8(元)$$

(2)保险储备量为10件。$B=10$,以110件为再订货点。在这种情况下,当需求量为110件或小于110件时,不会发生缺货,其概率为0.95(0.01+0.04+0.20+0.50+0.20);当需求量为120件时,缺货10(120−110)件,其概率为0.40;当需求量为130件时,缺货20(130−110)件,其概率为0.01。因此,$B=10$件时缺货的期望值S_{10}、总成本$TC(S,B)$计算如下:

$$S_{10}=(120-110)\times0.04+(130-110)\times0.01=0.6(件)$$
$$TC(S,B)=K_U\cdot S_{10}\cdot N+B\cdot K_C=4\times0.6\times12+10\times2=48.8(元)$$

(3)保险储备量为20件。$B=20$,以120件为再订货点。在这种情况下,当需求量为120件或小于120件时,不会发生缺货,其概率为0.05(0.04+0.01);当需求量为130件时,缺货10(130−120)件,其概率为0.01。因此,$B=20$件时缺货的期望值S_{20}、总成本$TC(S,B)$计算如下:

$$S_{20}=(130-120)\times0.01=0.1(件)$$
$$TC(S,B)=K_U\cdot S_{20}\cdot N+B\cdot K_C=4\times0.1\times12+20\times2=44.8(元)$$

(4)保险储备量为30件。$B=30$,以130件为再订货点。在这种情况下,可满足最大需求,不会发生缺货。因此:

$$S_{30}=0(件)$$
$$TC(S,B)=K_U\cdot S_{30}\cdot N+B\cdot K_C=4\times0\times12+30\times2=60(元)$$

根据上述计算,比较不同保险储备量的总成本,以其低者为最佳。那么,$B=20$件总成本为最低,故应确定保险储备量为20件,以120件为再订货点。

【例8-11】解决了由于需求量变化引起的缺货问题。至于由于延迟交货引起的缺货,也可以通过建立保险储备量的方法来解决。确定其保险储备量时,可将延迟的天数折算为增加的需求量,其余计算过程与前述方法相同。

本章小结

流动资金的管理主要包括现金、应收账款和存货管理。企业持有现金的动机主要有交易性动机、预防性动机和投机性动机。确定最佳资金持有量是现金管理的重要内容,其方法主要分为成本分析模式、现金周转模式、存货模式和随机模式。企业的应收账款具有促销和减少存货的功能,但同时也会发生机会成本、管理成本和坏账成本,在应收账款的管理过程中要合理制定信用政策,加强日常管理。企业持有存货必然会产生与之相关的进货成本、储存成本和缺货成本,保持存货相关总成本最低,是企业组织进货需要解决的主要问题。因此,经济订货批量的确定在存货决策中得到了广泛应用。

练 习 题

一、复习思考题

1. 什么是流动资产？主要包括哪些内容？
2. 简述现金管理的目的。
3. 如何控制现金支出？
4. 简述应收账款的功能与成本。
5. 如何对顾客开展信用调查？
6. 什么是存货？企业持有存货的原因是什么？
7. 存货管理的目的是什么？

二、选择题

1. 使用成本分析模式确定最佳现金持有量时，持有现金的总成本不包括现金的（ ）。
A. 管理成本　B. 机会成本　C. 交易成本　D. 短缺成本
2. 运用随机模式和成本分析模式计算最佳现金持有量，均会涉及现金的（ ）。
A. 机会成本　B. 管理成本　C. 短缺成本　D. 交易成本
3. 某公司生产所需的零件全部通过外购取得，公司根据扩展的经济订货量模型确定进货批量。下列情形中，能够导致零件经济订货量增加的是（ ）。
A. 供货单位需要的订货提前期延长　B. 每次订货的变动成本增加
C. 供货单位每天的送货量增加　D. 供货单位延迟交货的概率增加
4. C公司生产中使用的甲标准件，全年共需耗用9 000件，该标准件通过自制方式取得。其日产量50件，单位生产成本50元；每次生产准备成本200元，固定生产准备成本每年10 000元；储存变动成本每件5元，固定储存成本每年20 000元。假设一年按360天计算，下列各项中，正确的有（ ）。
A. 经济生产批量为1 200件
B. 经济生产批次为每年12次
C. 经济生产批量占用资金为30 000元
D. 与经济生产批量相关的总成本是3 000元
5. 制定企业的信用政策，需要考虑的因素包括（ ）。
A. 等风险投资的最低报酬率　B. 收账费用
C. 存货数量　D. 现金折扣
6. 某公司根据鲍曼模型确定的最佳现金持有量为100 000元，有价证券的年利率为10%。在最佳现金持有量下，该公司与现金持有量相关的现金使用总成本为（ ）元。
A. 5 000　B. 10 000　C. 15 000　D. 20 000

7. 下列各项因素中，对存货的经济订货批量没有影响的有(　　)。

A. 订货提前期　　B. 送货期　　C. 每日耗用量　　D. 保险储备量

8. 在存货陆续供应和使用的情况下，导致经济批量增加的因素有(　　)。

A. 存货年需用量增加　　B. 一次订货成本增加

C. 每日耗用量增加　　D. 每日耗用量降低

E. 单位储存变动成本增加

9. 企业赊销政策的内容不包括(　　)。

A. 确定信用期间　　B. 确定信用条件

C. 确定现金折扣政策　　D. 确定收账方法

10. 应收账款赊销效果的好坏，依赖于企业的信用政策。公司在对是否改变信用期间进行决策时，不需要考虑的因素是(　　)。

A. 等风险投资的最低报酬率　　B. 产品变动成本率

C. 应收账款的坏账损失率　　D. 公司的所得税税率

11. 缩短应收账款周转天数，则有利于(　　)。

A. 提高流动比率　　B. 缩短营业周期

C. 企业减少资金占用　　D. 企业扩大销售规模

12. 对于企业预防性现金数额的大小，下列说法不正确的是(　　)。

A. 与企业现金流量的可预测性成正比

B. 与企业借款能力成反比

C. 与企业偿债能力成反比

D. 与企业业务交易量成正比

三、判断题

1. 根据经济订货量占用资金的计算公式，存货单位变动储存成本的提高会引起经济订货量占用资金的上升。(　　)

2. 根据存货经济订货量模型，经济订货量是能使订货总成本与储存总成本相等的订货批量。(　　)

3. 因为现金的管理成本是相对固定的，所以在确定现金最佳持有量时，可以不考虑它的影响。(　　)

4. 现金折扣是企业对顾客在商品价格上所做的扣减，企业提供现金折扣可以减少收账费用和坏账损失。(　　)

5. 在计算经济订货批量时，如果考虑订货提前期，则应在按经济订货量基本模型计算出订货批量的基础上，再加上订货提前天数与每日存货消耗量的乘积，才能求出符合实际的最佳订货批量。(　　)

6. 预防性需要是指企业持有现金以防发生意外的支付，它与企业现金流量的确定性及企业间的借款能力有关。(　　)

7. 企业在不影响自己信誉的前提下，尽可能地推迟应付款的支付期，是企业日常现金管理策略之一。(　　)

8. 保险储备的建立是为了防止需求增大而发生缺货或供货中断。(　　)

9. 企业的信用标准严格,给予客户的信用期很短,使得应收账款周转率提高,将有利于增加企业的利润。(　　)

10. 计算应收账款占用资金应计利息时使用的资本成本,应该是企业等风险投资的最低报酬率。(　　)

11. 存货模式下的最佳现金持有量是使机会成本和交易成本之和最小的现金持有量。(　　)

12. 对于最佳现金持有量确定的随机模式,若现金持有量高于或低于最优现金返回线,便需要进行现金和有价证券的转换。(　　)

四、计算题

E公司生产销售一种产品,该产品的单位变动成本是60元,单位售价是80元。公司目前采用30天按发票金额付款的信用政策,80%的顾客(按销售量计算,下同)能在信用期内付款,另外20%的顾客平均在信用期满后20天付款。公司每年的销售量为36 000件,平均存货水平为2 000件。为了扩大销售量、缩短平均收现期,公司制定出"5/10、2/20、n/30"的现金折扣政策。采用该政策后,预计销售量会增加15%,40%的顾客会在10天内付款,30%的顾客会在20天内付款,20%的顾客会在30天内付款,另10%的顾客平均在信用期满后20天付款,逾期应收账款的收回需要支出占逾期账款5%的收账费用。为了保证及时供货,平均存货水平需提高到24 000件,其他条件不变。假设等风险投资的最低报酬率为12%,一年按360天计算。

要求:

(1)计算改变信用政策后边际贡献、收账费用、应收账款应计利息、存货应计利息、现金折扣成本的变化。

(2)计算改变信用政策的净损益,并回答E公司是否应推出该现金折扣政策。

五、案例分析题

资料:东方百货公司近年来采用较宽松的信用政策,因而销售量有所增加,但应收账款的管理成本(收账费用)及坏账损失也随之上升。近两年的损益状况见下表所示。假定公司变动成本率为65%,资金成本率为18%。公司收账政策不变,固定成本总额不变。公司采用按年赊销额百分比法估计坏账损失。

信用条件方案表　　万元

项目	2008年起(n/30)	2010年起(n/90)
年赊销额	12 000	14 000
坏账损失	240	700
收账费用	120	280

要求:分析百货公司采用宽松的信用政策是否成功。

第九章　股利政策

【学习目的与要求】

通过本章学习，了解企业利润分配的一般程序；掌握股利支付程序及方式；了解股利理论的要点和指导意义；理解影响股利政策的因素；掌握各种股利政策的特点与适用情况；了解股票股利与股票分割的概念及两者之间的异同。

【引导案例】①

股利政策对于上市公司而言是一项重要的投资决策项目，公司需要决定到底是将利润作为留存收益还是作为股利分配给广大投资者。现金分红是股利分配的重要方式之一，近年来，各个企业现金分红的金额不断增加，高额派现的现象也层出不穷。格力电器作为最早跻身于家电行业的企业，自上市以来，累计分红达19次，且多次呈现出高额派现的状态。究竟是什么动因能够让格力电器坚持高额现金分红呢？

1. 内部非财务动因

1）股权结构角度

格力电器的第一大股东是珠海国有资产监督管理委员会，委员会对格力具有最大的控制权，并且能够施加重大影响。对于政府来说，高额的现金分红必然能为当地财政带来一笔不小的税收收入。因此，作为国有企业的珠海格力集团有限公司，自然会同意大额分配现金股利。连年的巨额现金分红反映出格力电器可能存在通过高派现而向实际控制人输送利益的嫌疑，高额的现金分红可能更多地倾向于大股东的利益。

2）管理层角度

现金股利的发放能够减少公司的现金，抑制管理层过度投资；还能够帮助公司进行外部的筹资，以遏制管理层的不良动机，有利于降低公司股东的监督成本；最后，公司股东还能通过发放现金股利以激励管理层，这样管理层将会更合理地使用资金或以提高公司业绩来实现利益最大化。

3）投资机会角度

格力电器近年来大部分募集的资金用在建设空调的项目上，而非用在投资其他项目上。格力电器拥有大量闲置资金，但是一直没有寻找到好的投资机会，因此，为了不使大量资金成为闲置资金，自然会把资金用于现金分红。

4）生命周期角度

家电行业起步早，发展快，目前正处于成熟期，当企业达到成熟期后，营业收入增长稳定，

① 汪慧玲. 格力电器高额派现股利政策动因分析[J]. 中外企业家，2019(30)：50.

资金处于较为充足的状态，对资金的需求量逐渐减少，发展前景良好，成长空间可能受到一定的限制，实施高派现股利政策受其发展阶段的客观影响。对于格力来说，已经在家电市场占据了一定的份额，能够保持较为稳定的现金流，生产规模接近饱和，因此可以将更多的资金用于现金分红。

2.外部动因

1)反并购策略角度

2016年11月17日到28日，前海人寿保险股份有限公司曾大量购入格力电器的股票。这次购入，使得前海人寿保险股份有限公司在格力电器的持股排名由第六名跃升至第三名。然而，格力电器并不欢迎前海人寿如此大幅度地买进股票，前海集团的控股人姚振华正是深圳市宝能投资集团的董事长。2016年，"宝万之争"还处在风口浪尖，2016年下半年，宝能吞并南玻集团不免给格力电器的高管们敲响了警钟，为了避免步入南玻集团的后尘，董明珠在公开场合明确表示，不欢迎前海人寿买入公司的股票。随后，在2016年年报中，格力电器透露2016年将会继续保持高派现的股利政策。高派现之所以能够抵抗恶意并购，主要有两方面的原因，一是格力电器的高派现股利政策能够向外界传递一种利好的信息，股价就会出现上涨，这会在一定程度上增加并购方的并购成本；二是若格力电器每年均保持现金高额分红这一传统，那么投资者必然会对日后格力的分红政策有所期待，也就是说并购方只有保持如此之高的股利支付率才能满足投资者，所以也就间接增加了并购成本。

2)证监会角度

证监会相关政策对上市公司现金分红主要有两点影响，一是规定上市公司是否发放现金分红关系到能不能申请再融资，这相当于强制有融资需求的上市公司实施分红；二是详细规定了不同发展阶段的企业现金股利在股利分配中的最小份额，分红的金额不再是上市公司随意制定的，杜绝了股利分配中的"吝啬"行为。许多企业为了达到证监会与派现有关的政策规定就会主动积极地进行派现分红，整体派现比重及水平也有所提高。对于格力电器来说，若想进行再融资，就必须有现金分红作为前提。再融资对于格力电器这类以单一产品为主营业务的企业来说是必不可少的，再融资能够为企业带来更加充裕的资金研发新的产品，提高生产技术以达到多元化生产。根据证监会半强制分红的规定，格力电器若想再融资，需保证近三年采用现金形式发放的分红数额不能低于近3年净利润的30%，因此对于格力来说，就不得不提高股利支付率以及每股派现金额。由此可见格力的股利分配政策也在很大程度上受到了证监会半强制分红的规定。

3)股票市场角度

当格力电器高管在预测未来预期收益前景良好的情况下，会利用高派现股利政策向市场和投资者传达企业未来前景良好的消息，吸引更多的投资者，这种利好消息也会增加格力电器股票的价值。格力电器实施高派现股利政策已经成为格力电器向外界传递公司经营状况良好、业绩稳定增长信息的重要手段。

通过分析可以发现，格力电器稳定的高额股利政策是多种财务因素及非财务因素的产物，内部主要有股权结构、代理问题、投资机会和生命周期等因素影响；外部则是基于反并购角度、强制分红和传递利好信息等方面考虑。

第一节　股利支付的程序与方式

股利是指企业或公司的股东凭借对企业或公司的所有权，按照相应的比例从企业获得的利润。股利政策是指在法律允许的范围内，关于企业是否发放股利、发放多少股利以及何时发放股利等方面的方针和策略。股利政策是企业财务活动的核心内容之一，它不仅是对投资收益的分配，而且关系到企业的投资、融资以及股票价格等方面。因此制定正确的、稳定的股利政策是非常重要的。

一、利润分配的程序

利润分配是指企业按照有关法律和规章制度的规定，对所实现利润在国家、企业、投资者等方面进行分配的一种财务行为。股利分配是税后净利润的分配，但不是利润分配的全部内容。根据我国《中华人民共和国公司法》《企业会计准则》等法律法规的规定，企业必须遵守下列利润分配程序。

(1)计算可供分配的利润。企业将本年税后净利润(或税后亏损)与年初未分配利润(或亏损)合并，计算出可供分配的利润。如果可供分配的利润是负数，即亏损，则不能进行后续的分配；如果可供分配的利润是正数，则进行以下的后续分配。

(2)提取法定盈余公积金。企业按抵减年初累计净亏损后的本年净利润计提法定盈余公积金。也就是说，提取盈余公积的基数，不是可供分配的利润，也不一定是本年的税后净利润，只有不存在年初累计净亏损时，才能按本年的税后净利润计提盈余公积。法定盈余公积金的提取比例为10%，主要用于弥补企业亏损、扩大企业生产经营以及转增企业的资本金。当企业盈余公积的累计额达到注册资本的50%时，可不再提取。

(3)提取任意盈余公积金。企业提取任意盈余公积金的基数与提取法定盈余公积金的基数相同，对任意盈余公积金的提取，企业有较大的自主权，计提比例由股东会根据需要决定。

(4)向股东分配股利。企业在补亏和提取公积金后若还有可供分配的利润，可以向股东分配股利。企业应以各股东持有的股份数额为依据，向股东分配股利。股利分配的多少取决于企业的股利分配政策。企业在补亏和提取公积金后，已经没有剩余利润时，原则上是不得向股东分配股利的，但法律、行政法规另有规定的除外。

二、股利支付的程序

股利支付程序具有十分重要的意义，股份公司向股东分配股利必须遵循法定程序，股利分配的程序主要有以下几个阶段。

1. 确定股利分配预案

我国《中华人民共和国公司法》规定，公司分配股利，首先由公司董事会根据公司盈余情况和股利政策，提出股利分配方案，然后提交股东大会审议。只有经股东大会决议通过的分配方案才具有法律效力，可以向社会公布。

2.宣布股利分配方案

股利分配方案经股东大会审议通过后，公司必须及时公布，内容包括：①股利分配方案。②股利分配对象。一般为股权登记日登记在册的全体股东。③股利发放方法。

3.股利支付

股利具体支付方法，以深圳证券交易所为例，对于流通股份，其现金股利由上市公司于股权登记日前划入深交所账户，再由深交所于登记日后第3个工作日划入各托管证券经营机构账户，托管证券经营机构于登记日后第5个工作日划入股东资金账户。红股则于股权登记日后第3个工作日直接计入股东的证券账户，并自即日起开始交易上市。

在股利支付过程中，以下日期非常重要，包括股利宣告日、股权登记日、除息日和股利支付日。

(1)股利宣告日。股利宣告日是指将公司股东会议决定的股利分配情况予以公告的日期。公告中将宣布每股支付的股利、股权登记的期限、股利支付的日期等事项。

(2)股权登记日。股权登记日是确定有权领取本期股利的股东资格登记的截止日期。只有在股权登记日前在公司股东名册上登记的股东，才有权分享股利。而在这一天之后登记的股东，即使是在股利发放日之前买到的股票，也无权领取本次发放的股利。

(3)除息日。除息日就是除去股利的截止日期，即领取股利的权利与股票分开的日期。在除息日前，股利包含在股票价格中，该股票称为含权股(含息股)，持有股票就享有获取股利的权利。而在除息日当天或以后新购买股票的股东则不能享受这次股利。除息日开始，股利和股票相互分离，股票价格会下降，此时，股票称为除息股或除权股。原因是股票买卖之间的交割过户需要一定的时间。为了避免冲突，证券行业一般规定在股权登记日的前四天为除息日，自该日起，股票为无息交易。但是，先进的计算机交易系统为股票的交割过户提供了快捷的手段，在这种交易制度下，股权登记日的次日(指工作日)即可确定为除息日。

(4)股利支付日。股利支付日，也称付息日，是指将股利正式发放给股东的日期。

【例9-1】A公司于2018年4月19日发布公告："2018年4月18日召开的2017年度股东大会审议通过了2018年4月5日董事会的股利分配方案：每股分配现金股利2元，股权登记日为2018年5月20日，除息日为2018年5月21日，股利发放日为2018年6月15日。分派对象：截至2018年5月20日下午上海证券交易所收市后，在中国证券登记结算有限责任公司上海分公司登记在册的本公司全体股东。"

那么，A公司股利支付程序中几个关键日期的关系如图9-1所示。

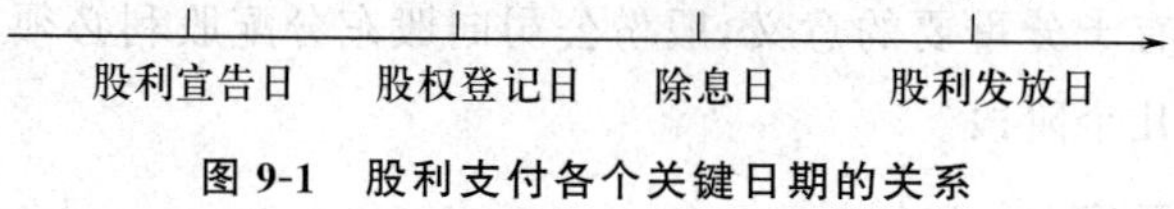

图9-1 股利支付各个关键日期的关系

三、股利支付的方式

股利支付方式有多种，常见的有以下几种。

1.现金股利

现金股利是指企业以现金方式将股利支付给股东，是支付股利的最普遍、最常见的方式。现金股利发放的多少主要取决于企业的股利政策和经营业绩。支付现金股利将增加企业的现金流出量，加大企业的现金支付压力。企业支付现金股利除了要有累计盈余外，还要有足够的现金，因此企业在支付现金股利前需要筹备充足的现金。现金股利的发放会对股票价格产生直接影响，一般在股票除息日之后，股票价格会下跌。

2.财产股利

财产股利是指企业以现金以外的资产支付股利，主要包括实物股利和证券股利。实物股利就是以实物资产来发放股利，这种股利支付形式不会增加公司的货币资金流出，通常适用于企业现金支付能力较差的情况。证券股利主要是以企业所拥有的其他企业的有价证券，如公司债券、公司股票等作为股利支付给股东。证券股利既保留了公司对其他企业的控制权，又不会增加企业的现金流出，可以暂时弥补企业现金的不足，并且由于证券的流动性较强，股东也乐于接受。

3.负债股利

负债股利是指企业以负债方式支付的股利，通常以公司的应付票据支付给股东，有时也以发行公司债券的方式支付股利。对股东而言，虽然推迟了收到现金的时间，但可以得到相应的利息补偿。对企业来说，负债股利可以达到延期支付的目的，可以解决企业暂时的现金短缺问题，但负债股利同时带来了企业负债的增加及留存收益的减少，会增加企业的财务风险。

财产股利和负债股利实际上是现金股利的替代，这两种股利支付方式在我国企业中很少采用，但并非法律所禁止。

4.股票股利

股票股利是指应分配给股东的股利以额外增发股票的形式来发放。股票股利通常是按现有股东持股比例来分配的，其实质是增发股票。对企业来说，股票股利的支付方式不会增加企业的现金流出量，因而常被现金短缺的企业所采用。股票股利并没有改变企业账面的股东权益总额，也没有改变股东的持股结构，只是将公司的留存收益转化为资本。但股票股利会增加流通在外的股票数量，因此，企业发放股票股利会使股票价格下降。

第二节 股利政策

一、股利政策理论

在股利分配实务中，企业所选择的股利政策与其所信奉的股利理论密切相关。因为股东的收益一方面来自股利收益，另一方面来自因市场股价上涨带来的资本利得。企业股利政策的目标是如何实现股东财富最大化，而股利理论探讨的是股利政策与股价和公司价值的关系，因此股利理论是股利政策的重要依据。目前，在股利发放对企业价值的影响这一问题上，主要有两种不同的观点：股利无关论和股利相关论。

(一)股利无关论

该理论始于20世纪60年代初，由美国的米勒(Miller)和莫迪格莱尼(Modigliani)首先倡导，因此这一理论又被称为MM理论。该理论认为股利分配对公司的市场价值(或股票价格)不会产生影响。MM理论建立在这样的假设上：

(1)不存在个人或企业所得税；

(2)不存在股票的发行和交易费用；

(3)公司的投资政策独立于其股利政策；

(4)公司的投资者和管理当局可相同地获得关于未来投资机会的信息。

上述假设是一个完美无缺的市场。在这个市场中，一方面投资者不关心企业股利的分配情况，企业股价是由企业投资方案的获利能力决定的。若企业留存较多的利润用于再投资，会导致企业的股票价格上升；此时尽管股利较低，但需用现金的投资者可以出售股票换取现金。若企业发放较多的股利，投资者又可以用现金再买入一些股票以扩大投资。也就是说，投资者对股利和资本利得并无偏好。另一方面投资者也不关心企业的股利分配方式，企业价值也不会受到企业现有和将来股利政策的影响，它完全取决于企业的未来盈利能力，而不是盈利的分配方式。

(二)股利相关论

股利相关论认为企业的股利政策对企业的市场价值会产生影响。在现实生活中，股利无关论提出的假定前提是不成立的，企业的股利分配是在种种制约因素下进行的，企业不可能摆脱这些因素的影响。股利相关论的主要代表人物有戈登(M. Gordon)、杜莱德(D. Durand)和林特纳(J. Lintner)等。该理论在对股利政策影响企业价值(或股票价格)的具体解释上，出现了以下几个比较有代表性的观点。

1.“一鸟在手”理论

“一鸟在手”理论源于谚语“双鸟在林不如一鸟在手”，其代表人物是戈登。该理论认为，投资者对于股利与资本利得这两种形式的收入具有不同的偏好，投资者更喜欢近期有确定收入的股利，而不喜欢远期不确定的资本利得。股利可视为投资者的既得利益，好比在手之鸟；而股票价格的升降具有较大的不确定性，好比林中之鸟，不一定能得到。资本利得的风险要远远高于股利收入的风险，而投资者对风险有天生的反感，其更愿意购买派发高股利的股票，从而导致该类股票价格的上涨。因此，股利政策对股票价格产生了实际的影响。

2.信号传递理论

信号传递理论认为，在信息不对称的情况下，企业可以通过股利政策向市场传递有关企业未来获利能力的信息，从而影响公司的股价，因此股利政策与股票价格相关。如果某企业改变了长期以来比较稳定的股利政策，这就相当于给投资者传递了企业收益情况发生变化的信息，企业的股价会随之发生变化。股利提高可能暗示投资者，企业创造未来现金能力增强，该企业的股票价格就会上涨；反之，股利下降可能给投资者传递企业经营状况变坏的信息，该企业股票的价格就会下跌。

3.税差理论

MM 理论要求一个完善而成熟的资本市场，并且在这一资本市场中没有税收、筹资费用，这样的理论假设在现实生活中是不存在的。税差理论，是第一个放宽 MM 理论严格假设条件所形成的理论。由于普遍存在的税率差异及纳税时间的差异，资本利得收入比股利收入更有助于实现利益最大化的目标。在许多国家，资本利得的个人所得税率通常要低于股利收入的税率。此外，资本利得税要递延到股票真正出售时发生，从而推迟纳税时间，享受到递延纳税的好处。因此，在其他条件不变的情况下，投资者将偏好资本利得而非派发现金股利。按照税差理论，企业在制定股利政策时必须采取低股利支付率政策，才能使企业价值最大化。

股利相关论的几种观点都只是从某种角度解释股利政策与股票价格的关系，共同的不足之处是没有综合考虑多种因素的影响。企业股利分配是在多种因素影响下进行的，现实经济环境中不存在无关论提出的假设前提，也不可能如相关论中解释的那样，只受到某一因素的影响。

二、股利政策的影响因素

企业在制定股利政策时受到多种因素的制约，一般认为，主要影响因素有法律因素、企业自身因素、股东因素及其他因素。

1.法律因素

为了保护投资者的利益，有关法律法规对企业的股利分配有如下限制。

(1)资本保全约束。资本保全限制规定，企业不能用资本发放股利。该规定要求，公司不能因支付股利而引起资本的减少，该规定的目的在于保证公司有完整的资本基础，保护债权人的利益。

(2)资本积累约束。资本积累约束要求企业在分配股利前，应当按照法定程序先提取各种公积金，股利只能从企业的可供分配收益中支付。另外，在进行收益分配时，一般应当贯彻“无利不分”的原则，即当企业出现年度亏损时，一般不得给投资者分配利润。

(3)超额累计利润约束。因为资本利得与股利收入的税率不一致，公司通过保留利润来提高其股票价格，则可能使股东避税。于是很多国家规定企业不得超额累计利润，一旦企业的留存收益超过法律许可的水平，将被加征额外税收。我国法律对公司累计利润尚未做出限制性规定。

(4)偿债能力约束。偿债能力是指企业按时足额偿还各种到期债务的能力，是企业确定收益分配政策时要考虑的一个基本要素。相关法律规定，企业如果要发放股利，就必须保证有充分的偿债能力。也就是说，如果企业无力偿付到期债务或因支付股利影响企业偿还债务和正常经营，为了保证债权人的利益，企业不能发放股利。

2.企业因素

企业资金的灵活周转，是企业生产经营得以正常进行的必要条件。因此企业长期发展和短期经营对现金的需求，便成为分配股利最重要的限制因素。这些因素主要有：

(1)资产的流动性。企业现金股利的支付能力,在很大程度上受其变现能力的限制。如果企业资产的流动性较强,即持有大量的货币资金和其他流动资产,变现能力强,就可以支付较多的现金股利;反之,不宜支付较多的现金股利。

(2)企业的举债能力。企业的股利政策也受其筹资能力的限制。如果企业规模大,比较成熟,其筹资能力一般很强,那么在决定股利支付数额时,有较大选择余地。而对于那些规模小、新创办、风险大的企业,其筹资能力有限,则只能采取较紧的股利政策,以留存较多的利润来满足未来经营的需要。

(3)投资机会。企业的投资机会也是收益分配政策的一个非常重要的因素。有着良好投资机会的企业需要强大的资金支持,因而往往少发现金股利,而将大部分盈余留存下来进行再投资。缺乏良好投资机会的企业,往往倾向于支付较高的现金股利。所以,处于成长阶段的企业,因一般具有较多的良好投资机会而多采用低股利政策,而许多处于经营收缩期的企业,因缺少良好的投资机会而多采取高股利政策。

(4)盈利的稳定性。企业的股利政策在很大程度上受盈利稳定性的影响。盈利相对稳定的企业,有可能支付较高的股利,而盈利不稳定的企业,一般采用低股利政策。这是因为,对于盈利不稳定的企业,低股利政策可以避免因盈利下降而造成无法支付股利和股价急剧下降等风险,还可以将更多的盈利用于投资。

3.股东因素

股东出于自身利益的考虑,在股权稀释、避税、稳定收入和规避风险等方面不同的要求会对企业的股利政策产生影响。

(1)控制权考虑。收益分配政策也会受到现有股东对控制权要求的影响。企业的股利支付率高,必然导致保留盈余减少,这就意味着将来有可能会通过发行新股为新的投资项目筹资,这时企业控制权就会被稀释。因此,这些企业的股东往往限制股利的支付,而愿意较多地保留盈余,避免自己的控制权被稀释。

(2)避税考虑。企业的股利政策会受股东对税赋因素考虑的影响。企业股东获得的股利收入和资本利得都需要缴纳一定的所得税。一般来讲,股利收入和税率要高于资本利得的税率,因此,为了减轻税负,高收入阶层的股东出于避税考虑,通常愿意企业少支付股利而将较多的盈余保留下来进行再投资。

(3)稳定收入、规避风险考虑。前面提到,企业的股东收益包括股利收入和资本利得两部分,对于永久性持有股票且收入较低的股东来说,依赖于公司发放的现金股利维持生活,而且,企业留存收益带来的收益或股票交易价格产生的资本利得具有较大的不确定性,因此他们与高收入阶层的股东不同,税负并不是他们关心的内容,与其获得不确定的未来收益,不如得到现实的确定股利,因此,他们往往要求较为稳定的股利收入。

4.其他因素

企业的股利政策还可能受到其他因素的影响,如债务契约中保护性条款的限制,这种限制条款通常规定除非企业的盈利达到一定水平,否则企业不能支付现金股利;通货膨胀的变动对股利政策的影响;股东个人将股利进行其他投资的机会多少和所得报酬率的高低等对股利政策的影响;国家经济环境的影响等。

三、股利政策的种类

由于股利政策受多种因素的影响，不同的股利政策也会对公司的股票价格和公司的价值产生不同的影响。因此，对一个企业来说，制定一个正确、合理的股利政策是非常重要的。股利政策的核心是股利支付比率的确定。在股利分配实务中，常用的股利分配政策主要有：剩余股利政策、固定股利政策、固定股利支付率政策和低正常股利加额外股利政策。

（一）剩余股利政策

剩余股利政策是指在确定的最佳资本结构下，企业税后净利润首先要满足投资的需求，若有剩余才用于分配股利。在这种股利政策下，企业发放多少股利主要取决于预计的投资机会，投资机会越多，股利越少；反之，则股利越多。这是一种投资优先的股利政策。

在制定股利政策时，企业的投资机会和资本成本是两个重要的影响因素。在企业有良好的投资机会时，为了降低资本成本，企业通常会采用剩余股利政策。剩余股利政策的理论依据是 MM 理论。采用剩余股利政策的优点是：因企业有良好的投资机会，投资者会对企业未来的获利能力有较好的预期，因而其股票价格会上升，并且以留用利润来满足最佳资本结构下对股东股权资本的需要，可以降低企业的资本成本，也有利于企业提高效益。但是，这种股利政策不利于投资者安排收入和支出，也不利于企业树立良好的形象，一般适用于企业初创阶段。根据这一政策，企业按如下步骤确定其股利分配额。

(1)根据选定的最佳投资方案，确定投资所需的资金数额。

(2)按照企业的目标资本结构及投资所需的资金数额，确定投资需要增加的权益资本的数额。

(3)将企业的税后净利润首先用于满足投资方案需要增加的股东权益数额。

(4)在满足上述需要后的剩余部分再向股东分配股利。

【例 9-2】假定 B 企业在 2018 年提取了公积金后的税后净利润为 3 000 万元，2019 年投资计划所需资金为 2 000 万元，企业的目标资本结构为权益资本占 60%，债务资本占 40%。该公司采用剩余股利政策，试确定其可向投资者分配的股利数额是多少？

计算如下：

投资方案所需的资金总额为：2 000 万元；

目标资本结构为：权益资本占 60%，债务资本占 40%；

投资方案所需的权益资本数额为：2 000×60%＝1 200(万元)；

可向投资者分配的股利数额为：3 000－1 200＝1 800(万元)。

（二）固定股利政策

固定股利政策是指企业在较长时期内按某一固定水平支付股利，只有企业确信未来利润将显著地、不可逆转地提高时，才增加年度的股利支付额。在这种股利政策下，股利不随企业的经营情况发生变化，股利始终保持在稳定的水平上。

该股利政策的优点是：通过连续不断地向投资者发放稳定的股利，有利于投资者合理安排收入和支出，同时向市场传递企业正常发展的信息，有利于树立企业良好的形象，增强投资者对企业的信心;稳定的股利收入对将股利视为收入来源的小股东有很大的吸引力,能够稳定股票的价格;稳定的股利政策暗含着企业的稳定经营,从而会降低普通权益成本和提高企业价值。

该股利政策的缺点在于:股利的支付与盈利相脱节,使得企业在利润下降时还要支付固定的股利,容易引起企业资金短缺、财务状况恶化。

(三)固定股利支付率政策

固定股利支付率政策是指企业按某一固定比率向股东支付股利。采用这种政策,支付给股东的股利随盈利的多少而变化,盈利高的年份股利支付额高,盈利低的年份股利支付额低。

该股利政策的优点是:股利的支付与企业的盈利状况直接挂钩,充分体现出多盈多分、少盈少分和不盈不分的原则,在一定程度上能保存企业的经济实力。

固定股利支付率政策的缺点在于:

(1)传递的信息容易成为企业的不利因素。大多数公司每年的收益很难保持稳定不变,固定支付率的股利政策将导致企业每年股利分配额的频繁变化,容易传递出企业经营不稳定的信息,造成股票价格的大幅度波动,不利于企业树立良好的印象。

(2)缺乏财务弹性。股利支付率是企业股利政策的重要内容,模式的选择、政策的制定是企业的财务手段和方法。在不同阶段,根据财务状况制定不同的股利政策,会更有效地实现企业的财务目标。但在固定股利支付率政策下,企业丧失了利用股利政策的财务方法,缺乏财务弹性。

(3)合适的固定股利支付率的确定难度很大。一个企业如果股利支付率确定得低了,则不能满足投资者对现金股利的需求;反之,企业股利支付率高了,就会使大量资金因支付股利而流出,因此,确定合适的股利支付率具有一定的难度。

由于企业每年面临的投资机会、筹资渠道和筹资难易程度都不同,这些都可能影响到企业的股利分派。所以,按固定比率发放股利的企业在现实环境中很少见,只适用于那些稳定发展且财务状况也较稳定的企业。

【例 9-3】某企业目前产品销路稳定,发行在外的股数为 1 000 万股,准备投资 1 200 万元,可扩大生产能力 50%。企业想要维持目前 50%的负债比率,并想继续执行 10%的固定股利支付率政策。2018 年的税后利润为 500 万元。企业 2019 年为扩充上述生产能力必须从外部筹措多少权益资本?

保留利润=500×(1-10%)=450(万元);

项目所需权益融资需要=1 200×(1-50%)=600(万元);

外部权益融资=600-450=150(万元)。

(四)低正常股利加额外股利政策

低正常股利加额外股利政策是企业事先设定一个较低的固定数额的股利,一般情况下,企业每期都按此金额支付正常股利,在企业盈利较多时,才会根据实际情况发放额外的股利。这是一种介于稳定股利政策与变动股利政策之间的折中的股利政策。

该股利政策的优点是具有较大的灵活性,使企业在股利发放上留有余地,具有较大的财务弹性。同时每年可以根据企业的基本情况,选择不同的股利发放水平,以完善企业的资本结构,实现灵活性和稳定性的结合,因而为许多企业所采用。

低正常股利加额外股利政策的缺点是：股利派发仍然缺乏稳定性，额外股利随盈利的变化时有时无，给人飘忽不定的印象；如果企业在较长时期内一直发放额外股利，可能被股东误认为是“正常股利”，而一旦取消部分额外股利，容易造成企业财务状况恶化的负面影响，造成股价下跌。总体而言，对盈余和现金流量均不稳定的企业而言，这种股利分配政策是有利的。

第三节　股票股利和股票分割

一、股票股利

(一)股票股利的概念和特点

股票股利是企业以发放的股票作为股利的支付方式。股票股利并不直接增加股东的财富，但对股东和企业都有特殊的益处。相对于其他股利支付方式，股票股利具有以下特点：

(1)股票股利的发放只改变所有者权益各项目的结构，而不影响所有者权益总额。

【例 9-4】C 公司在发放股票股利前的股东权益情况如表 9-1 所示。

表 9-1　股东权益情况表(变动前)　元

普通股(每股面值 1 元，1 000 000 股)	1 000 000
资本公积	1 000 000
留存收益	2 000 000
股东权益合计	4 000 000

假定该公司宣布发放 10％的股票股利，即发放 100 000 股的股票股利，股票当前市价为每股 10 元。随着股票股利的发放，需从留存收益转出的资金为：

$$10\times1\ 000\ 000\times10\%=1\ 000\ 000(\text{元})$$

由于股票面额(1 元)不变，法定的 100 000 股普通股只应增加“普通股”项目 100 000 元，其余 900 000 元应作为股票溢价转至“资本公积”项目。而公司的股东权益总额保持不变。发放股票股利后，公司股东权益各项目如表 9-2 所示。

表 9-2　股东权益情况表(变动后)　元

普通股(每股面值 1 元，1 000 000 股)	1 100 000
资本公积	1 900 000
留存收益	1 000 000
股东权益合计	4 000 000

可见，公司发放股票股利不会对股东权益总额产生影响，只能引起所有者权益内部结构发生变化。股票股利的发放实际上是将公司的资金从留存收益账户转移到股本和资本公积账户

中，本质上是将股票股利按市场价值予以资本化。

(2)从理论上讲，当企业的盈余总额以及股东的持股比例不变时，每位股东所持股票的市场总值保持不变。

【例 9-5】上例中，假定 C 公司当年盈余为 1 000 000 元，某股东持有 20 000 股普通股，发放股票股利对该股东的影响如表 9-3 所示。

表 9-3　C 公司发放股票股利对股东的影响　　元

项目	发放股票股利前	发放股票股利后
每股收益(EPS)	1 000 000÷1 000 000＝1	1 000 000÷1 100 000＝0.91
每股市价	10	10÷(1＋10％)＝9.09
持股比例	20 000÷1 000 000×100％＝2％	22 000÷1 100 000×100％＝2％
所持股票总市值	10×20 000＝200 000	10÷(1＋10％)×22 000＝200 000

可见，在公司盈余总额及股东持股比例一定的情况下，发放的股票股利会导致每股收益和每股市价下跌，但公司的股票总市值以及每位股东所持股票市值保持不变。

(二)股票股利的财务意义

股票股利并不直接增加股东财富，也不增加企业资产，但从企业分配的现实情况看，不仅现金股利与股票股利并存，而且相当多的企业和股东更青睐于股票股利政策或股票股利政策与现金股利政策的联合使用。这是因为股票股利对股东和企业都有特殊意义。

1.股票股利对股东的意义

可以使股东获得股票价格相对上涨的收益。尽管从理论上分析，企业分发股票股利会导致股价等比例下跌，但是事实上，由于分发股票股利通常意味着企业有良好的获利潜力和发展前景，因而，其股价下跌的幅度相对有限，特别是在企业发放少量股票股利(如 2％～3％)的情况下，股价变动无论在数额上还是在时间上都不会十分明显，股价下跌的比例通常会低于分发股票股利的比例，这样，可使股东得到股票价值相对上涨带来的收益。

可以使股东获得节税收益。在企业分发股票股利的情况下，如股东需要现金时，还可以将其分得的股票股利出售。有些国家税法规定，出售股票所需缴纳的资本利得税率低于收到现金股利所需缴纳的税率，这样，股东可以从中获得节约所得税支付的好处。

2.股票股利对企业的意义。

有利于企业保留现金。发放股票股利可以使股东分享企业的盈余而无须分配现金，这使得企业可以保留现金用于再投资，有利于企业长期发展。

有利于增强企业股票的流动性。在盈余和现金股利不变的情况下，发放股票股利可以降低每股价值，从而吸引更多的中小投资者，促进企业股票的交易和流通。

二、股票分割

股票分割又称拆股，是指将高面额股票分割成面额较低的股票的行为。股票分割不属于某种股利支付方式，但和股票股利的经济意义基本相同，不同之处主要在于会计处理方法。股票股利需要通过账务系统调减留存收益和调增股本与资本公积，而股票分割则只需在报告系统中增加股份数量。因为会计处理方法不同，其对资产负债表的影响也就不同，股票股利没有改变所有者权益总额，但权益内部各项目的结构将会发生变化。股票分割则既不改变权益总额，也不改变权益结构。

【例 9-6】D 公司原发行面额 2 元的普通股 400 000 股，若按 1 股换成 2 股的比例进行股票分割，分割前后股东权益项目如表 9-4 所示。

表 9-4 D 公司股票分割前后的股东权益 元

项目	分割前	分割后
普通股	800 000(面额 2 元，400 000 股)	800 000(面额 1 元，800 000 股)
资本公积	400 000	400 000
未分配利润	2 000 000	2 000 000
股东权益合计	3 200 000	3 200 000

假定本公司本年净利润 880 000 元，那么股票分割前的每股收益为 2.2 元。假定股票分割后公司净利润不变，分割后的每股收益为 1.1 元，每股市价也会因此而下降。

从实践效果来看，由于股票分割和股票股利非常接近，所以，有的国家证券交易机构规定，发放 25%以上的股票股利即属于股票分割。

尽管股票分割与发放股票股利都能达到降低企业股价的目的，但一般来讲，只有当企业股价大幅上涨，而且预期难以下降时，才采用股票分割的方法降低股价；而在企业股价上涨幅度不大时，往往通过发放股票股利将股价维持在理想的范围之内。当然，如果企业认为自己的股票价格过低，为了提高股价，也可以采取反分割(也称为股票合并)的措施。反分割是将数股面额较低的股票合并为一股面额较高的股票的行为，是股票分割的相反行为。例如【例 9-6】中若原面额 2 元，发行 400 000 股，市价 20 元的股票，按 2 股换 1 股的比例进行反分割，该公司的股票面额将成为 4 元，股数将成为 200 000 股，市价也将上升。

三、股票回购

(一)股票回购的含义

股票回购是现金股利的一种替代方式，是指上市公司购回股东所持的一定数额股票的行为。公司在股票回购完成后可以将所回购的股票注销，或作为“库藏股”保留，以备日后职工持股计划、发行可转换债券等。但作为库藏股的股份不参与每股收益的计算和分配。股票回购使流通在外的股份减少，从而每股股价上升，股东能获得资本利得。

(二)股票回购的目的

企业实施股票回购的目的是多方面的，在成熟的资本市场上，实施股票回购可以达到以下几个效果。

(1)维持最佳资本结构。股票回购是一种改善企业资本结构，提高财务杠杆水平的较好途径。企业只有在其资本结构处于黄金分割点时,才能使其加权平均资本成本最低,企业价值最大。企业可以增发债券筹集资本,并用此资本回购股票的办法,直接改变负债和股东权益的比例。在经营状况良好的情况下可以发挥财务杠杆的作用,使股东获得更高的收益。

(2)稳定或提高股价。过低的股价会导致投资者对企业的信心不足,不利于企业的形象和长期发展。在股价过低时进行股票回购,会使投资者认为企业股票价值被低估。因此股票回购有利于改善企业形象,稳定股价。

(3)阻止恶意收购。股票回购可以提高企业股价,减少发行在外的流通股,使恶意收购方难以达到控制企业的法定股份比例的目的,是资本市场上反收购的重要措施。而且,股票回购可能使企业的流动资金大大减少,财务状况恶化,进而使企业不容易成为收购目标。

(三)股票回购的方式

股票回购按其实现方式不同,可以分为以下几类。

(1)公开市场收购。公开市场收购是指企业在股票市场以等同于任何潜在投资者的地位,按照企业股票的当前市场价格回购股票。这是股票回购的主要方式。这种回购方式很容易提高股价,从而增加回购成本。企业只有在特定的时候才会采用这种方式,如小规模回购股票,以满足股票期权或职工持股计划。

(2)要约回购。要约回购是指企业在特定期间向市场发出的以某一高出股票当前市场价格水平的价格,回购既定数量股票的要约。与公开市场回购相比,要约回购通常被市场认为是更积极的信号,因为要约价格存在高出股票当前价格的溢价。但是溢价的存在也使得要约回购的成本较高。另外,具体的回购工作一般要委托有关的金融机构进行,并向其支付必要的费用。这种方式的优点是赋予所有股东向公司出售其所持股票的均等机会。

(3)协议回购。协议回购是指企业以协议价格直接向一个或几个主要股东回购股票。协议价格一般低于当前的股票市场价格。因为这种股票回购不是针对所有股东,过高的协议价格将损害其他股东的利益。协议回购在企业兼并与反兼并的斗争中经常使用。

(4)转换回购。转换回购是指企业用债券或优先股代替现金回购普通股的方式。使用这种方式企业不必支付大量的现金,因此对于现金流量不十分充足的企业而言,这是一种可选的回购方式。但是由于债券或优先股的流动性比普通股差,因而采用这种方式时,可能需要支付一定的溢价,提高了股票的回购成本。

本章小结

股利政策是指在法律允许的范围内,规定企业是否发放股利、发放多少股利以及何时发放股利等的方针和策略。企业股利政策的主要影响因素有法律因素、企业自身因素、股东因素及其他因素。在股利分配实务中,常用的股利分配政策主要有:剩余股利政策、固定股利政策、固定股利支付率政策和低正常股利加额外股利政策。股票股利是企业以发放的股票作为股利的支付方式。股票股利并不直接增加股东的财富,但对股东和企业都有特殊的益处。

练　习　题

一、复习思考题

1. 股利支付的一般程序是怎样的？
2. 常见的股利支付方式有哪些？各自有何特点？
3. 怎样理解股利分配与企业价值的相关性？
4. 影响股利政策的因素有哪些？
5. 股利政策有哪几种？各有什么优缺点？
6. 股票股利的意义如何？

二、选择题

1. 当企业盈余公积的累计额达到注册资本的(　　)时，可不再提取。
   A. 10%　　B. 25%　　C. 30%　　D. 50%
2. 确定有权领取本期股利的股东资格登记的截止日期是(　　)。
   A. 宣布日　　B. 股权登记日　　C. 除息日　　D. 股利发放日
3. 下列哪种股利政策是一种投资优先的股利政策。(　　)
   A. 剩余股利政策　　B. 固定股利政策
   C. 固定股利率股利政策　　D. 低正常股利加额外股利政策
4. 下列哪种股利政策是股利的支付与企业的盈利状况直接挂钩的股利政策。(　　)
   A. 剩余股利政策　　B. 固定股利政策
   C. 固定股利率股利政策　　D. 低正常股利加额外股利政策
5. 下列哪种股利政策是一种介于稳定股利政策与变动股利政策之间的股利政策。(　　)
   A. 剩余股利政策　　B. 固定股利政策
   C. 固定股利率股利政策　　D. 低正常股利加额外股利政策
6. 下列关于股票股利正确的说法是(　　)。
   A. 股票股利会导致股东财富的增加
   B. 股票股利会导致企业资产的流出
   C. 股票股利会引起所有者权益各项目的结构发生变化
   D. 股票股利会引起负债的增加
7. 下列关于股票分割的正确的说法是(　　)。
   A. 股票分割会导致股东财富的增加
   B. 股票分割会导致企业资产的流出
   C. 股票股利可使股票股数增加，但股票面值不变
   D. 股票分割不会影响到资产负债表中股东权益各项金额的变化

8. 股利支付的方式有多种，常见的有（　　）。

A. 现金股利　　B. 股票股利　　C. 财产股利　　D. 负债股利

9. 影响股利政策的因素有（　　）。

A. 法律因素　　B. 公司自身因素

C. 股东因素　　D. 债务契约因素

10. 企业常用的股利政策类型包括（　　）。

A. 剩余股利政策　　B. 固定股利政策

C. 固定股利率股利政策　　D. 低正常股利加额外股利政策

11. 影响股利政策的法律因素有（　　）。

A. 资本保全约束　　B. 资本积累约束

C. 偿债能力约束　　D. 筹资能力约束

12. 下列关于股票股利正确的说法是（　　）。

A. 股票股利会导致股东财富的增加

B. 股票股利不会导致企业资产的流出

C. 股票股利会引起所有者权益各项目的结构发生变化

D. 股票股利会增加企业的股本总额

三、判断题

1. 股份有限公司的股利分配预案应提交股东大会表决。（　　）

2. "一鸟在手"理论认为，相对于资本利得而言，投资者更偏好现金股利。（　　）

3. 采取剩余股利政策，首先要确定企业的最佳资本结构。（　　）

4. 在企业有良好的投资机会时，企业通常会采用剩余股利政策。（　　）

5. 采用固定股利支付率的股利政策，传递的信息容易成为企业的不利因素。（　　）

6. 固定股利政策可以向投资者传递企业经营状况稳定的信息。（　　）

7. 低正常股利加额外股利政策，能使股利与企业盈余紧密结合，体现"多盈多分、少盈少分和不盈不分"的原则。（　　）

8. 公司采用股票股利进行股利分配，会减少公司的股东权益。（　　）

9. 发行少量的股票股利可能会使股东得到股票价值相对上升的好处。（　　）

10. 股票分割可以增加股东财富。（　　）

11. 股票分割对股东权益总额、股东权益各项目的金额及相互之间的比例没有影响，这与发放股票股利有相同之处。（　　）

12. 根据我国有关法律规定，上市公司回购的股票既可以注销，也可以作为库藏股由公司持有，并参与每股收益的计算和分配。（　　）

四、计算题

1. 假定某企业在2019年提取了公积金后的税后净利润为4 000万元，2020年投资计划所需资金为3 000万元，企业的目标资本结构为权益资本占60%，债务资本占40%。该公司采用剩余股利政策，试确定其可向投资者分配的股利数额是多少？

2. 某公司2018年的净利润为4 000万元，2018年末的权益账户如下：股本（每股面值4元）4 000万元，股东权益总额40 000万元，假设该公司的股票的现行市价为40元/股，为了吸引更多的投资者，计划按1股换成4股的比例进行股票分割，股票分割前后净利润不变，市盈率不变，分别计算分割前后的每股收益以及股票分割后的每股市价。

五、案例分析题

资料：北京大华融源公司是北京双软和中关村高新企业，自成立以来一直致力于农业方面科技成果的研究，坚持走自主开发的道路。从2012年到今天，北京大华融源公司陆续推出了溶解氧传感器、溶解氧智能自动控制仪、增氧机智能监测控制系统、水下在线自动清洁装置、氧气传感器、制氧机多功能计算机监控系统，密闭环境氧气自动监测控制系统等一系列围绕水产规模化、机械化、健康化、现代化养殖的配套技术以及配套技术装置，是目前世界上唯一一家掌握溶解氧电化学传感器不用换膜和电解质核心技术的企业，此技术已达到国内领先、国际先进水平。

北京大华融源公司20××年末的权益账户如下表所示：

20××年末发放股利前的股东账户余额　　万元

普通股（每股面值1元，1 000万股）	1 000
资本公积	500
留存收益	3 000
股东权益合计	4 500

1. 假定该公司宣布发放10%的股票股利，股票当前市价为每股10元，计算分析20××年发放股利后该公司股东权益总额和权益资金结构有何变化？

2. 假定该公司当年盈余为1 000万元，某股东持有200万股普通股，试分析发放股票股利对该股东的影响？

参考文献

[1]荆新，王化成，刘俊彦. 财务管理学（中国人民大学会计系列教材）. 8 版. 北京：中国人民大学出版社，2018.

[2]刘淑莲. 高级财务管理理论与实务. 3 版. 大连：东北财经大学出版社，2015.

[3]欧阳祖友，袁康来. 财务管理. 长沙：湖南大学出版社，2013.

[4]张希玲，杨亦民. 财务管理. 北京：中国农业大学出版社，2012.

[5]张心灵. 财务管理. 北京：中国农业出版社，2016.

[6]中国注册会计师协会. 财务成本管理（2018 年度注册会计师全国统一考试辅导教材）. 北京：中国财政经济出版社，2018.

[7]张希玲，李梅. 财务管理. 北京：中国农业大学出版社，2012.

[8]陆正飞. 财务管理. 大连：东北财经大学出版社，2001.

[9]周首华，杨济华. 现代西方财务管理. 北京：北京出版社，1992.

[10]刘谷金. 财务管理. 北京：北京交通大学出版社，2010.

[11]程文莉. 财务管理学. 上海：立信会计出版社，2010.

[12]杨淑君，谢振莲. 财务管理学. 北京：科学出版社，2009.

[13]李延喜，张永鑫，孙喜元. 财务管理. 大连：大连理工大学出版社，2010.

[14]陆宇建. 财务管理. 大连：东北财经大学出版社，2010.

[15]汤新华. 财务管理. 北京：中国农业出版社，2008.

[16]李艳萍. 财务管理. 北京：中国林业出版社，2014.

[17] 罗伯特 · C. 希金斯. 财务管理分析. 10 版. 沈艺峰，译. 北京：北京大学出版社，2015.

[18] 詹姆斯 · C. 范霍恩，小约翰 · M. 瓦霍维奇. 财务管理基础. 13 版. 北京：清华大学出版社，2009.

[19] 斯蒂芬 · A. 罗斯，伦道夫 · W. 威斯特菲尔德，杰弗里 · F. 贾菲，等. 公司理财：核心原理与应用. 3 版. 李常青，魏志化，译. 北京：中国人民大学出版社，2013.

附　　录

附表一　1 元复利终值系数表

期数	1%	2%	3%	4%	5%	6%	7%	8%	9%	10%	12%
1	1.010 0	1.020 0	1.030 0	1.040 0	1.050 0	1.060 0	1.070 0	1.080 0	1.090 0	1.100 0	1.120 0
2	1.020 1	1.040 4	1.060 9	1.081 6	1.102 5	1.123 6	1.144 9	1.166 4	1.188 1	1.210 0	1.254 4
3	1.030 3	1.061 2	1.092 7	1.124 9	1.157 6	1.191 0	1.225 0	1.259 7	1.295 0	1.331 0	1.404 9
4	1.040 6	1.082 4	1.125 5	1.169 9	1.215 5	1.262 5	1.310 8	1.360 5	1.411 6	1.464 1	1.573 5
5	1.051 0	1.104 1	1.159 3	1.216 7	1.276 3	1.338 2	1.402 6	1.469 3	1.538 6	1.610 5	1.762 3
6	1.061 5	1.126 2	1.194 1	1.265 3	1.340 1	1.418 5	1.500 7	1.586 9	1.677 1	1.771 6	1.973 8
7	1.072 1	1.148 7	1.229 9	1.315 9	1.407 1	1.503 6	1.605 8	1.713 8	1.828 0	1.948 7	2.210 7
8	1.082 9	1.171 7	1.266 8	1.368 6	1.477 5	1.593 8	1.718 2	1.850 9	1.992 6	2.143 6	2.476 0
9	1.093 7	1.195 1	1.304 8	1.423 3	1.551 3	1.689 5	1.838 5	1.999 0	2.171 9	2.357 9	2.773 1
10	1.104 6	1.219 0	1.343 9	1.480 2	1.628 9	1.790 8	1.967 2	2.158 9	2.367 4	2.593 7	3.105 8
11	1.115 7	1.243 4	1.384 2	1.539 5	1.710 3	1.898 3	2.104 9	2.331 6	2.580 4	2.853 1	3.478 5
12	1.126 8	1.268 2	1.425 8	1.601 0	1.795 9	2.012 2	2.252 2	2.518 2	2.812 7	3.138 4	3.896 0
13	1.138 1	1.293 6	1.468 5	1.665 1	1.885 6	2.132 9	2.409 8	2.719 6	3.065 8	3.452 3	4.363 5

续附表一

期数	1%	2%	3%	4%	5%	6%	7%	8%	9%	10%	12%
14	1.149 5	1.319 5	1.512 6	1.731 7	1.979 9	2.260 9	2.578 5	2.937 2	3.341 7	3.797 5	4.887 1
15	1.161 0	1.345 9	1.558 0	1.800 9	2.078 9	2.396 6	2.759 0	3.172 2	3.642 5	4.177 2	5.473 6
16	1.172 6	1.372 8	1.604 7	1.873 0	2.182 9	2.540 4	2.952 2	3.425 9	3.970 3	4.595 0	6.130 4
17	1.184 3	1.400 2	1.652 8	1.947 9	2.292 0	2.692 8	3.158 8	3.700 0	4.327 6	5.054 5	6.866 0
18	1.196 1	1.428 2	1.702 4	2.025 8	2.406 6	2.854 3	3.379 9	3.996 0	4.717 1	5.559 9	7.690 0
19	1.208 1	1.456 8	1.753 5	2.106 8	2.527 0	3.025 6	3.616 5	4.315 7	5.141 7	6.115 9	8.612 8
20	1.220 2	1.485 9	1.806 1	2.191 1	2.653 3	3.207 1	3.869 7	4.661 0	5.604 4	6.727 5	9.646 3
21	1.232 4	1.515 7	1.860 3	2.278 8	2.786 0	3.399 6	4.140 6	5.033 8	6.108 8	7.400 2	10.803 8
22	1.244 7	1.546 0	1.9161	2.3699	2.9253	3.6035	4.4304	5.4365	6.6586	8.1403	12.100 3
23	1.257 2	1.576 9	1.973 6	2.464 7	3.071 5	3.819 7	4.740 5	5.871 5	7.257 9	8.954 3	13.552 3
24	1.269 7	1.608 4	2.032 8	2.563 3	3.225 1	4.048 9	5.072 4	6.341 2	7.911 1	9.849 7	15.178 6
25	1.282 4	1.640 6	2.093 8	2.665 8	3.386 4	4.291 9	5.427 4	6.848 5	8.623 1	10.834 7	17.000 1
26	1.295 3	1.673 4	2.156 6	2.772 5	3.555 7	4.549 4	5.807 4	7.396 4	9.399 2	11.918 2	19.040 1
27	1.308 2	1.706 9	2.221 3	2.883 4	3.733 5	4.822 3	6.213 9	7.988 1	10.245 1	13.110 0	21.324 9
28	1.321 3	1.741 0	2.287 9	2.998 7	3.920 1	5.111 7	6.648 8	8.627 1	11.167 1	14.421 0	23.883 9
29	1.334 5	1.775 8	2.356 6	3.118 7	4.116 1	5.418 4	7.114 3	9.317 3	12.172 2	15.863 1	26.749 9
30	1.347 8	1.811 4	2.427 3	3.243 4	4.321 9	5.743 5	7.612 3	10.062 7	13.267 7	17.449 4	29.959 9
40	1.488 9	2.208 0	3.262 0	4.801 0	7.040 0	10.285 7	14.974 5	21.724 5	31.409 4	45.259 3	93.051 0
50	1.644 6	2.691 6	4.383 9	7.106 7	11.467 4	18.420 2	29.457 0	46.901 6	74.357 5	117.390 9	289.002 2
60	1.816 7	3.281 0	5.891 6	10.519 6	18.679 2	32.987 7	57.946 4	101.257 1	176.031 3	304.481 6	897.596 9

续附表一

期数	14%	15%	16%	18%	20%	24%	28%	32%	36%
1	1.140 0	1.150 0	1.160 0	1.180 0	1.200 0	1.240 0	1.280 0	1.320 0	1.360 0
2	1.299 6	1.322 5	1.345 6	1.392 4	1.440 0	1.537 6	1.638 4	1.742 4	1.849 6
3	1.481 5	1.520 9	1.560 9	1.643 0	1.728 0	1.906 6	2.097 2	2.300 0	2.515 5
4	1.689 0	1.749 0	1.810 6	1.938 8	2.073 6	2.364 2	2.684 4	3.036 0	3.421 0
5	1.925 4	2.011 4	2.100 3	2.287 8	2.488 3	2.931 6	3.436 0	4.007 5	4.652 6
6	2.195 0	2.313 1	2.436 4	2.699 6	2.986 0	3.635 2	4.398 0	5.289 9	6.327 5
7	2.502 3	2.660 0	2.826 2	3.185 5	3.583 2	4.507 7	5.629 5	6.982 6	8.605 4
8	2.852 6	3.059 0	3.278 4	3.758 9	4.299 8	5.589 5	7.205 8	9.217 0	11.703 4
9	3.251 9	3.517 9	3.803 0	4.435 5	5.159 8	6.931 0	9.223 4	12.166 5	15.916 6
10	3.707 2	4.045 6	4.411 4	5.233 8	6.191 7	8.594 4	11.805 9	16.059 8	21.646 6
11	4.226 2	4.652 4	5.117 3	6.175 9	7.430 1	10.657 1	15.111 6	21.198 9	29.439 3
12	4.817 9	5.350 3	5.936 0	7.287 6	8.916 1	13.214 8	19.342 8	27.982 5	40.037 5
13	5.492 4	6.152 8	6.885 8	8.599 4	10.699 3	16.386 3	24.758 8	36.937 0	54.451 0
14	6.261 3	7.075 7	7.987 5	10.147 2	12.839 2	20.319 1	31.691 3	48.756 8	74.053 4
15	7.137 9	8.137 1	9.265 5	11.973 7	15.407 0	25.195 6	40.564 8	64.359 0	100.712 6
16	8.137 2	9.357 6	10.748 0	14.129 0	18.488 4	31.242 6	51.923 0	84.953 8	136.969 1
17	9.276 5	10.761 3	12.467 7	16.672 2	22.186 1	38.740 8	66.461 4	112.139 0	186.277 9
18	10.575 2	12.375 5	14.462 5	19.673 3	26.623 3	48.038 6	85.070 6	148.023 5	253.338 0
19	12.055 7	14.231 8	16.776 5	23.214 4	31.948 0	59.567 9	108.890 4	195.391 1	344.539 7

续附表一

期数	14%	15%	16%	18%	20%	24%	28%	32%	36%
20	13.743 5	16.366 5	19.460 8	27.393 0	38.337 6	73.864 1	139.379 7	257.916 2	468.574 0
21	15.667 6	18.821 5	22.574 5	32.323 8	46.005 1	91.591 5	178.406 0	340.449 4	637.260 6
22	17.861 0	21.644 7	26.186 4	38.142 1	55.206 1	113.573 5	228.359 6	449.393 2	866.674 4
23	20.361 6	24.891 5	30.376 2	45.007 6	66.247 4	140.831 2	292.300 3	593.199 0	1178.677 2
24	23.212 2	28.625 2	35.236 4	53.109 0	79.496 8	174.630 6	374.144 4	783.022 7	1603.001 0
25	26.461 9	32.919 0	40.874 2	62.668 6	95.396 2	216.542 0	478.904 9	1033.590 0	2180.081 4
26	30.166 6	37.856 8	47.414 1	73.949 0	114.475 5	268.512 1	612.998 2	1364.338 7	2964.910 7
27	34.389 9	43.535 3	55.000 4	87.259 8	137.370 6	332.955 0	784.637 7	1800.927 1	4032.278 6
28	39.204 5	50.065 6	63.800 4	102.966 6	164.844 7	412.864 2	1004.336 3	2377.223 8	5483.898 8
29	44.693 1	57.575 5	74.008 5	121.500 5	197.813 6	511.951 6	1285.550 4	3137.935 4	7458.102 4
30	50.950 2	66.211 8	85.849 9	143.370 6	237.376 3	634.819 9	1645.504 6	4142.074 8	10143.019 3
40	188.883 5	267.863 5	378.721 2	750.378 3	1469.771 6	5455.912 6	19426.688 9	66520.767 0	*
50	700.233 0	1083.657 4	1670.703 8	3927.356 9	9100.438 2	46890.434 6	*	*	*
60	2595.918 7	4383.998 7	7370.201 4	20555.140 0	56347.514 4	*	*	*	*

附表二 1元复利现值系数表

期数	1%	2%	3%	4%	5%	6%	7%	8%	9%	10%
1	0.990 1	0.980 4	0.970 9	0.961 5	0.952 4	0.943 4	0.934 6	0.925 9	0.917 4	0.909 1
2	0.980 3	0.961 2	0.942 6	0.924 6	0.907 0	0.890 0	0.873 4	0.857 3	0.841 7	0.826 4
3	0.970 6	0.942 3	0.915 1	0.889 0	0.863 8	0.839 6	0.816 3	0.793 8	0.772 2	0.751 3
4	0.961 0	0.923 8	0.888 5	0.854 8	0.822 7	0.792 1	0.762 9	0.735 0	0.708 4	0.683 0
5	0.951 5	0.905 7	0.862 6	0.821 9	0.783 5	0.747 3	0.713 0	0.680 6	0.649 9	0.620 9
6	0.942 0	0.888 0	0.837 5	0.790 3	0.746 2	0.705 0	0.666 3	0.630 2	0.596 3	0.564 5
7	0.932 7	0.870 6	0.813 1	0.759 9	0.710 7	0.665 1	0.622 7	0.583 5	0.547 0	0.513 2
8	0.923 5	0.853 5	0.789 4	0.730 7	0.676 8	0.627 4	0.582 0	0.540 3	0.501 9	0.466 5
9	0.914 3	0.836 8	0.766 4	0.702 6	0.644 6	0.591 9	0.543 9	0.500 2	0.460 4	0.424 1
10	0.905 3	0.820 3	0.744 1	0.675 6	0.613 9	0.558 4	0.508 3	0.463 2	0.422 4	0.385 5
11	0.896 3	0.804 3	0.722 4	0.649 6	0.584 7	0.526 8	0.475 1	0.428 9	0.387 5	0.350 5
12	0.887 4	0.788 5	0.701 4	0.624 6	0.556 8	0.497 0	0.444 0	0.397 1	0.355 5	0.318 6
13	0.878 7	0.773 0	0.681 0	0.600 6	0.530 3	0.468 8	0.415 0	0.367 7	0.326 2	0.289 7
14	0.870 0	0.757 9	0.661 1	0.577 5	0.505 1	0.442 3	0.387 8	0.340 5	0.299 2	0.263 3
15	0.861 3	0.743 0	0.641 9	0.555 3	0.481 0	0.417 3	0.362 4	0.315 2	0.274 5	0.239 4
16	0.852 8	0.728 4	0.623 2	0.533 9	0.458 1	0.393 6	0.338 7	0.291 9	0.251 9	0.217 6
17	0.844 4	0.714 2	0.605 0	0.513 4	0.436 3	0.371 4	0.316 6	0.270 3	0.231 1	0.197 8
18	0.836 0	0.700 2	0.587 4	0.493 6	0.415 5	0.350 3	0.295 9	0.250 2	0.212 0	0.179 9
19	0.827 7	0.686 4	0.570 3	0.474 6	0.395 7	0.330 5	0.276 5	0.231 7	0.194 5	0.163 5

续附表二

期数	1%	2%	3%	4%	5%	6%	7%	8%	9%	10%
20	0.819 5	0.673 0	0.553 7	0.456 4	0.376 9	0.311 8	0.258 4	0.214 5	0.178 4	0.148 6
21	0.811 4	0.659 8	0.537 5	0.438 8	0.358 9	0.294 2	0.241 5	0.198 7	0.163 7	0.135 1
22	0.803 4	0.646 8	0.521 9	0.422 0	0.341 8	0.277 5	0.225 7	0.183 9	0.150 2	0.122 8
23	0.795 4	0.634 2	0.506 7	0.405 7	0.325 6	0.261 8	0.210 9	0.170 3	0.137 8	0.111 7
24	0.787 6	0.621 7	0.491 9	0.390 1	0.310 1	0.247 0	0.197 1	0.157 7	0.126 4	0.101 5
25	0.779 8	0.609 5	0.477 6	0.375 1	0.295 3	0.233 0	0.184 2	0.146 0	0.116 0	0.092 3
26	0.772 0	0.597 6	0.463 7	0.360 7	0.281 2	0.219 8	0.172 2	0.135 2	0.106 4	0.083 9
27	0.764 4	0.585 9	0.450 2	0.346 8	0.267 8	0.207 4	0.160 9	0.125 2	0.097 6	0.076 3
28	0.756 8	0.574 4	0.437 1	0.333 5	0.255 1	0.195 6	0.150 4	0.115 9	0.089 5	0.069 3
29	0.749 3	0.563 1	0.424 3	0.320 7	0.242 9	0.184 6	0.140 6	0.107 3	0.082 2	0.063 0
30	0.741 9	0.552 1	0.412 0	0.308 3	0.231 4	0.174 1	0.131 4	0.099 4	0.075 4	0.057 3
35	0.705 9	0.500 0	0.355 4	0.253 4	0.181 3	0.130 1	0.093 7	0.067 6	0.049 0	0.035 6
40	0.671 7	0.452 9	0.306 6	0.208 3	0.142 0	0.097 2	0.066 8	0.046 0	0.031 8	0.022 1
45	0.639 1	0.410 2	0.264 4	0.171 2	0.111 3	0.072 7	0.047 6	0.031 3	0.020 7	0.013 7
50	0.608 0	0.371 5	0.228 1	0.140 7	0.087 2	0.054 3	0.033 9	0.021 3	0.013 4	0.008 5
55	0.578 5	0.336 5	0.196 8	0.115 7	0.068 3	0.040 6	0.024 2	0.014 5	0.008 7	0.005 3

续附表二

期数	12%	14%	15%	16%	18%	20%	24%	28%	32%	36%
1	0.892 9	0.877 2	0.869 6	0.862 1	0.847 5	0.833 3	0.806 5	0.781 2	0.757 6	0.735 3
2	0.797 2	0.769 5	0.756 1	0.743 2	0.718 2	0.694 4	0.650 4	0.610 4	0.573 9	0.540 7
3	0.711 8	0.675 0	0.657 5	0.640 7	0.608 6	0.578 7	0.524 5	0.476 8	0.434 8	0.397 5
4	0.635 5	0.592 1	0.571 8	0.552 3	0.515 8	0.482 3	0.423 0	0.372 5	0.329 4	0.292 3
5	0.567 4	0.519 4	0.497 2	0.476 1	0.437 1	0.401 9	0.341 1	0.291 0	0.249 5	0.214 9
6	0.506 6	0.455 6	0.432 3	0.410 4	0.370 4	0.334 9	0.275 1	0.227 4	0.189 0	0.158 0
7	0.452 3	0.399 6	0.375 9	0.353 8	0.313 9	0.279 1	0.221 8	0.177 6	0.143 2	0.116 2
8	0.403 9	0.350 6	0.326 9	0.305 0	0.266 0	0.232 6	0.178 9	0.138 8	0.108 5	0.085 4
9	0.360 6	0.307 5	0.284 3	0.263 0	0.225 5	0.193 8	0.144 3	0.108 4	0.082 2	0.062 8
10	0.322 0	0.269 7	0.247 2	0.226 7	0.191 1	0.161 5	0.116 4	0.084 7	0.062 3	0.046 2
11	0.287 5	0.236 6	0.214 9	0.195 4	0.161 9	0.134 6	0.093 8	0.066 2	0.047 2	0.034 0
12	0.256 7	0.207 6	0.186 9	0.168 5	0.137 2	0.112 2	0.075 7	0.051 7	0.035 7	0.025 0
13	0.229 2	0.182 1	0.162 5	0.145 2	0.116 3	0.093 5	0.061 0	0.040 4	0.027 1	0.018 4
14	0.204 6	0.159 7	0.141 3	0.125 2	0.098 5	0.077 9	0.049 2	0.031 6	0.020 5	0.013 5
15	0.182 7	0.140 1	0.122 9	0.107 9	0.083 5	0.064 9	0.039 7	0.024 7	0.015 5	0.009 9
16	0.163 1	0.122 9	0.106 9	0.093 0	0.070 8	0.054 1	0.032 0	0.019 3	0.011 8	0.007 3
17	0.145 6	0.107 8	0.092 9	0.080 2	0.060 0	0.045 1	0.025 8	0.015 0	0.008 9	0.005 4
18	0.130 0	0.094 6	0.080 8	0.069 1	0.050 8	0.037 6	0.020 8	0.011 8	0.006 8	0.003 9
19	0.116 1	0.082 9	0.070 3	0.059 6	0.043 1	0.031 3	0.016 8	0.009 2	0.005 1	0.002 9

续附表二

期数	12%	14%	15%	16%	18%	20%	24%	28%	32%	36%
20	0.103 7	0.072 8	0.061 1	0.051 4	0.036 5	0.026 1	0.013 5	0.007 2	0.003 9	0.002 1
21	0.092 6	0.063 8	0.053 1	0.044 3	0.030 9	0.021 7	0.010 9	0.005 6	0.002 9	0.001 6
22	0.082 6	0.056 0	0.046 2	0.038 2	0.026 2	0.018 1	0.008 8	0.004 4	0.002 2	0.001 2
23	0.073 8	0.049 1	0.040 2	0.032 9	0.022 2	0.015 1	0.007 1	0.003 4	0.001 7	0.000 8
24	0.065 9	0.043 1	0.034 9	0.028 4	0.018 8	0.012 6	0.005 7	0.002 7	0.001 3	0.000 6
25	0.058 8	0.037 8	0.030 4	0.024 5	0.016 0	0.010 5	0.004 6	0.002 1	0.001 0	0.000 5
26	0.052 5	0.033 1	0.026 4	0.021 1	0.013 5	0.008 7	0.003 7	0.001 6	0.000 7	0.000 3
27	0.046 9	0.029 1	0.023 0	0.018 2	0.011 5	0.007 3	0.003 0	0.001 3	0.000 6	0.000 2
28	0.041 9	0.025 5	0.020 0	0.015 7	0.009 7	0.006 1	0.002 4	0.001 0	0.000 4	0.000 2
29	0.037 4	0.022 4	0.017 4	0.013 5	0.008 2	0.005 1	0.002 0	0.000 8	0.000 3	0.000 1
30	0.033 4	0.019 6	0.015 1	0.011 6	0.007 0	0.004 2	0.001 6	0.000 6	0.000 2	0.000 1
35	0.018 9	0.010 2	0.007 5	0.005 5	0.003 0	0.001 7	0.000 5	0.000 2	0.000 1	*
40	0.010 7	0.005 3	0.003 7	0.002 6	0.001 3	0.000 7	0.000 2	0.000 1	*	*
45	0.006 1	0.002 7	0.001 9	0.001 3	0.000 6	0.000 3	0.000 1	*	*	*
50	0.003 5	0.001 4	0.000 9	0.000 6	0.000 3	0.000 1	*	*	*	*
55	0.002 0	0.000 7	0.000 5	0.000 3	0.000 1	*	*	*	*	*

* <0.000 1。

附表三 1元年金终值系数表

期数	1%	2%	3%	4%	5%	6%	7%	8%	9%	10%
1	1.000 0	1.000 0	1.000 0	1.000 0	1.000 0	1.000 0	1.000 0	1.000 0	1.000 0	1.000 0
2	2.010 0	2.020 0	2.030 0	2.040 0	2.050 0	2.060 0	2.070 0	2.080 0	2.090 0	2.100 0
3	3.030 1	3.060 4	3.090 9	3.121 6	3.152 5	3.183 6	3.214 9	3.246 4	3.278 1	3.310 0
4	4.060 4	4.121 6	4.183 6	4.246 5	4.310 1	4.374 6	4.439 9	4.506 1	4.573 1	4.641 0
5	5.101 0	5.204 0	5.309 1	5.416 3	5.525 6	5.637 1	5.750 7	5.866 6	5.984 7	6.105 1
6	6.152 0	6.308 1	6.468 4	6.633 0	6.801 9	6.975 3	7.153 3	7.335 9	7.523 3	7.715 6
7	7.213 5	7.434 3	7.662 5	7.898 3	8.142 0	8.393 8	8.654 0	8.922 8	9.200 4	9.487 2
8	8.285 7	8.583 0	8.892 3	9.214 2	9.549 1	9.897 5	10.259 8	10.636 6	11.028 5	11.435 9
9	9.368 5	9.754 6	10.159 1	10.582 8	11.026 6	11.491 3	11.978 0	12.487 6	13.021 0	13.579 5
10	10.462 2	10.949 7	11.463 9	12.006 1	12.577 9	13.180 8	13.816 4	14.486 6	15.192 9	15.937 4
11	11.566 8	12.168 7	12.807 8	13.486 4	14.206 8	14.971 6	15.783 6	16.645 5	17.560 3	18.531 2
12	12.682 5	13.412 1	14.192 0	15.025 8	15.917 1	16.869 9	17.888 5	18.977 1	20.140 7	21.384 2
13	13.809 3	14.680 3	15.617 8	16.626 8	17.713 0	18.882 1	20.140 6	21.495 3	22.953 4	24.522 7
14	14.947 4	15.973 9	17.086 3	18.291 9	19.598 6	21.015 1	22.550 5	24.214 9	26.019 2	27.975 0
15	16.096 9	17.293 4	18.598 9	20.023 6	21.578 6	23.276 0	25.129 0	27.152 1	29.360 9	31.772 5
16	17.257 9	18.639 3	20.156 9	21.824 5	23.657 5	25.672 5	27.888 1	30.324 3	33.003 4	35.949 7
17	18.430 4	20.012 1	21.761 6	23.697 5	25.840 4	28.212 9	30.840 2	33.750 2	36.973 7	40.544 7
18	19.614 7	21.412 3	23.414 4	25.645 4	28.132 4	30.905 7	33.999 0	37.450 2	41.301 3	45.599 2
19	20.810 9	22.840 6	25.116 9	27.671 2	30.539 0	33.760 0	37.379 0	41.446 3	46.018 5	51.159 1

续附表三

期数	1%	2%	3%	4%	5%	6%	7%	8%	9%	10%
20	22.019 0	24.297 4	26.870 4	29.778 1	33.066 0	36.785 6	40.995 5	45.762 0	51.160 1	57.275 0
21	23.239 2	25.783 3	28.676 5	31.969 2	35.719 3	39.992 7	44.865 2	50.422 9	56.764 5	64.002 5
22	24.471 6	27.299 0	30.536 8	34.248 0	38.505 2	43.392 3	49.005 7	55.456 8	62.873 3	71.402 7
23	25.716 3	28.845 0	32.452 9	36.617 9	41.430 5	46.995 8	53.436 1	60.893 3	69.531 9	79.543 0
24	26.973 5	30.421 9	34.426 5	39.082 6	44.502 0	50.815 6	58.176 7	66.764 8	76.789 8	88.497 3
25	28.243 2	32.030 3	36.459 3	41.645 9	47.727 1	54.864 5	63.249 0	73.105 9	84.700 9	98.347 1
26	29.525 6	33.670 9	38.553 0	44.311 7	51.113 5	59.156 4	68.676 5	79.954 4	93.324 0	109.181 8
27	30.820 9	35.344 3	40.709 6	47.084 2	54.669 1	63.705 8	74.483 8	87.350 8	102.723 1	121.099 9
28	32.129 1	37.051 2	42.930 9	49.967 6	58.402 6	68.528 1	80.697 7	95.338 8	112.968 2	134.209 9
29	33.450 4	38.792 2	45.218 9	52.966 3	62.322 7	73.639 8	87.346 5	103.965 9	124.135 4	148.630 9
30	34.784 9	40.568 1	47.575 4	56.084 9	66.438 8	79.058 2	94.460 8	113.283 2	136.307 5	164.494 0
40	48.886 4	60.402 0	75.401 3	95.025 5	120.799 8	154.762 0	199.635 1	259.056 5	337.882 4	442.592 6
50	64.463 2	84.579 4	112.796 9	152.667 1	209.348 0	290.335 9	406.528 9	573.770 2	815.083 6	1163.908 5
60	81.669 7	114.051 5	163.053 4	237.990 7	353.583 7	533.128 2	813.520 4	1253.213 3	1944.792 1	3034.816 4

续附表三

期数	12%	14%	15%	16%	18%	20%	24%	28%	32%	36%
1	1.000 0	1.000 0	1.000 0	1.000 0	1.000 0	1.000 0	1.000 0	1.000 0	1.000 0	1.000 0
2	2.120 0	2.140 0	2.150 0	2.160 0	2.180 0	2.200 0	2.240 0	2.280 0	2.320 0	2.360 0
3	3.374 4	3.439 6	3.472 5	3.505 6	3.572 4	3.640 0	3.777 6	3.918 4	4.062 4	4.209 6
4	4.779 3	4.921 1	4.993 4	5.066 5	5.215 4	5.368 0	5.684 2	6.015 6	6.362 4	6.725 1
5	6.352 8	6.610 1	6.742 4	6.877 1	7.154 2	7.441 6	8.048 4	8.699 9	9.398 3	10.146 1
6	8.115 2	8.535 5	8.753 7	8.977 5	9.442 0	9.929 9	10.980 1	12.135 9	13.405 8	14.798 7
7	10.089 0	10.730 5	11.066 8	11.413 9	12.141 5	12.915 9	14.615 3	16.533 9	18.695 6	21.126 2
8	12.299 7	13.232 8	13.726 8	14.240 1	15.327 0	16.499 1	19.122 9	22.163 4	25.678 2	29.731 6
9	14.775 7	16.085 3	16.785 8	17.518 5	19.085 9	20.798 9	24.712 5	29.369 2	34.895 3	41.435 0
10	17.548 7	19.337 3	20.303 7	21.321 5	23.521 3	25.958 7	31.643 4	38.592 6	47.061 8	57.351 6
11	20.654 6	23.044 5	24.349 3	25.732 9	28.755 1	32.150 4	40.237 9	50.398 5	63.121 5	78.998 2
12	24.133 1	27.270 7	29.001 7	30.850 2	34.931 1	39.580 5	50.895 0	65.510 0	84.320 4	108.437 5
13	28.029 1	32.088 7	34.351 9	36.786 2	42.218 7	48.496 6	64.109 7	84.852 9	112.303 0	148.475 0
14	32.392 6	37.581 1	40.504 7	43.672 0	50.818 0	59.195 9	80.496 1	109.611 7	149.239 9	202.926 0
15	37.279 7	43.842 4	47.580 4	51.659 5	60.965 3	72.035 1	100.815 1	141.302 9	197.996 7	276.979 3
16	42.753 3	50.980 4	55.717 5	60.925 0	72.939 0	87.442 1	126.010 8	181.867 7	262.355 7	377.691 9
17	48.883 7	59.117 6	65.075 1	71.673 0	87.068 0	105.930 6	157.253 4	233.790 7	347.309 5	514.661 0
18	55.749 7	68.394 1	75.836 4	84.140 7	103.740 3	128.116 7	195.994 2	300.252 1	459.448 5	700.938 9
19	63.439 7	78.969 2	88.211 8	98.603 2	123.413 5	154.740 0	244.032 8	385.322 7	607.472 1	954.276 9

续附表三

期数	12%	14%	15%	16%	18%	20%	24%	28%	32%	36%
20	72.052 4	91.024 9	102.443 6	115.379 7	146.628 0	186.688 0	303.600 6	494.213 1	802.863 1	1 298.816 6
21	81.698 7	104.768 4	118.810 1	134.840 5	174.021 0	225.025 6	377.464 8	633.592 7	1 060.779 3	1 767.390 6
22	92.502 6	120.436 0	137.631 6	157.415 0	206.344 8	271.030 7	469.056 3	811.998 7	1 401.228 7	2 404.651 2
23	104.602 9	138.297 0	159.276 4	183.601 4	244.486 8	326.236 9	582.629 8	1 040.358 3	1 850.621 9	3 271.325 6
24	118.155 2	158.658 6	184.167 8	213.977 6	289.494 5	392.484 2	723.461 0	1 332.658 6	2 443.820 9	4 450.002 9
25	133.333 9	181.870 8	212.793 0	249.214 0	342.603 5	471.981 1	898.091 6	1 706.803 1	3 226.843 6	6 053.003 9
26	150.333 9	208.332 7	245.712 0	290.088 3	405.272 1	567.377 3	1 114.633 6	2 185.707 9	4 260.433 6	8 233.085 3
27	169.374 0	238.499 3	283.568 8	337.502 4	479.221 1	681.852 8	1 383.145 7	2 798.706 1	5 624.772 3	11 197.996 0
28	190.698 9	272.889 2	327.104 1	392.502 8	566.480 9	819.223 3	1 716.100 7	3 583.343 8	7 425.699 4	15 230.274 5
29	214.582 8	312.093 7	377.169 7	456.303 2	669.447 5	984.068 0	2 128.964 8	4 587.680 1	9 802.923 3	20 714.173 4
30	241.332 7	356.786 8	434.745 1	530.311 7	790.948 0	1 181.881 6	2 640.916 4	5 873.230 6	1 2940.858 7	28 172.275 8
40	767.091 4	1 342.025 1	1 779.090 3	2 360.757 2	4 163.213 0	7 343.857 8	22 728.802 6	69 377.460 4	*	*
50	2 400.018 2	4 994.521 3	7 217.716 3	10 435.648 8	21 813.093 7	45 497.190 8	*	*	*	*
60	7 471.641 1	18 535.133 3	29 219.991 6	46 057.508 5	*	*	*	*	*	*

*＞99 999。

附表四 1元年金现值系数表

期数	1%	2%	3%	4%	5%	6%	7%	8%	9%
1	0.990 1	0.980 4	0.970 9	0.961 5	0.952 4	0.943 4	0.934 6	0.925 9	0.917 4
2	1.970 4	1.941 6	1.913 5	1.886 1	1.859 4	1.833 4	1.808 0	1.783 3	1.759 1
3	2.941 0	2.883 9	2.828 6	2.775 1	2.723 2	2.673 0	2.624 3	2.577 1	2.531 3
4	3.902 0	3.807 7	3.717 1	3.629 9	3.546 0	3.465 1	3.387 2	3.312 1	3.239 7
5	4.853 4	4.713 5	4.579 7	4.451 8	4.329 5	4.212 4	4.100 2	3.992 7	3.889 7
6	5.795 5	5.601 4	5.417 2	5.242 1	5.075 7	4.917 3	4.766 5	4.622 9	4.485 9
7	6.728 2	6.472 0	6.230 3	6.002 1	5.786 4	5.582 4	5.389 3	5.206 4	5.033 0
8	7.651 7	7.325 5	7.019 7	6.732 7	6.463 2	6.209 8	5.971 3	5.746 6	5.534 8
9	8.566 0	8.162 2	7.786 1	7.435 3	7.107 8	6.801 7	6.515 2	6.246 9	5.995 2
10	9.471 3	8.982 6	8.530 2	8.110 9	7.721 7	7.360 1	7.023 6	6.710 1	6.417 7
11	10.367 6	9.786 8	9.252 6	8.760 5	8.306 4	7.886 9	7.498 7	7.139 0	6.805 2
12	11.255 1	10.575 3	9.954 0	9.385 1	8.863 3	8.383 8	7.942 7	7.536 1	7.160 7
13	12.133 7	11.348 4	10.635 0	9.985 6	9.393 6	8.852 7	8.357 7	7.903 8	7.486 9
14	13.003 7	12.106 2	11.296 1	10.563 1	9.898 6	9.295 0	8.745 5	8.244 2	7.786 2
15	13.865 1	12.849 3	11.937 9	11.118 4	10.379 7	9.712 2	9.107 9	8.559 5	8.060 7
16	14.717 9	13.577 7	12.561 1	11.652 3	10.837 8	10.105 9	9.446 6	8.851 4	8.312 6
17	15.562 3	14.291 9	13.166 1	12.165 7	11.274 1	10.477 3	9.763 2	9.121 6	8.543 6
18	16.398 3	14.992 0	13.753 5	12.659 3	11.689 6	10.827 6	10.059 1	9.371 9	8.755 6
19	17.226 0	15.678 5	14.323 8	13.133 9	12.085 3	11.158 1	10.335 6	9.603 6	8.950 1

续附表四

期数	1%	2%	3%	4%	5%	6%	7%	8%	9%
20	18.045 6	16.351 4	14.877 5	13.590 3	12.462 2	11.469 9	10.594 0	9.818 1	9.128 5
21	18.857 0	17.011 2	15.415 0	14.029 2	12.821 2	11.764 1	10.835 5	10.016 8	9.292 2
22	19.660 4	17.658 0	15.936 9	14.451 1	13.163 0	12.041 6	11.061 2	10.200 7	9.442 4
23	20.455 8	18.292 2	16.443 6	14.856 8	13.488 6	12.303 4	11.272 2	10.371 1	9.580 2
24	21.243 4	18.913 9	16.935 5	15.247 0	13.798 6	12.550 4	11.469 3	10.528 8	9.706 6
25	22.023 2	19.523 5	17.413 1	15.622 1	14.093 9	12.783 4	11.653 6	10.674 8	9.822 6
26	22.795 2	20.121 0	17.876 8	15.982 8	14.375 2	13.003 2	11.825 8	10.810 0	9.929 0
27	23.559 6	20.706 9	18.327 0	16.329 6	14.643 0	13.210 5	11.986 7	10.935 2	10.026 6
28	24.316 4	21.281 3	18.764 1	16.663 1	14.898 1	13.406 2	12.137 1	11.051 1	10.116 1
29	25.065 8	21.844 4	19.188 5	16.983 7	15.141 1	13.590 7	12.277 7	11.158 4	10.198 3
30	25.807 7	22.396 5	19.600 4	17.292 0	15.372 5	13.764 8	12.409 0	11.257 8	10.273 7
35	29.408 6	24.998 6	21.487 2	18.664 6	16.374 2	14.498 2	12.947 7	11.654 6	10.566 8
40	32.834 7	27.355 5	23.114 8	19.792 8	17.159 1	15.046 3	13.331 7	11.924 6	10.757 4
45	36.094 5	29.490 2	24.518 7	20.720 0	17.774 1	15.455 8	13.605 5	12.108 4	10.881 2
50	39.196 1	31.423 6	25.729 8	21.482 2	18.255 9	15.761 9	13.800 7	12.233 5	10.961 7
55	42.147 2	33.174 8	26.774 4	22.108 6	18.633 5	15.990 5	13.939 9	12.318 6	11.014 0

续附表四

期数	10%	12%	14%	15%	16%	18%	20%	24%	28%	32%
1	0.909 1	0.892 9	0.877 2	0.869 6	0.862 1	0.847 5	0.833 3	0.806 5	0.781 2	0.757 6
2	1.735 5	1.690 1	1.646 7	1.625 7	1.605 2	1.565 6	1.527 8	1.456 8	1.391 6	1.331 5
3	2.486 9	2.401 8	2.321 6	2.283 2	2.245 9	2.174 3	2.106 5	1.981 3	1.868 4	1.766 3
4	3.169 9	3.037 3	2.913 7	2.855 0	2.798 2	2.690 1	2.588 7	2.404 3	2.241 0	2.095 7
5	3.790 8	3.604 8	3.433 1	3.352 2	3.274 3	3.127 2	2.990 6	2.745 4	2.532 0	2.345 2
6	4.355 3	4.111 4	3.888 7	3.784 5	3.684 7	3.497 6	3.325 5	3.020 5	2.759 4	2.534 2
7	4.868 4	4.563 8	4.288 3	4.160 4	4.038 6	3.811 5	3.604 6	3.242 3	2.937 0	2.677 5
8	5.334 9	4.967 6	4.638 9	4.487 3	4.343 6	4.077 6	3.837 2	3.421 2	3.075 8	2.786 0
9	5.759 0	5.328 2	4.946 4	4.771 6	4.606 5	4.303 0	4.031 0	3.565 5	3.184 2	2.868 1
10	6.144 6	5.650 2	5.216 1	5.018 8	4.833 2	4.494 1	4.192 5	3.681 9	3.268 9	2.930 4
11	6.495 1	5.937 7	5.452 7	5.233 7	5.028 6	4.656 0	4.327 1	3.775 7	3.335 1	2.977 6
12	6.813 7	6.194 4	5.660 3	5.420 6	5.197 1	4.793 2	4.439 2	3.851 4	3.386 8	3.013 3
13	7.103 4	6.423 5	5.842 4	5.583 1	5.342 3	4.909 5	4.532 7	3.912 4	3.427 2	3.040 4
14	7.366 7	6.628 2	6.002 1	5.724 5	5.467 5	5.008 1	4.610 6	3.961 6	3.458 7	3.060 9
15	7.606 1	6.810 9	6.142 2	5.847 4	5.575 5	5.091 6	4.675 5	4.001 3	3.483 4	3.076 4
16	7.823 7	6.974 0	6.265 1	5.954 2	5.668 5	5.162 4	4.729 6	4.033 3	3.502 6	3.088 2
17	8.021 6	7.119 6	6.372 9	6.047 2	5.748 7	5.222 3	4.774 6	4.059 1	3.517 7	3.097 1
18	8.201 4	7.249 7	6.467 4	6.128 0	5.817 8	5.273 2	4.812 2	4.079 9	3.529 4	3.103 9
19	8.364 9	7.365 8	6.550 4	6.198 2	5.877 5	5.316 2	4.843 5	4.096 7	3.538 6	3.109 0

续附表四

期数	10%	12%	14%	15%	16%	18%	20%	24%	28%	32%
20	8.513 6	7.469 4	6.623 1	6.259 3	5.928 8	5.352 7	4.869 6	4.110 3	3.545 8	3.112 9
21	8.648 7	7.562 0	6.687 0	6.312 5	5.973 1	5.383 7	4.891 3	4.121 2	3.551 4	3.115 8
22	8.771 5	7.644 6	6.742 9	6.358 7	6.011 3	5.409 9	4.909 4	4.130 0	3.555 8	3.118 0
23	8.883 2	7.718 4	6.792 1	6.398 8	6.044 2	5.432 1	4.924 5	4.137 1	3.559 2	3.119 7
24	8.984 7	7.784 3	6.835 1	6.433 8	6.072 6	5.450 9	4.937 1	4.142 8	3.561 9	3.121 0
25	9.077 0	7.843 1	6.872 9	6.464 1	6.097 1	5.466 9	4.947 6	4.147 4	3.564 0	3.122 0
26	9.160 9	7.895 7	6.906 1	6.490 6	6.118 2	5.480 4	4.956 3	4.151 1	3.565 6	3.122 7
27	9.237 2	7.942 6	6.935 2	6.513 5	6.136 4	5.491 9	4.963 6	4.154 2	3.566 9	3.123 3
28	9.306 6	7.984 4	6.960 7	6.533 5	6.152 0	5.501 6	4.969 7	4.156 6	3.567 9	3.123 7
29	9.369 6	8.021 8	6.983 0	6.550 9	6.165 6	5.509 8	4.974 7	4.158 5	3.568 7	3.124 0
30	9.426 9	8.055 2	7.002 7	6.566 0	6.177 2	5.516 8	4.978 9	4.160 1	3.569 3	3.124 2
35	9.644 2	8.175 5	7.070 0	6.616 6	6.215 3	5.538 6	4.991 5	4.164 4	3.570 8	3.124 8
40	9.779 1	8.243 8	7.105 0	6.641 8	6.233 5	5.548 2	4.996 6	4.165 9	3.571 2	3.125 0
45	9.862 8	8.282 5	7.123 2	6.654 3	6.242 1	5.552 3	4.998 6	4.166 4	3.571 4	3.125 0
50	9.914 8	8.304 5	7.132 7	6.660 5	6.246 3	5.554 1	4.999 5	4.166 6	3.571 4	3.125 0
55	9.947 1	8.317 0	7.137 6	6.663 6	6.248 2	5.554 9	4.999 8	4.166 6	3.571 4	3.125 0